国家社科基金
GUOJIA SHEKE JIJIN HOUQI ZIZHU XIANGMU
后期资助项目

数字创意产业的就业问题研究

Employment Issues in Digital Creative Industry

李嘉珊　李小牧　著

社会科学文献出版社
SOCIAL SCIENCES ACADEMIC PRESS (CHINA)

国家社科基金后期资助项目
出版说明

后期资助项目是国家社科基金设立的一类重要项目，旨在鼓励广大社科研究者潜心治学，支持基础研究多出优秀成果。它是经过严格评审，从接近完成的科研成果中遴选立项的。为扩大后期资助项目的影响，更好地推动学术发展，促进成果转化，全国哲学社会科学工作办公室按照“统一设计、统一标识、统一版式、形成系列”的总体要求，组织出版国家社科基金后期资助项目成果。

全国哲学社会科学工作办公室

摘　要

无论社会如何演变，就业始终是世界关注的并且能够影响国家经济、文化、社会等方面的重要议题。不同的是，在特定时代下，各国就业面临的现实困境不同。数字创意产业作为在数字化时代兴起的新兴产业，在各国经济发展中的地位日益提升，其生产、研发、销售等各个环节均突破了传统产业的固定模式，其就业形式也更加多样化。

本书以就业与失业、政策与规则、数字创意产业为重点研究对象，在研究视角上创新性地融合经济学、社会学等研究方法，聚焦数字创意产业就业问题进行综合研究。本书通过理论综述与文献研究总结对研究对象涉及的概念、逻辑、研究意义进行阐释，对技术革命、数字化、数字创意产业与就业变动进行详细分析，对就业理论的历史演进进行深入探索。在此基础上，本书进行了深入的实证分析，以全球视角着重分析国际组织关注的数字创意产业与就业的规则与政策，就各国数字创意产业就业政策与实践展开分析。

本书重点思考和分析了面向未来的数字创意产业发展趋势。数字技术的出现改变了传统马斯洛需求层次理论体系，数字创意产业将给传统产业链带来颠覆性的影响。研判未来，数字创意产业的就业规模将逐步扩大、就业结构将持续优化、就业模式会更加灵活、就业质量将不断提升、就业需求将更加多元，因此，从某种意义上说，非标准就业对数字创意产业从业者、劳动力市场和社会都将产生更加深远的影响。

在对策建议层面，针对数字创意产业就业与人才培养现状，本书发现数字创意产业对从业者的数字技术的要求逐渐提高、人才就业模式更加灵活、顾客个性化需求更加凸显、国际人才竞争加剧，面向数字时代的人才培养与储备成为未来国家发展的关键。本书不仅从政府、企业、院校以及社会组织等层面提出构建需求导向的数字创意人才培养与培训体系，还创新性地从优化高质量发展数字创意产业就业政策环境、营造良好的社会市场环境、推动产业转型升级、推进数字就业平台建设、加大数字创意企业扶持力度、规范数字创意企业管理等方面提出当前推动数字创意产业就业的建设性意见。

Abstract

No matter how the society evolves, employment is always an important issue that the world pays attention to and can affect the national economy, culture, society and other aspects. The difference is that in a particular era, the actual plight of employment in different countries is variable. As an emerging industry in the digital era, the digital creative industry is playing an increasingly important role in the economic development of various countries. Its production, research and development, sales and other links have broken through the fixed mode of traditional industries, and the forms of employment are more diversified.

This research takes employment and unemployment, policies and rules, and digital creative industries as research objects. This research innovatively integrates research perspectives of different fields such as economics and sociology, and focuses on the comprehensive research on employment in digital creative industries. Through theoretical review and literature research summary, this book explains the concepts, logic and research significance involved in the research object. It makes a detailed analysis of technological revolution, digitalization, digital creative industry and employment changes. Further more, an in-depth exploration of the historical evolution of employment theory is conducted. On this basis, the research makes in-depth empirical analysis, from a global perspective, focuses on the analysis of the rules and policies of digital creative industries and employment concerned by international organizations, and analyzes the employment policies and practices of digital creative industries in various countries.

This study focuses on analyzing and making judgment of the development trend of the future-oriented digital creative industry. The emergence of digital technology has changed the traditional demand hierarchy system of Maslow theory. The digital creative industry will bring subversive impact on the traditional industrial chain. The scale of employment in the digital creative industry will gradually expand, the employment structure will continue to optimize, the employment model will be more flexible, the quality of employment will continue to improve, and the employment demand will be more diverse. Therefore, in a sense, non-standard employment will have a more far-reaching impact on the digital creative industry practitioners, the labor market and society.

At the level of countermeasures and suggestions, regarding the employment and talent training of digital creative industries, the research finds that the digital creative industries have gradually increased the requirements for practitioners' digital technologies. The employment mode of talents is more flexible, the personalized needs of customers are more prominent, and the international talent competition is intensified. Talent training and reserve for the digital era have become the key to the future development of the country. This study finally proposes to build a demand-oriented training and training system for digital creative talents from the levels of government, enterprises, colleges and social organizations. Some constructive suggestions on promoting employment in digital creative industries are also put forward such as innovatively optimizing the employment policy environment for high-quality development of digital creative industries, creating favorable social market environment, promoting industrial transformation and upgrading, accelerating the construction of digital employment platforms, strengthening support for digital creative enterprises and standardizing the management of digital creative enterprises.

目 录

引言　我们所处的时代

从工业经济时代到创意经济时代，这是当前经济社会正经历的变革。如今创意经济已经成为当前经济发展的重要引擎。同时，随着计算机、移动互联网、超高速网络通信等技术的普及，数字技术不断向众多领域渗透、融合。创意产业和数字技术的结合，带来了数字创意产业的兴起和发展。数字创意产业是新兴服务产业，中国在《2016 年政府工作报告》中首次提及“数字创意产业”的概念，其中明确表示“大力发展数字创意产业”，在随后发布的《中华人民共和国国民经济和社会发展第十三个五年规划纲要》中则再次强调“支持数字创意产业发展壮大”，并将其列入支持战略新兴产业的发展任务当中。可以看出，数字创意产业作为数字化时代中数字技术与文化创意相融合的产业，在各国经济发展中的地位正在逐步提升。

近年来，中国经济发展进入新常态，虽然经济增速放缓，但是就业并未受到明显影响。在数字经济所延伸的新产业新业态对就业的拉动下，中国城镇新增就业人数连续多年保持稳定，公布的调查失业率和登记失业率不降反升。作为数字经济重要的组成部分，数字创意产业显示了巨大的就业拉动潜力，尤其是新冠疫情在全球大流行后，以数字音乐、网络视频、动漫游戏、直播行业为代表的数字创意产业显示出了极大的抗冲击能力和发展韧性，成为保就业最重要的依托之一。然而，每一次的技术进步与发展，都会带来新的问题，尤其是在第六次技术革命中，人工智能的广泛应用已经开始出现劳动力人口面临失业危机以及岗位定位模糊的风险。数字经济的快速发展，在创造新兴就业岗位的同时，也使得一些重复性高、技术含量低的工作面临被淘汰的风险。数字创意产业不仅对创意产业本身，也对其他产业的就业方式、就业机会、产业就业结构和区域就业结构产生显著的影响，企业生产效率和组织分工发生了较大的变化，可能加剧结构性失业、摩擦性失业等风险。因此，数字创意产业发展与就业问题是我们必须面对和回答的重要问题。

第一章　概念的界定：我们研究的对象

第一节　意义与逻辑

一　现实意义

从国家治理角度来看，就业问题是各国政府与民众最为关切的社会问题之一，伴随社会、经济的不断发展，数字创意产业也将在未来的经济中占有一席之地。政府通过一定的干预能够对一国的就业水平进行宏观调控，本书分析了国际组织及各国政府的就业政策与规则，且以数字创意产业为重点研究对象，对其就业现状与就业政策现状进行了深入研究，研判未来就业趋势并提出对策建议。此外，本书还以 2020 年全球大流行的新冠疫情为背景，通过现状分析、案例分析等方式探讨了各国的就业现状以及政府和国际组织的应对措施。这不仅能够更为有效地理解当前社会中存在的就业问题，还能从经济学的视角为政府提供政策指引、为企业未来决策提供参考。

二　理论价值

首先，虽然目前有大量关于就业问题的文献研究，但是学术界仍然缺乏对数字化与就业相结合的这一话题的研究，现有文献尚未经过具有逻辑的整理，人们对前人的研究难以形成清晰的认识。本书通过对国际组织和国内外学者的与数字化就业相关的文献进行综述整理，厘清了当前的研究特点与研究趋势，具有较强的借鉴意义。其次，本书分析了中国与世界数字创意产业就业政策与规则及就业现状，刻画了数字化就业实际状况，为学者呈现了清晰完整的国家数字化就业数据对比，同时探讨了在数字化背景下就业率、失业率与经济增长之间的平衡点，以期拓展学者对于数字创意产业、数字化就业政策等领域的研究思路。最后，本书用传统的西方就业理论解释如今快速发展的数字化就业的结构与问题，强化了理论在数字产业中的应用，弥补了目前数字创意产业就业相关理论的缺失。

三　研究对象

数字创意产业作为数字化时代中数字技术与文化相融合的产业，在各国经济发展中的地位正在逐步提升。传统价值链理论中的生产、研发、营销、消费等各个环节均能够从数字化中获取新的升级方式，消费者也能够在数字化时代中通过运用互联网、AR 等技术做到足不出户去体验丰富多彩的创意产品与服务。然而，每一次的技术进步与发展都会带来新的问题，都会对就业市场产生一定程度的冲击，同时影响相关政策与规则的制定。对此，学者对数字化究竟抱有什么样的态度，传统的理论是否依然能够解释数字化背景下的就业，国际组织对数字化的看法是什么以及世界的现状到底是怎样的，等等，均是亟待回答的理论或实践问题，需要进行系统、深入的研究。因此，本书以就业与失业、政策与规则、数字创意产业为重点研究对象，对三者或分别或相结合地进行了研究，对现状进行总结提炼，进一步提升并统一了理论认识，形成更加符合实际并且具有指导性和可操作性的政策建议。

四　逻辑关系

在全球化的影响下，就业与失业早已不仅是国家内部需要关注的问题，而且需要全球的共同努力；政策与规则是维护国家安全及国际秩序的必要措施，其范围非常广泛；数字创意产业作为在数字化时代兴起的产业，其生产、研发、销售等各个环节均突破了传统产业的固定模式，就业形式更加多样化。

作为本书的核心“就业与失业”，数字创意产业的产生推动了新的就业形式，改变了就业结构，虽然创造了区别于传统就业岗位的新就业岗位，但也从各方面导致了失业的产生。政策与规则在数字创意产业的就业与失业中扮演了重要的角色，政府的调控对就业水平和就业结构均有明显的影响，面对数字化的发展，已有的就业政策难以充分发挥其作用，因此研究和数字化就业相关的政策与规则并对新的就业政策与规则的颁布进行指导将有助于减少数字创意产业的兴起对就业造成的负面影响，促进就业与失业之间的平衡并推动产业发展（见图1－1）。

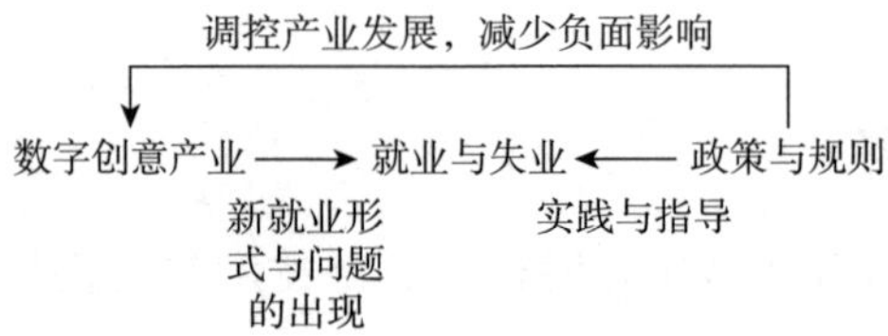

图1－1　概念间逻辑关系

因此，本书在第一章就相关概念的内涵与外延进行阐述；第二章对国内外学者在数字化时代就业领域的研究进行文献综述；第三章以西方就业理论为核心，从理论层面探讨数字创意产业的就业现状及其发展趋势；第四章对各国际组织对数字化背景下就业形式的分析及对策进行研究；第五章主要探讨中国及全球数字创意产业就业的现实状况，分析各国数字化就业政策与就业数据，以及在2020年新冠疫情蔓延全球的情况下，国家文化产业就业现状以及各国的应对措施；第六章对全球数字化发展与就业问题的未来发展趋势进行更加深入的思考；第七章则针对数字创意产业就业中的人才培养与储备进行详细分析并提出相应的对策建议。

基于上述内容，本书具备较强的现实意义与理论意义，同时研究对象清晰，逻辑关系严整，具有很高的研究价值。接下来，本章将重点对相关研究对象的概念进行厘清与界定。

第二节　就业与失业

就业与失业概念的出现已有200余年的历史，从萨伊、庇古提出的西方早期就业理论到凯恩斯主义强调的政府干预经济，以及新古典综合学派提出的“结构性失业问题”，再到“自然失业率假说”理论的提出以及合理预期学派的出现，新凯恩斯主义、反古典学派的发展，等等，西方就业理论一直在国家放任与干预之间探索如何找到使全球经济能够平稳发展的平衡点。随着资本主义危机的频繁发生，其对就业的冲击不断加深，就业问题越来越引起各国的关注，而如何确保一个国家的就业率能够长期保持在恰当的水平，一直以来都是各国政府在经济发展过程中探讨的重要问题。

一　就业的定义

就业是指在法定年龄内的具有劳动能力和渴望以劳动获取收入的人在社会中所从事的为获取报酬或经营收入而展开的活动。学术上对就业的界定主要考虑以下三个因素。

第一，就业的基础条件是在法定年龄内，个人具备的劳动能力与劳动愿望。

第二，就业是劳动者通过从事就业活动并获得相应的劳动报酬或经营收入的过程。

第三，就业的时间条件包括每日的工作时长和每周的工作时长。

同时，国际劳工组织定义的就业人口实际上包括在规定年龄之内的三类人群：第一类人群，是处于工作状态的人，即在某一规定时间内从事有报酬的工作的人，这些人包括国营、私营企业人员以及政府职员；第二类人群，是虽然有工作，但因为某些原因，如疾病、工伤、休假、旷工、劳资争议、气候不良或其他不可抗力因素而临时停工的人；第三类人群，则是雇主与雇用人员，或是以家庭为单位经营企业或农场及协助者，但不领取劳动报酬的人。

随着社会的发展和经济全球化进程的加快，越来越多的国家的劳动力关系开始由稳定就业转为灵活性就业，如劳务派遣、临时工、非全日制的就业形式等，劳动力市场的规制有所放宽，雇佣市场的灵活性逐渐增加，就业市场逐步适应在经济全球化中新的社会分工与需求。然而新的就业形式往往伴随新的问题，用工僵化、就业技能需求变革、对新工作形式认知不全导致的政策应对缺乏也是近年来一些发展中国家亟须解决的问题。

二　失业的内涵

失业有广义和狭义之分。广义的失业指的是生产资料和劳动者分离的一种状态，在这种状态下，劳动者缺乏生产潜能和主观能动性。广义的失业会造成社会资源浪费，并给社会经济发展带来负面的影响。狭义的失业是指本身具备劳动能力和自主就业意愿且处于适龄阶段，但是由于种种原因，劳动者未获得或者失去了可以换取收入的工作机会的社会现象。

我们根据失业产生的原因可以将失业分为：非自愿性失业，包括技术性失业、周期性失业；自愿性失业，包括摩擦性失业、结构性失业；隐蔽性失业；等等。

按照国际劳工组织统计标准的规定，在法定年龄内的一定时期内，例如一周、一天或一年等，具有下列情形的即属于失业人口的范畴：(1) 没有工作，即在调查统计周期内，劳动者并未从事有报酬的劳动或进行自我雇佣活动；(2) 现阶段可以工作，即在调查统计周期内，劳动者只要获得就业机会即可开始工作，但是现阶段还未拥有工作机会；(3) 正在寻找工作，即在调查统计周期内，劳动者已经采取了寻找工作的行动，例如到政府或私营企业提供的就业服务机构登记，或到企业求职，或以刊登求职广告等方式开始寻找工作等。

实际上，不同国家对失业的定义大体相同。例如，美国对失业者的定义是16岁以上具有工作能力的劳动者在调查周内无工作，并在过去4周内进行了求职活动，其中还包括被暂时性解除雇佣关系的劳动者，或者是将在30天内开始新工作的劳动者；英国对失业者的定义是在调查日中无雇佣性工作，但是劳动者本身具有工作能力，并依赖失业保障所提供救济的人员；德国对失业者的定义是在调查日中已经在职业介绍机构登记的求职者，并且希望每周工作时长在19小时以上，以及提供3个月以上连续薪酬的劳动者。中国在1993年之前与失业相关的两个统计指标分别是城镇待业人员和下岗职工。由于待业的本质就是失业且不符合国际惯例，1993年开始《中国统计年鉴》便将其改为城镇登记失业，其统计指标体系与国外失业指标体系也有所不同。

三　非标准就业

1. 非标准就业的内涵

非标准就业没有官方定义。一般来说，非标准就业指的是在“标准雇佣关系”这一范围之外的其他工作。其中的“标准雇佣关系”包括全日制、无固定期限、构成双方从属雇佣关系一部分等类型的工作。在某些情况下，研究人员还会将标准雇佣关系定义为在家以外的地方开展的工作。当采用这一定义时，更多的任务会被归类为非标准就业，包括电子办公和其他形式的远程办公。目前主要有四种非标准就业类型：（1）临时性就业；（2）非全日制工作；（3）临时介绍所工作和其他多方雇佣关系；（4）隐蔽性雇佣关系和依赖性自雇就业等。[①]

临时性就业是指工人在具体的一段时间内参与工作，包括固定期限合同、基于项目或任务的合同，以及季节工作或零工，包括日结工资的工作。固定期限合同可以是书面或口头形式，其特征为时限预先确定或可预见。大多数国家都有专门的法律条文对固定期限合同加以规范，包括合同的最大时限、续约次数以及使用此类合同的合理原因。固定期限合同以及基于项目或任务的合同在正规和非正规雇佣关系中都存在。零工是指工人参与极短时间或偶然且不连续的工作，一般时限为几小时、几天或几周，工资也按日或按固定周期的工作安排计算。零工是低收入发展中国家非正规雇佣的显著特征，但最近也在发达国家与“按需经济”或“零工经济”有关的工作中体现出来。

非全日制就业指的是劳动者的正常工作时间少于全日制劳动者的工作时间。许多国家在非全日制和全日制工作的具体法律划分方面有明确规定，从而在法律上定义了非全日制工作。出于统计原因，非全日制工作一般每周工作时间少于35小时或30小时。在某些情况下，非全日制工作的工作时间很多时候可能非常短，或没有可预见的固定时间，且雇主没有义务提供确定的工时。这些安排在不同国家的合同形式不同，包括所谓的“零工时合同”，但一般被统称为“待命工作”。这类工作的主要特征是工时的数量和安排具有高度不确定性。但是因为这些工人大部分都从事非全日制工作，所以在本报告中这类工作被归类为“非全日制和待命工作”，这些工作安排与零工的定义有所重叠。

当工人为某公司提供服务但不受其直接雇用时，该现象被归类为涉及多方的合同安排，例如工人受到私营就业中介机构的派遣并从该机构处获得报酬，但其服务对象为用人企业。在大多数国家，机构会与工人签订劳动合同，再与用人企业签订商务合同。临时介绍所工人与用人企

① 国际劳工组织：《世界非标准性就业：理解挑战、塑造未来》，2016。

业通常不构成雇佣关系，但是某些地区会要求用人企业承担与临时介绍所工人相关的法律责任，尤其是卫生与安全责任。用人企业向临时介绍所支付费用，而临时介绍所向工人支付工资并提供社会保障待遇。虽然临时介绍所工人一般被认为已经处在雇佣关系中，可是实际上因为合同往往涉及多方，会产生对劳动者权利限制或界定不清晰的情况，特别是劳动者在用人企业提供服务的时间延长的情况下。

根据国际劳工组织的定义，隐蔽性雇佣形成了“不同于深层现实的表象，其目的在于避免或弱化法律的保护”。隐蔽性雇佣通常需要借助第三方协助雇佣劳动者，有时候还会通过不和劳动者签订具备法律效力的雇佣合同，而只是与劳动者签订商务合同或者以双方认可的合作合同方式来掩盖真实的雇主身份。同时，雇主则以与劳动者完全不同的身份指挥并监督其工作。因此这类劳动者在很多时候，会在雇主有意地安排下被误认为是自雇人员，但是在企业的实际经营中，隐含着从属性的雇佣关系。当各方未能明确划分权利和责任，或当立法（包括法律条款的解释或应用）存在不足或缺口时，一些雇佣关系可能会变得非常模糊。依赖性自雇就业领域的法律明确性存在不足。工人根据民事或商务合同为企业提供服务但其收入仅依赖于一个或几个客户，有时在工作方式方面接受直接指示。依赖性自雇就业者一般不受劳动法的保护或无法享受基于雇佣关系的社会保障，但是一些国家已经制定了具体法规保护依赖性自雇就业者的权利。

2. 非标准就业与不稳定就业的区别

非标准就业有时被称为“不稳定就业”，但是二者之间其实存在显著差异。“不稳定”具有多种理解，包括低薪（尤其是工资水平不高于贫困线且不稳定）、不安全（指工作延续性不确定、失业可能性高）、工人掌控程度低（比如工人个人或集体均对其工作条件、工资或工作节奏无话语权）、无保障（指在工作以及职业安全和卫生、社会保护或其他正常雇佣关系中的工人享受的权利等方面不受有关法律或集体合同保护）。不稳定就业的决定性特征是与工作相关的风险由工人承担，而非由雇用工人的企业承担。另外，不稳定性往往与人口特征有关，所以工人的性别、种族、出生地等特征使得他们从一开始就被引导到不稳定的工作领域。一些工作领域常常与不稳定就业的联系更加紧密，在某种程度上反映了不同行业法规的严格程度，包括是否存在工会代表权和集体谈判权等。

不稳定性与非正规性一样，在标准就业和非标准就业中均存在。需要牢记的是，虽然“标准就业”是讨论非标准就业的参照，但是不同国家之间以及国家内部的“标准”工作条件也存在差异。许多从事“标准”工作的就业者也可能遇到不稳定的情况，比如工资是否徘徊在贫困线附近、工作持续性是否具有不确定性、工作是否会带来职业伤害等。采用“标准”一词作为参照不是因为其工作条件较好，而是新的合同形式已经出现，与标准工作的主要特征（持续性、全日制、构成双方雇佣关系的一部分）存在差异。但是，正如标准工作也可能会存在不稳定性，非标准工作也不一定不稳定，二者之间不存在同步关系。非标准就业是一种合同形式，而不稳定性是指工作特性。然而，二者都能“反映不断变化的就业条件和现有或必要条件的缺失”。

第三节　政策与规则

一　政策的界定

政策，是最常见的社会现象，也是人们最常用的词汇之一。中国古代有“政”和“策”两字，但它们是被分开使用的。“政”指的是“政治”“政事”“政权”；“策”的意思主要是“谋略”。英文中，政策“Policy”这个词是随着近代资本主义国家和政党的出现，从政治“Politic”中逐渐演变而来的。英文的政策一词是指政府、政党等组织为了完成特定目标对所要采取的行动的一种表达形式，有时也指权谋、治术。[①] 当代的“政策”指的是国家权力机关、政党组织和其他社会政治集团，为了达到其所代表的阶级或者阶层的利益与意志，以权威形式发布文件，规定在一定的历史时期内，社会应该达到的发展目标或者是应该遵循的行动准则、有待完成的具体任务、开展工作的实行路径，以及需要具体采取的行动步骤和相关措施，同时政策也会根据不同的国别及政府主体进行区分。

① 《政策的基本概念》，维普中文期刊服务平台，http://qikan.cqvip.com/Qikan/Article/Detail? id=662382261。

产业政策是由国家制定和颁布，旨在引导国民经济中各个产业的发展方向、推动相关产业结构升级、使国民经济实现健康可持续发展的一类政策。针对数字创意产业这一新兴产业，其产业政策则应更具探索性、创新性与引导性。政策创新是数字创意产业的加速器，成为引领产业发展的关键性因素。创新政策主要解决知识创造价值的问题，不仅研究产业政策，还要研究经济政策以及两者之间的推动关系。[①] 就中国数字创意产业相关政策而言，2016 年这一概念首次被提出，随着数字技术的日益发展，推动产业高质量发展、夯实基础设施建设、加速产业融合等方面的政策引导日益加强。在世界局势日益复杂化的背景下，数字化成为必然的发展趋势之一，而数字创意产业则成为经济发展新的增长点与突破点，为就业创造了新的机遇。在此情形之下，政策的前瞻性与规范性对于产业的发展就显得格外重要，应通过出台产业扶持政策、开展产业投融资、实施产业促进项目等，有效引导数字创意产业健康可持续发展。

二 规则的含义

规则，一般是指运行、运作规律所遵循的法则。规则通常指的是由群众经过协商或妥协后达成一致，并经过集体的共同制定、公认或者由代表人制定并通过的。规则需要由集体中的所有成员一起遵守其中约定的条例和章程。政策和规则的制定主体是不同的，政策的制定主体主要是各国政府相关部门，而规则的制定主体则一般是一定范围内或组织内的群众或个体代表。就宏观角度而言，规则可以根据制定主体及范围分为区域性规则和国际性规则。区域性规则包括一定地域范围内的利益主体共同达成的协定，如《区域全面经济伙伴关系协定》（RCEP）、《美墨加三国协议》（USMCA）等，而国际性规则多由相应的国际组织制定，如联合国及其下属机构、世贸组织、经济合作与发展组织等。这些区域性协定与国际组织，为其成员提供了开展合作与对话的平台。就规则的形式而言，则有“公开性规则”与“隐形规则”之分。数字创意产业目前在全球范围内仍未形成统一的界定与分类，且其所带来的非标准就业等皆

① 张凯、汤洁文、张佳琪：《数字创意产业创新价值链驱动机制研究》，《科技创业月刊》2021 年第 2 期。

属于新兴的问题，各国政策引导也皆处于摸索阶段。在此背景之下，国际组织与区域性的规则制定将直接为数字创意产业发展提供决策性的参考。一国积极参与国际规则的制定，提升在该领域的国际话语权将有利于提升该国数字创意产业的国际竞争力，从而推动该国整体经济的发展。

第四节 数字创意产业

一 数字创意产业的概念

2016 年，国务院印发的《“十三五”国家战略性新兴产业发展规划》明确指出，数字创意产业是技术同文化创意、设计服务深度融合，向国民提供优质产品与服务的智力密集型产业。数字创意产业概念的提出时间不长，国内外对这一概念还没有形成统一的标准，特别是不同国家往往针对各国自身创意产业的发展特色，制定的数字创意产业分类方法并不一致。

尼古拉·尼葛洛庞帝（Nicholas Negroponte）在其经典著作《数字化生存》中提出了一种对数字创意产业涉及领域的界定，信息技术业、出版印刷业和广播电影业被描绘为三个相互叠加的圆，同时这三个圆圈的交汇处就是数字创意产业。① 国内学者王红梅等提出数字创意产业是以知识文化为基础，充分利用现代通信和网络技术，以数字化作为生产经营方式的经济活动。② 夏光富、刘应海认为，数字创意产业基于现有的文化资源，利用现代数字信息通信技术，发挥人的技艺优势和创造力，将数字化、网络化与文化价值生产活动结合起来。③ 范恒山认为数字创意产业是依靠数字技术完成创造、开发、传播及服务，同时广泛渗透于经济社会各个领域的新业态形式。④ 臧志彭指出数字创意产业是一种新

① 李文军、李巧明：《“十四五”时期数字创意产业发展趋势与促进对策》，《经济纵横》2021 年第 2 期。

② 王红梅、李代民、孙莹：《我国数字创意产业发展的制约因素分析——基于钻石模型视角》，《福建论坛》（人文社会科学版）2010 年第 4 期。

③ 夏光富、刘应海：《数字创意产业的特征分析》，《当代传播》2010 年第 3 期。

④ 范恒山：《加快发展数字创意产业 培育壮大新动能》，《宏观经济管理》2017 年第 10 期。

型产业结构，由内容与科技交互融合产生，同时依赖互联网、智能终端等与网络通信技术紧密关联的新媒体环境实现产业传播。[①] 范周认为数字创意产业是以创意为核心、以数字技术为依托的战略性新兴产业，是引领文化新供给、促进文化新消费的新型文化业态。[②] 解学芳、李琳认为数字创意产业以文化创意为轴心、以科技创新为脉络的产业，也是国家经济和城市发展的强劲驱动力，还是经济竞争力与文化软实力共生的新场域。[③] 李文军、李巧明认为，数字创意产业是一种将现代的数字技术同创意产业相融合而产生的产业，它以创意内容为核心竞争力，同时将数字技术运用到生产、传播与消费中。[④]

结合各学者以及机构对数字创意产业的阐述，本书将数字创意产业定义为现代信息技术与文化创意产业逐渐融合而产生的一种新经济形态，以丰富的创意内容和独特的设计服务为核心，利用数字技术进行创作、生产、传播和服务，引领新供给、新消费，从而实现高速成长的新型创意产业。

二　数字创意产业推动经济发展

数字创意产业的发展机制在不同的国家和地区也不尽相同，各地因地制宜，培育适合的发展机制，但大多以市场主导、资源驱动、政策驱动等机制为主。以市场主导作为发展机制的国家主要是美国，美国生产的数字创意产品和服务既满足国内市场需求，又满足国外市场需求；以资源驱动作为发展机制的国家主要在欧洲，包括英国、法国、意大利等。这些国家利用数字技术将其已经拥有的艺术创意资源进行转化和发展，进一步提升艺术创意产业价值；以政策驱动作为发展机制的国家主要是澳大利亚、日本和韩国，它们实施的包含优惠政策在内的各项政策助力

① 臧志彭：《数字创意产业全球价值链重构——战略地位与中国路径》，《科学学研究》2018 年第 5 期。

② 范周：《数字创意产业向着“十万亿”的“小目标”奋勇向前》，搜狐网，2018 年 7 月 31 日，https://www.sohu.com/a/244447807_182272。

③ 解学芳、李琳：《全球数字创意产业集聚的城市图谱与中国创新路径研究》，《同济大学学报》（社会科学版）2020 年第 5 期。

④ 李文军、李巧明：《“十四五”时期数字创意产业发展趋势与促进对策》，《经济纵横》2021 年第 2 期。

数字创意产业发展。此外，研究发现，国外学者也有从技术创新、消费需求等角度谈数字创意产业的发展。针对数字创意产业的发展机制，熊澄宇和孔少华指出，数字内容产业主要包括消费需求动力、技术创新动力、传播扩散动力、政策引领动力以及资本流转动力五种发展动力。[①]意娜认为数字技术对创意经济会产生巨大的影响，不管是发达经济体，还是发展中经济体，抑或是数字化程度极低的国家，数字技术所衍生出的数字经济在全球范围内越来越重要，所以发达经济体的创意部门在积极推动传统行业进行数字化转型，发展中经济体也从政策层面鼓励创意产业的数字化转型。[②] 毛丽娟、浩布尔卓娜从经济增长的角度对推动数字创意产业的因素进行分析，她们认为，传统产业经济增长的推动因素常常是人力、资本和技术创新，而数字创意产业实现经济增长的推动因素是创意内容和数字技术，从而获得较高的经济收益，也可以通过扩大规模来获得比较多的回报。[③]

三 数字创意产业发展政策背景

国际社会关注数字创意产业发展，以中、美、英、日、韩为例，中国于2016年12月首次将数字创意产业纳入《“十三五”国家战略性新兴产业发展规划》，2017年1月，《战略性新兴产业重点产品和服务指导目录（2016版）》正式发布，文化产业诸多产品和服务被纳入目录，得以享受相关优惠政策。同时，中国多地区已在探索数字创意产业的道路上迈出步伐，比如2020年10月，广东省发布《广东省培育数字创意战略性新兴产业集群行动计划（2021—2025年）》，从产业规模、产业链建设、内容原创和产业平台建设方面提出具体目标。美国的版权产业划分为核心版权产业、交叉产业、部分版权产业和边缘版权产业，数字创意产业正是核心版权产业的一部分，对此，美国政府出台了一系列法律法规，如《版权法》《跨世纪数字版权法》《电子盗版禁止法》，同时鼓励

① 熊澄宇、孔少华：《数字内容产业的发展趋势与动力分析》，《全球传媒学刊》2015年第2期。

② 意娜：《数字经济影响下的国际文化创意产业发展研究》，《中国人民大学学报》2020年第6期。

③ 毛丽娟、浩布尔卓娜：《数字经济时代下文化创意产业发展路径研究》，《黑龙江社会科学》2020年第2期。

多样化主体投资，产业发展投资主体包括企业、基金会以及个人捐助。英国在已经建立对创意产业进行政策（《1988年版权、外观设计和专利法案》）保护的基础上，又进一步发展了数字创意产业。1997年5月，英国政府专门成立了创意产业工作小组以协调、制定创意产业发展政策，同时调整产业结构和解决就业问题，并于2007年出台了对数字出版产业的优惠政策，对数字出版实行“零税收”。为了促进数字创意产业的国际交流和出口贸易，英国充分发挥各公共部门、私有部门和贸易组织的优势，建立了数字内容论坛。同英国类似，德国政府也于20世纪90年代对数字创意产业给予了优惠政策来鼓励创意产业向数字化转型，其具体措施即实行“税收返还”，此后，《明镜在线》、《时代周报》和《网络报》相继上线。2016年3月，德国发布“数字战略2025”，推动创意产业全方位进入数字化。进入21世纪，日本先后通过实施“e-Japan战略”、“IT新改革战略”和“新成长战略”来推动网络及数字化普及，促进影像、音乐、游戏和图书等内容的数字化转型，振兴本国数字创意产业。韩国以政府主导模式来推动数字创意产业发展，比如成立韩国内容振兴院支持内容创作和海外输出，并于1998年起先后制定了《内容韩国蓝图21》（Content Korea Vision 21）、《C韩国战略》（C-Korea 2010）、《内容产业振兴基本计划》来适应数字时代发展需要。①

① 林环：《欧美国家数字内容产业发展政策模式比较》，《中国出版》2018年第6期。

第二章　技术革命、数字化、数字创意产业与就业变动

"科学技术是第一生产力。"从18世纪至今，随着社会生产力水平的不断提高，世界共经历了六次技术革命。历次技术革命都给世界经济发展带来了前所未有的转变，整体市场格局产生了翻天覆地的变化，传统劳动力市场受到极大冲击。尤其是21世纪以来数字技术的发展，一方面使得传统行业不得不面临就业岗位减少、就业结构变化、工资与福利降低以及企业成本优势逐渐消失等挑战；另一方面为企业的转型升级创造了机遇，激发了更多就业的可能性。数字技术不断融入各个领域，众多新兴行业诞生，数字技术与文化的结合就催生了数字创意产业，已成为推动经济发展的重要产业，在创造资源的同时提供了众多就业岗位，非标准就业、"数字劳动"等新就业模式应运而生。

第一节　历次技术革命对传统劳动力市场的冲击

在过去的数百年间，共发生了六次重要的技术革命。第一次技术革命始于18世纪60年代的英国，这一次的技术革命开创了机器代替手工业的时代；第二次技术革命出现于1829年，其重要的标志是机器开始由机器生产，这一阶段铁路、蒸汽动力等机械化生产方式对劳动力结构产生了巨大改变；第三次技术革命始于1875年，钢铁、电力的广泛应用建立了以重工业为中心的现代工业技术体系；第四次技术革命始于20世纪初期，以石油和天然气为代表的化石能源开始大规模应用，同时社会生产的分工化、专业化、机械化、工业化程度进一步加深；第五次技术革命源自1971年半导体芯片、个人电脑等的普及，整个社会开始向信息化、知识密集型产业方向转变；第六次技术革命为从2008年至今的数字化与智能化的延伸，新的科学技术重新塑造了新的体力、脑力和智力劳动规范，数字劳动、创新劳动开始成为社会生产的重要方式（见表2-1）。

表 2-1 历次技术革命情况

名称	时间	标志性事件
第一次技术革命	1765~1829 年	纺织工业化
第二次技术革命	1829~1875 年	机器生产机器
第三次技术革命	1875~1908 年	钢铁材料与电力驱动的大规模应用
第四次技术革命	1908~1971 年	化石能源使用
第五次技术革命	1971~2008 年	半导体芯片、个人电脑应用
第六次技术革命	2008 年至今	数字化与人工智能应用

资料来源：何汉儒、张刚《机遇与挑战：技术革命对劳动力市场冲击》，《现代管理科学》2019 年第 12 期。

技术革命大幅度地改变了人们的就业方式，20 世纪 30 年代凯恩斯（Keynes）预言，新技术的出现与发展会促进经济不断增长，但同时也会导致广泛的技术性失业。[①] Bloom 等指出，“随着机器持续地进入社会分工中，会有越来越多的社会工作被替代，劳动力正在逐渐变得多余”。[②] Leontief 同样对机器进入工业生产领域持悲观态度，并推测“随着越来越多的工人被替代，传统劳动力的重要性越来越低”。[③] 在历史的进程中，前几次技术革命为劳动市场带来了复杂的影响，这些影响将为我们目前正在经历的第六次技术革命提供可资参考的经验与指导。

一 对劳动者地位与收入的冲击

第一、第二次技术革命促进了资本主义的形成，机器的发明与应用给社会结构带来了巨大的变革，传统的手工劳动正在被机器生产替代，现代意义上的工厂由此出现，同时还出现了一批以劳动作为主要收入来源的劳动者阶层。一方面，机器的大量使用造成劳动力被不断替代，原本并不熟练的劳动者只需要通过简单的培训就可以借助机器进行生产，从而参与生产过程。但同时，对劳动者要求的降低，也使得其在生产过

① John Keynes, “Economic Possibilities for Our Grandchildren,” in John Keynes, ed., *Essays in Persuasion* (London: Palgrave Macmillan, 2010).

② Nicholas Bloom, Luis Garicano, Raffaella Sadun, John Van Reenen, “The Distinct Effects of Information Technology and Communication Technology on Firm Organization,” *Management Science* 60 (2014): 2859-2885.

③ W. Leontief, “Machines and Man,” *Scientific American* 3 (1952): 150-164.

程中不再处于主导地位，越来越多的生产工作开始依靠产业的机械化实现。另一方面，随着生产力的提高，劳动分工和社会分工朝着愈发精细的方向发展，对劳动技能的要求更是朝着高度专业化的方向发展，对机器设备的高度依赖使得劳动者在企业生产过程中的地位不断下降，人的发展朝着职业化的趋势转变。[①] 这一时期的劳动形态产生了如下特点：劳动者工作时间延长；劳动的目的主要是生存，获得的劳动报酬低；劳动者的可替代性不断加强；雇主提供全部生产资料和生产工具，同时雇主也承担所有经营风险并获取全部经营收益。这一时期，雇佣劳动的从属关系特征极强。[②]

二 对劳动者创新和技术水平的冲击

第三、第四次技术革命带来的问题是，劳动者物化为与机器一样的机械工具，参与社会生产的个体的创新性和个性被严重限制，劳动者的自由创造能力被削弱，进而变成了“单向度的人”。[③] 京特·安德斯指出，人员过剩是工业革命时期“人员裁剪”的本质特征，机器将“工具的人”淘汰，唯有一小部分社会精英才有幸得到劳动。[④] 1913 年，亨利·福特设计了世界上第一条高度专业化的汽车流水生产线，大幅度降低了对技能水平的要求，同时专业化的生产提升了商品生产的标准化、批量化和高质低价特性。[⑤] 资本主义生产的社会化大大加强，垄断组织应运而生。机器大生产带来了就业人口中以工资收入为生存手段的“工资劳动者”比例的急速上升。[⑥]

① 李敏：《人工智能：技术、资本与人的发展》，博士学位论文，中南财经政法大学，2018。

② 思路、刘兆光：《人工智能时代劳动形态的演变与法律选择》，《社会科学战线》2019 年第 2 期。

③ 〔美〕赫伯特·马尔库塞：《单向度的人：发达工业社会意识形态研究》，刘继译，上海译文出版社，2006。

④ 〔德〕京特·安德斯：《过时的人：论第三次工业革命时期生活的毁灭》（第二卷），范捷平译，上海译文出版社，2010。

⑤ 李敏：《人工智能：技术、资本与人的发展》，博士学位论文，中南财经政法大学，2018。

⑥ 刘庆振、王凌峰、张晨霞：《智能红利：即将到来的后工作时代》，电子工业出版社，2017。

三 对劳动者就业状态的冲击

第五次技术革命是信息革命。信息技术的普及应用，使得人们可以摆脱繁重的体力劳动和重复性的脑力劳动，将更多的时间和精力用来进行创造性活动。[①] 然而，信息革命在创造出更多新职位的同时，产生的新职位需求和现有劳动力市场中的劳动技能难以匹配，由此也产生了大量的结构性失业。“随着计算机应用的普及，欧洲国家的失业率从 20 世纪 50 年代的 1%～2% 快速上升到 8%～10%。”[②] 与此同时，第三方机构如职业中介、人事代理、劳务派遣、劳务外包等应运而生，开始出现在劳动力供求市场中，发展出大量非典型劳动关系。[③] 但信息技术革命使得劳动者身份不明确，就业状态不稳定，在可替代性上有很大差异。

第六次技术革命实现了社会生产与服务的个性化、柔性化以及智能化。然而人工智能的运用和新型就业形式的出现为劳动力市场带来了一定程度的冲击。因此，本章还进一步分析了数字化时代国内外学者对劳动力市场的态度与研究，从而加深读者对当前形势下全球劳动力市场变化的认识。

第二节 传统行业在数字化中面临的挑战

一 就业岗位数量减少

数字化为传统行业带来了负面影响。首先在岗位数量上，卡普兰认为人工智能将会导致持续性失业，[④] 理查德·萨斯坎德和丹尼尔·萨斯坎德提出人工智能时代的技术性失业是大势所趋。[⑤] Yongwei Chen 和 Duo Xu

---

① 李敏：《人工智能：技术、资本与人的发展》，博士学位论文，中南财经政法大学，2018。

② 何汉儒、张刚：《机遇与挑战：技术革命对劳动力市场冲击》，《现代管理科学》2019 年第 12 期。

③ 田思路：《从封闭到开放：企业组织市场化的劳动法诉求》，《中国政法大学学报》2014 年第 6 期。

④ 〔美〕杰瑞·卡普兰：《人工智能时代：人机共生下财富、工作与思维的大未来》，李盼译，浙江人民出版社，2016。

⑤ 〔英〕理查德·萨斯坎德、〔英〕丹尼尔·萨斯坎德：《人工智能会抢哪些工作》，李莉译，浙江大学出版社，2018，第 341 页。

认为人工智能对产业的冲击比之前历次技术革命更广泛、更彻底、更持久，并利用 Logit 模型预测在未来 20 年内人工智能在中国的替代概率达到 76.76% 。[①] 李欣燕从马克思主义政治经济学的角度出发，探究人工智能机器人产业的发展对劳动力就业可能造成的影响，从中短期与长期来看，智能机器人对未来劳动力就业的影响不同。作为新兴产业的自动化机器人领域，从中短期来看，其对就业还可以产生正向拉动作用。但是从长期来看，智能机器人对就业的影响不仅直接表现在对就业人数的影响上，更重要的是还影响了就业结构的变化。[②] 高奇琦认为，人工智能所带来的冲击与工业革命不同：第一，这一次的新技术革命对绝大多数行业会造成全方位的冲击；第二，对大部分行业来讲本次冲击带来的影响将会特别深远，例如翻译、法律等专业；第三，本次冲击对传统认知中的高端行业会带来巨大的影响，这一次受人工智能发展冲击影响最大的行业恰恰是高端服务业，特别是金融服务业、精密制造业等。[③]

二　就业结构变化明显

从就业结构上看，李英福、冯珺认为在劳动密集型产业发展增速放缓和数字经济冲击的双重作用下，传统的具备低人力资本特征的劳动力，其在市场上所要面临的就业形势会存在更大的不确定性。[④] 一方面，数字经济带来的颠覆性创新会对传统市场造成极大的冲击。另一方面，数字经济中也会生发出新的分工形式，人们拥有了更多的空余时间和消费能力，自然也需要有配套的产品、设施和服务。[⑤] 在新业态经济形势下，人们的闲暇时间和与他人的协作工作将呈现明显的碎片化、融合化趋势。数字经济情境下，具有高人力资本结构特征的劳动者，可能会面临更加

① Yongwei Chen, Duo Xu, "The Impact of Artificial Intelligence on Employment," *Comparative Studies* 2 (2018): 135 - 160.

② 李欣燕：《智能机器人与未来劳动力就业——基于政治经济学角度》，《现代管理科学》2020 年第 1 期。

③ 高奇琦：《就业失重和社会撕裂：西方人工智能发展的超人文化及其批判》，《社会科学研究》2019 年第 2 期。

④ 李英福、冯珺：《数字经济与劳动力市场研究综述》，《企业改革与管理》2019 年第 19 期。

⑤ 宋瑞：《休闲乃幸福之源——何以可能?》，《财经智库》2018 年第 2 期。

灵活的分工选择，例如可以更加灵活地选择服务于传统劳动部门或者是数字经济部门。而对于具有相对低人力资本结构特征的劳动者，分工时受到的制约则与此相反。就业结构的具体变化实际上最终还要由分工外溢效应和分工挤出效应共同作用的净结果来决定。[①]

三 工资与社会福利降低

从工资与社会福利的方向看，Lee 和 Clarke 通过研究表明高科技行业（无论是 STEM 密集型的“高科技”还是数字经济）都具有正的就业乘数，每 10 个新的高科技工作创造约 7 个本地不可贸易的服务工作，其中约 6 个工作岗位为低技术岗位。中级技术工人的就业率没有增加，但得益于较高的工资。然而，尽管低技能工人会从较高的就业率中受益，但这些工作通常是低薪服务工作，因此平均工资会下降，尤其是在考虑到住房成本上涨的情况下。[②] 在西方社会“超人文化”的主导下，人工智能的发展所要考虑的问题更多的是如何增加人工智能的应用场景，以及由此带来的美好前景，而人们很少会去考虑人工智能技术得到广泛应用后，所造成的失业率上升和无业人群的安置问题。同时，人工智能应用还可能进一步带来社会贫富加剧和社会福利降低的种种问题，[③] 传播学研究领域的政治经济学者格外关注因信息技术发展的不平衡而导致全球劳动者群体间的“数字鸿沟”问题。[④] 董志强、黄旭改进了新古典生产函数，通过建立理论模型来分析替代型人工智能技术对经济特别是对就业的影响问题，他们发现替代型人工智能技术可以提高总产出，但工资率和就业水平将会下降，劳动收入份额自然也会降低，失业率将会增加。同时，政府对失业者进行直接转移支付的政策，在长期将进一步加

① 曲海慧、冯珺：《创新经济、人力资本结构与分工——一个解释性的理论框架》，《管理现代化》2019 年第 2 期。

② Neil Lee, Stephen Clarke, “Do Low-Skilled Workers Gain from High-Tech Employment Growth? High-Technology Multipliers, Employment and Wages in Britain,” *Research Policy* 48 (2019).

③ 高奇琦：《就业失重和社会撕裂：西方人工智能发展的超人文化及其批判》，《社会科学研究》2019 年第 2 期。

④ Manzerolle, V., “Mobilizing the Audience Commodity: Digital Labour in a Wireless World,” *Ephemera* 10 (2010): 455 – 469.

剧失业，只能作为短期救济手段。政府可以对失业者进行再培训，但政策有效的条件是，服务业的技术发展水平达到某个门槛之上。这意味着，在发展人工智能技术的同时，为了避免大规模失业就需要大力发展服务业。①

此外，富裕国家的跨国公司通常向贫穷国家的熟练工人支付相对较高的工资，在一些地区，外国跨国公司的平均工资要比本地公司高40%。② 但是，这些公司中的非熟练工人往往机会有限，因此所获得的工资较低。因此，经济全球化只是提高了熟练工种的工资水平，同时压制了低技能人员，扩大了工资不平等。③

四 企业成本优势逐渐消失

从企业的角度看，高嘉阳、罗燕认为中国民营制造的市场化实践仅仅经过了两代人的时间，学习基因的匮乏使得小型代工企业不会完全选择自主创新的路径，资本的限制往往又导致商业上的急功近利和创新过程的半途而废。一方面，经营者不愿意对回报期长且不确定性大的人力资本进行投资；另一方面，员工在落后的企业管理制度面前往往处于弱势，缺乏对自身职业生涯的控制而主动流失。④ 而在进出口企业中，对互联网技术和环境依赖程度的进一步提升，无形中也增加了企业进出口技术的复杂度，使得大量企业在面对互联网大潮时往往无所适从，当然，在中小型企业或中、高开放地区的企业中，灵活的机制使得互联网对这类企业的促进作用更加显著。⑤ Schwab 在研究中提出“人口红利”正在被“人才红利”所取代，同时“人才红利”又很容易被垄断，不同区域之间进行的数字贸易会导致马太效应，将低端劳动力原本具有

---

① 董志强、黄旭：《人工智能技术发展背景下的失业及政策：理论分析》，《社会科学战线》2019 年第 12 期。

② Coyle, D., *Inequality and the Future of Work* (London: The Economist, 2016).

③ Hallward-Driemeier, M., Nayyar, G., *Trouble in the Making? The Future of Manufacturing-Led Development* (Washington, D. C.: World Bank, 2017).

④ 高嘉阳、罗燕：《技术创新还是非技术创新：兼顾体面劳动的小型代工企业转型选择》，《现代经济探讨》2019 年第 11 期。

⑤ 岳云嵩、李兵、李柔：《互联网会提高企业进口技术复杂度吗——基于倍差匹配的经验研究》，《国际贸易问题》2016 年第 12 期。

的成本优势变为劣势，技术变革带来的就业空间两极化现象必须受到相应的重视。①

第三节　企业在转型升级中创造就业条件

一　数字化为岗位的创造提供可能

Luksha 从行业层面调查了技术对俄罗斯的影响，他发现虽然一些蓝领和白领工作将会过时，但未来技术创造的就业机会将超过这些失业岗位，而人们需要通过加强跨行业技能的学习来保持自身竞争力。② Thomas 运用 EU KLEMS 的数据进行分析发现，信息通信技术的投资将会促进就业。③ Autor 和 Salomons 利用 19 个国家的面板数据，实证检验了生产力提高对就业率的影响，发现虽然特定行业生产率的提升会降低就业率，但其溢出效应促使其他行业雇用更多劳动者，使得社会总就业率提升。④ 德国劳动市场与职业研究所于 2018 年发布的《数字化对 2035 年德国劳动力市场影响》报告显示，到 2020 年德国在产生 72 万个新的劳动岗位的同时，也会有近 71 万个岗位消失。数字化趋势将带来劳动力市场行业间和职业间劳动岗位分布的较大变化，其中加工制造业受影响最大。辅助性工种及房屋管理员等 8 个职业领域的劳动需求将会大幅减少，而信息通信行业则将是数字化发展过程中获益最大的领域，可能导致新增 12.3 万个岗位。

二　数字化提升企业招聘效率

一些观察者评论了人工智能和其他技术在改善招聘流程、帮助纠正技能不匹配方面的作用。⑤ LinkedIn 和 Monster 等数字平台已经在传统和

① Schwab, K., *The Fourth Industrial Revolution* (Cologny: World Economic Forum, 2016).

② Luksha, P., et al., *Atlas of Emerging Jobs* (Moscow: Skolkovo, 2015).

③ Thomas, M. K., *The Rise of Technology and Its Influence on Labor Market Outcomes*, 2017.

④ David Autor & Anna Salomons, "Is Automation Labor Share-Displacing? Productivity Growth, Employment, and the Labor Share," *Brookings Papers on Economic Activity* (1) 2018: 1–87.

⑤ Schwab, K., *The Fourth Industrial Revolution* (Cologny: World Economic Forum, 2016).

数字工作场所为个人提供工作机会，从而接替了传统上由猎头执行的任务。根据 Manyika 等的观点，在线平台可以匹配工人和雇主，在 2015～2025 年可创造 7200 万个就业机会，并推动全球 GDP 增长 2%。[①] 同时，数字经济的发展对企业劳动雇佣会产生影响，以数字金融为例，其降低了企业融资约束使得企业劳动雇佣增加，通过促进新企业进入市场增加了新企业创造的劳动雇佣，通过减少企业退出市场防止了退出企业缩减劳动雇佣。[②]

三　数字化推动从业者学习新技能

阮芳等提出，在数字化时代，个人应储备复合性的跨界技能，就业者也需提高自我管理和监督的契约精神；企业应提升存量人才能力、重塑与人才间的雇佣关系、提升人才获取渠道和人力资本利用效率；政府应该从源头上对现在的大学及职业教育体系进一步深化改革，着重提升高校和专业技能人才的数字化应用水平，并建立更完善的配套扶持体系，特别是在准入门槛设置、融资业务支持等方面提供帮助，通过构建数字化社会治理和数字化信用体系，为就业者和服务对象营造简单透明、安全可信的平台生态环境。[③] 从各个国家对数字贸易的政策来看，中国、德国、英国、美国、澳大利亚、俄罗斯、日本等国家都提出了应通过提升远程数字化就业岗位来创造就业，并同时加强全民数字素养。

四　数字化加快非标准就业岗位的出现

随着互联网的发展，非标准就业如非全日制就业、临时性就业、劳务派遣、自雇、隐蔽性雇佣等用工方式正在成为全球性现象。国际劳工组织在 2016 年发布的《世界非标准就业》中对非标准就业进行了定义，同时该报告指出发展中国家的非标准就业比例长期偏高，许多发达国家

---

① Manyika, J., et al., A *Labour Market That Works: Connecting Talent with Opportunity in the Digital Age* (New York: McKinsey & Company, 2015).

② 马芬芬、王满仓、吴建銮、袁映奇：《数字金融对企业劳动雇佣的影响》，《统计与决策》2022 年第 16 期。

③ 阮芳、蔡菁容、张奕蕙、郑微：《迈向 2035：4 亿数字经济就业的未来》，《科技中国》2017 年第 4 期。

非标准就业比例也在逐年上升。[①] 因此这一话题开始被学者关注。中国学者王永洁对中国背景下的非标准就业下了定义，他认为中国的标准就业为劳动者与用人单位签订无固定期限劳动合同和固定期限劳动合同（不包括劳务派遣）的用工，以及机关和事业单位的正式用工。在此范围之外的就业为非标准就业，包括非全日制用工、多方雇佣关系（劳务派遣）、临时性雇佣（以完成任务为期限的用工和季节性用工）和非雇佣关系用工（隐蔽性雇佣或依赖性自雇）等。[②] 此外，王永洁还从非标准就业的视角出发，将就业分为平台型标准就业和平台型非标准就业。以网约车平台就业为例，通过对网约车驾驶员就业状况调查数据的分析，表明平台型非标准就业对促进农村人口和受教育程度较低人口的就业、对增加家庭收入具有积极作用及意义，但同时超时劳动和社会保险等问题也较为突出。中国在支持和依托平台就业等新就业形态扩大就业的同时，在用工规范和管理等方面还需要进一步加强。怎样才能及时应对平台就业？这是对现行劳动力市场机制提出的新挑战。[③]

关于非标准就业的话题也常常围绕在社会福利与保障的层面，从劳动力市场制度的建设层面而言，对非标准就业的研究更为重要。标准就业是现行劳动力市场制度设计的重要依据，而对于非标准就业、非标准劳动关系的调整以及用工单位职责和义务的明确等方面，现阶段还缺乏明确的法律依据。如何将非标准就业纳入劳动力市场制度框架已经成为全球性议题，一些专家指出，在大多数国家和地区，劳动相关法律制度的设计和劳动者的有效保护都是建立在假定是标准就业的基础上的，这就使得面对新时期非标准就业的变革，亟须做出相应的调整。[④] 王育英认为，现有社会保障制度缺乏弹性、难以满足全日制和非典型就业两种模式共存下劳动者对社会保障制度的需要、非标准劳动关系下农民工社会保障制度的滞后、非标准劳动关系下的非典型就业对社会保障基金积

---

① International Labour Organization, *Non-standard Employment around the World*, 2016.

② 王永洁：《国际视野中的非标准就业与中国背景下的解读——兼论中国非标准就业的规模与特征》，《劳动经济研究》2018 年第 6 期。

③ 王永洁：《平台型非标准就业与劳动力市场规制》，《北京工业大学学报》（社会科学版）2020 年第 3 期。

④ Kalleberg, Arne, "Nonstandard Employment Relations: Part-time, Temporary and Contract Work," *Annual Review of Sociology* 26 (2000): 341 – 365.

累的影响，应当从增强社会保障制度的弹性、使社会保障制度的发展与经济发展相适应、完善社会保障立法和明确各主体的责任等方面完善在非标准劳动关系下现行社会保障制度对策。[①] 李攀艺、张红婷指出，随着共享经济成为新经济的重要模式和发展驱动力，以共享为特征的新兴企业逐渐形成了“互联网 + 劳务”的全新用工模式，演化出新型的社会契约及用工关系，并孕育出以网络平台为载体、合作契约为链接、自我管理为中心的新兴非标准就业群体，但同时也对现有法律框架下的传统雇佣关系形态形成冲击，使得非标准就业者陷入劳动者社会保障缺失的困境，因此有必要在借鉴国内外对新兴非标准从业者法律身份界定、制度调整与创新和技术资金支持等举措的基础上，通过制度的顶层设计，技术和资金池的双重保障，打造各利益主体多元化参与新兴非标准就业群体的社会保障格局。[②]

第四节　数字创意产业岗位的变动及发展

一　数字创意产业——科技与文化的结合

数字经济可以被看作由七个部分有机整合的结构，具体包括全球经济数字化、数字解决方案、数字内容、互联网平台、电子商务、信息技术软件和硬件通信。各个部分之间相互支持而且相互依托。[③] 文化与科技的融合创新，是当代世界范围内探索的前沿领域。数字经济的蓬勃发展依托三个基本条件：第一，高度依赖优质资源，即把技术资源、文化资源、制度资源、资本资源等进行整合以满足市场的需求；第二，高度依赖创新型人才的支持，只有通过发挥知识型人才的想象力和创新力，才能形成绵绵不绝的内生动力；第三，高度依赖对开放和多元包容，高度的开放可以促进不同文化基因的交汇，从而形成融合发展的竞争力新优势。[④]

① 王育英：《非标准劳动关系对我国现行社会保障制度的挑战及其解决对策》，《劳动保障世界》2017 年第 26 期。

② 李攀艺、张红婷：《我国新兴非标准就业群体社会保障问题探析》，《长白学刊》2020 年第 3 期。

③ UNCTAD, *World Investment Report 2017: Investment and the Digital Economy*, 2017.

④ Schwab, K., *The Fourth Industrial Revolution* (Cologny: World Economic Forum, 2016).

由此也可知，文化科技的融合在创造资源的同时也为更多的人带来了新的工作岗位，而对高级人才的依赖也令各政府加大对人才的培养力度，以此得到更多岗位适配人才。

如今，数字创意产业已成为推动国家经济发展的重要产业，各种不同的技术与文化产业结合，带来了不一样的变化。例如沉浸式技术就在英国得到了广泛运用，根据“创新英国”的报告数据，英国的1000多家沉浸式技术公司涉及22个细分市场领域，其中有近80%的沉浸式技术公司业务涵盖创意和数字内容市场，同时有2/3的沉浸式技术公司还会涉及教育培训、先进制造等其他行业领域。

此外，科技在版权领域也应用广泛。张立和张凤杰在国家重大文化技术专项“数字版权保护技术研发工程”专利检索分析工作的基础上，针对“数字版权保护技术”综合主题以及57个分项技术主题，对1994～2017年这24年间包括中、美、英、法、德、俄、韩、日、澳在内的9个国家，通过从欧洲专利局和世界知识产权组织获取到专利申请数据，并进行追踪研究和系统分析，得出六大结论：数字版权保护技术发展总体上已步入成熟期；数字版权保护技术发展应用的重点将转向综合化；移动业务支撑技术处于成长期；数字水印技术是专利申请的热门领域；区块链相关技术处于萌芽期；中国正在日益成为数字版权保护技术专利申请的主要国家。[①]

区块链技术也在数字创意产业中发挥了重要的作用。潘道远、李凤亮通过研究区块链与文化产业的关系，发现文化产业应用区块链技术会导致四个方面的变革：产业价值链会围绕文化创意本身重塑；文化商业生态会围绕创意者重构；文化产业投融资模式会创新；文化治理会基于信息内容监管而改良。数字音乐产业是当下区块链应用需求较高的产业之一，因此可优先在该产业构建一个以保护版权为主要目标的联盟链，他们构建的模型和国内外案例均证明了区块链在该产业能应对多方面的挑战。可以展望区块链广泛应用于文化产业后，传统信息社会将逐步向创意社会转变。[②]

---

① 张立、张凤杰：《数字版权保护技术创新应用的六大趋势——基于1994—2017年“九国两组织”专利申请数据的分析》，《现代出版》2019年第3期。

② 潘道远、李凤亮：《区块链与文化产业——数字经济的新实践趋势》，《文化产业研究》2018年第3期。

数字化令全球成为一个庞大的地球村。站在国际化的视角上，数字创意产业令各国拥有了新的竞争资本。以传统制造业为基础构建的全球价值链体系，在全球数字化的大背景下，愈发难以适用于新兴的数字创意产业，亟须进行理论范式创新。数字创意产业是内容、技术与制度三维协同创新驱动的新型业态，与传统制造业全球价值链在多个环节上都有所不同，包括产品研发、组织生产、内容审查、市场营销、物流运输、流通消费、特征效应与生命周期等，并且数字创意产业的全球价值链具有明显的共享效应、嫁接效应、衍生效应和外溢效应，因此一旦某国的数字创意产业全球价值链被他国“俘获”或“锁定低端”，该国数字产业的未来竞争力将被牢牢控制。基于中国数字创意产业全球价值链重构战略立方体模型的研究发现，对于本国价值链（National Value Chain，NVC）高成熟度的数字创意细分行业应采取市场优先、成本领先和兼并收购三种不同类型的战略；对于本国价值链成熟度不高的行业而言，则需要根据全球价值链（Global Value Chain，GVC）的整体成熟度和行业成熟度采取相适应的战略，逐步提升数字创意产业的全球影响力，最终确定数字创意产业在全球价值链中的主导地位。①

二　岗位价值的低估

Hyejin Yoon 对韩国动漫产业进行研究，发现计算机图形的广泛使用和动画的数字化彻底改变了动画的生产和消费方式。然而文化产业的雇主往往期望在工作过程中能够掌控他们的职工，换句话说，他们不希望职工拥有太多自己的想法。② 同时由于创意产业的价值获取主要是由降低劳动力成本驱动的，一些数字化的生产系统（基于项目的生产系统）已在创意产业中被广泛采用，因此工人更容易成为临时雇员和自由职业者。

约翰·兰特（John Lent）对美国、菲律宾、马来西亚等国影视业和图书出版业中的动漫创作者进行民族志研究表明：跨国企业在推进漫画产业的全球化、集约化和商业化过程中更加关注利润，从而忽略了作品

---

① 臧志彭：《数字创意产业全球价值链重构战略研究——基于内容、技术与制度三维协同创新》，《社会科学研究》2018 年第 2 期。

② Hyejin Yoon, “Do Higher Skills Result in Better Jobs? The Case of the Korean Animation Industry,” *Geoforum* 99（2019）：267 – 277.

的艺术价值，同时为了利润最大化，企业更加倾向于外包，从而造成了全球化的劳动分工。这一进程导致美国很多漫画创作者失去了工作机会，而其他国家的外包工作者也面临着其他问题，最终导致全球劳动者“双输”的局面。①

同时，随着网络平台的发展，在平台上从事短视频拍摄的人数逐渐增加，但他们的收入并没有想象中的稳定。根据智研咨询的研究，截至2020年6月，中国短视频行业用户规模已经增长至8.52亿人，何威等人对抖音上的短视频博主发放问卷并回收2375份有效问卷，从问卷中看出这些人对“我的收入与工作量”的满意度较低，②说明拍摄短视频这一类的数字创意产业依旧具有不够稳定的工作环境和收入。

三 数字创意产业就业新形态——“数字劳动”

在虚拟文化空间下，互联网开发共享的理念正在全面影响着社会的发展步伐，网民力量飞速崛起，个性化时代的来临使得每个网民都可以成为文化生产活动的主体，创意创新人才在当前产业经济尤其是数字文化产业发展中的作用越来越重要。③

数字创意产业在发展的同时也带来了“数字劳动”，“数字劳动”由“非物质劳动”一词演化而来，早期用来表示原本的用户知识性消费在平台资本运作下转变为生产性活动的过程。用户的个人信息和社交行为在数字平台中成为一种有经济价值的资源被出售，看似利用网络进行休闲娱乐的用户实际上变成了数字平台的劳工。数字创意产业在发展中也催生了一系列就业新形态，例如以知识创造和软件开发为代表的专业化数字劳动，主要包括由一定技术知识人员进行的与技术性相关的编程、软件开发等有偿互联网专业劳动，为数字媒介公司生产利润却无酬劳的在线用户的数字劳动，以在线服务线下完成为代表

① John Lent, “The Global Cartooning Labour Force, Its Problems and Coping Mechanisms: The Travails of the Marginalised Cartoonist,” *Work Organisation, Labour and Globalisation* (4) 2010: 160 - 172.

② 何威、曹书乐、丁妮、冯应谦：《工作、福祉与获得感：短视频平台上的创意劳动者研究》，《新闻与传播研究》2020年第6期。

③ 陈波、陈立豪：《虚拟文化空间下数字文化产业模式创新研究》，《中国海洋大学学报》（社会科学版）2020年第1期。

的数字众包，无偿的以受众和粉丝为代表的数字劳动，以及游戏玩工等，总体呈现“非物质化劳动”的特征。“数字劳动”是在数字技术、智能化等快速发展基础上产生的新的生产方式与就业形态，在一定程度上，它打破了传统劳动方式的时空限制，使得劳动者在时间与地点上更加灵活。①

国内学者在讨论分享经济平台和零工就业的发展前景时，曾提出分享经济发展形态中企业方更加倾向于通过灵活用工来降低企业成本，因此呈现劳动者灵活就业、实现工作与生活的平衡与融合、工作更加自由和灵活的特点，② 从而培育出规模巨大的自由就业机会与兼职就业群体。③ 同时国内学者姚建华和徐偲骕则认为“数字劳动”的出现令职业技能与专业化劳工间的界限被模糊，工作与闲暇、办公室与家庭之间的界限也被消解，同时数字劳工成为“无酬劳工”的趋势愈发明显，他们迎合资本降低生产成本，令劳动者承担了本属于企业的风险诉求。实际上，“数字劳动”工作者面临着更多的困境，创作者对于自己创作的作品难以维护所有权、酬劳微薄、工作压力大等。此外，他们因为政府的管制而不得不时刻进行自我审查，这使他们长期处于不安全和孤立的工作环境之中。④

张铮和吴福仲以网络文学领域的主要创作者，即签约写手为研究对象，以数字劳动为理论视角，探究了外部劳动语境的特征及其对个体劳动境遇的影响。他们在研究中发现，在数字技术和资本市场的共同影响之下，网络签约写手的数字劳动具有明显的弹性雇佣、社会化以及分层化的趋势，同时经过风险转移、全景监控以及劳动赋权等过程，最终实现了资本市场增值。而这种资本增值的代价便是：整体劳动风险的增加、劳动强度的加剧、劳动报酬的降低、劳动者权利的削弱。基于此，应对

---

① 任桂萍：《马克思劳动价值论视域下对“数字劳动”的解读》，《经济研究导刊》2022年第19期。

② 陈微波：《共享经济背景下劳动关系模式的发展演变——基于人力资本特征变化的视角》，《现代经济探讨》2016年第9期。

③ 苏庆华：《新兴商业模式与雇佣关系规制——互联网众筹模式下的雇佣关系问题分析》，《中国人力资源开发》2015年第14期。

④ 姚建华、徐偲骕：《全球数字劳工研究与中国语境：批判性的述评》，《湖南师范大学社会科学学报》2019年第5期。

数字文化生产者给予更多的人文关照。①

综上所述，通过对以往研究的分析可以看到，目前国内外学者对数字化给就业带来的消极影响已经进行了较为深入的研究与挖掘，可主要总结为以下三点。

首先，数字化对工作岗位数量的负面影响有限，主要集中于传统的劳动产业方面，重复度较高以及收入较高的工作比较容易被人工智能替代，对于其他行业，数字化的影响较弱甚至存在积极的就业数量影响。

其次，相较于数量，数字化对岗位质量产生影响较为明显，传统行业中低端岗位竞争加剧、收入降低；高技能易使得资源分配更加不均衡，就业结构发生变化，社会福利降低；人工智能与信息技术的大量运用使得原有岗位价值被低估。

最后，数字创意产业的兴起与国际数字平台的普遍化促使“数字劳动”这一名词产生，然而数字劳工仍面临劳动强度较高、劳动报酬低、劳动风险增加的困境，各国尚未出台保护性政策以确保这一新岗位应具有的权利。

然而也能够发现，虽然数字化促进了传统行业的转型发展，提高了行业的技术水平，降低了生产成本，产生了新的岗位，但很少有学者对数字化对就业产生的积极效应进行研究。同时，对于数字创意产业，研究大多止步于行业发展、技术在创意产业中的运用并关注数字创意行业岗位员工的现实困境，还没有学者对某一国数字创意产业的实际就业情况进行定义、统计与测算，也未有相关的量化研究，因此对数字化对创意产业产生的效应也难以进行准确的衡量。

① 张铮、吴福仲：《数字文化生产者的劳动境遇考察——以网络文学签约写手为例》，《同济大学学报》（社会科学版）2019 年第 3 期。

第三章　数字创意产业的就业理论解释框架

第一节　就业与失业的相关理论综述

一　国内对就业及失业的理论研究

1. 就业理论

关于就业理论的阐述，党爱民等在《过剩经济学：一本深刻影响政治家决策的书》一书中从劳动力报酬角度研究就业理论，提出就业人数是可以确定的，前提是如果资本家的需求不是无限的，会达到一个固定的饱和值，这时每一个个体劳动者为资本家创造的利润将会保持不变。在这种情况下，对于增加就业最有效的方法就是提高劳动者的薪资水平，这样就会相对减少单个劳动者为资本家创造的利润，从而增加社会中总体就业人数。① 莫荣、李付俊从法律法规角度，提出要想保障公平就业和建立长效机制，就必须切实完善就业相关法律法规，统筹城乡就业相关制度，促进城乡劳动者的就业积极性。② 冯煜从就业制度影响的角度，认为国有企业改革和就业体制的转变在很大程度上影响了就业弹性水平。③ 龙斧和王今朝则从劳动力属性角度出发，指出经济发展与社会和谐呈现出非线性关系。他们认为与劳动力相关的法律法规、政府、工会和社会舆论等众多因素都会影响劳动合同的平等性与公平性。④

---

① 党爱民、张阳武、毕亚林：《过剩经济学：一本深刻影响政治家决策的书》，广东经济出版社，2004。

② 莫荣、李付俊：《新冠肺炎疫情和劳动世界：最新评估和分析（摘要）》，《中国就业》2020 年第五期。

③ 冯煜：《中国经济发展中的就业问题及其对策研究》，经济科学出版社，2002。

④ 龙斧、王今朝：《中国改革开放时期经济发展与社会和谐的非线性关系——对科学发展观的经济学思考》，《江海学刊》2009 年第 2 期。

关于凯恩斯主义就业理论，罗恩立和孙定东提出政府在解决就业问题时，要将政府宏观调控机制与市场自我调节机制相结合，发挥二者各自在经济运行中的最大作用而不能错位。[①] 金玉秋在研究中提出政府应该出台“扶持中小企业”的相关政策措施，并长期实施。[②] 夏元辉指出，政府在针对就业问题进行宏观调控并扩大投资规模时，要提高投资带来的就业效率，将就业问题纳入考虑范围，最大限度地投向吸纳劳动力较多的行业和领域。[③] 杨贤才和张世晴认为，从中国目前的就业形势来看，政府应继续立足于扩大内需，特别是要警惕政策可能会导致的不良经济后果，及时防范负面结果出现。[④]

关于马克思主义就业理论。乔榛在《马克思主义失业理论与中国就业体制》一文中站在失业与资本主义的关系角度指出，马克思通过分析资本主义经济规律，得出失业是资本主义经济制度必然产物的结论，但这并不意味着在社会主义国家就不存在失业问题，只是在社会主义制度下，就业表现出的特点与资本主义制度下不同。[⑤] 杨红艳则从社会主义劳动就业思想的视角出发，从社会主义的劳动就业思想和资本主义劳动就业理论两个方面论述马克思的劳动就业观点，她认为马克思的社会主义普遍就业设想并不是在任何社会框架中都可行的，它应该建立在一系列严格的假设前提下。[⑥]

2. 失业理论

对于凯恩斯主义失业理论。田红宇指出，随着资本主义步入了发展的黄金时期，凯恩斯放弃了“均衡理论”，凯恩斯认为市场的非均衡是常态，市场的非均衡主要是由市场的有效需求不足造成的，由于有效需求不足，市场的供给总是大于总需求，那么就会出现生产相对过剩，出

① 罗恩立、孙定东：《西方就业理论的演变进程剖析与借鉴》，《华东理工大学学报》（社会科学版）2003 年第 2 期。

② 金玉秋：《西方就业理论及其实践对我国的启示》，《学术论坛》2008 年第 8 期。

③ 夏元辉：《论西方就业理论对我国的启示及借鉴》，《中外企业家》2012 年第 19 期。

④ 杨贤才、张世晴：《凯恩斯学派就业理论及其政策主张对中国的启示》，《现代管理科学》2014 年第 11 期。

⑤ 乔榛：《马克思主义失业理论与中国就业体制》，《内蒙古民族师院学报》（哲学社会科学汉文版）1999 年第 3 期。

⑥ 杨红艳：《马克思的就业理论和我国国有企业劳动就业体制的变迁》，《贵州大学学报（社会科学版）》2005 年第 1 期。

现经济危机，造成误导性失业。[①] 王敏指出，凯恩斯扬弃了古典经济学家对失业的理论解释，认为失业的根本原因是货币购买能力不足，且由于商品供给大于需求，国家加大投资和边际效率降低，从而导致就业需求不足和工人失业。[②] 对于凯恩斯提出的“非自愿性失业”，黄婧认为，凯恩斯的“非自愿性失业”观点与古典经济学相比在承认现实方面进了一步，但在理论上是错误的，因为凯恩斯主张用降低实际工资的办法来增加就业人数。[③] 对于凯恩斯主义失业理论对中国的借鉴意义，黄敏认为凯恩斯主义失业理论归根结底是为了从理论中寻求解决经济危机的方法，从而挽救资本主义制度，并非真正想替换西方资本主义生产关系，由此可见其失业理论是有局限的。[④]

对于马克思主义失业理论，高雷业指出，马克思将非自愿性失业的原因归结为资本主义制度下劳动者与生产资料相结合的支配权力由劳动者手中向资本家手中转移，资本家为了获得最大剩余价值，不惜花费一切代价改进企业技术装备来提高劳动生产率，从而导致机器化大生产水平越来越高，同时造成的工人失业则在所难免。[⑤] 张存刚和汤勤勤在研究中补充道，资本主义失业人口是在资本对劳动力需求不断减少，而劳动力供应数量增加的过程中形成的。[⑥] 曾令秋和王德忠则指出，资本主义经济危机是资本主义社会的基本特征，它会导致整个社会系统的运转瘫痪，工人大量失业。[⑦] 李萍和卢云峰指出，中国目前存在一定程度的资本有机构成比例较高、工资酬劳偏低、劳动力分流和竞争加剧、分工

---

① 田红宇：《论凯恩斯就业理论——基于政府投资角度的分析》，《现代商贸工业》2012年第11期。

② 王敏：《马克思主义经济学与凯恩斯主义经济学失业理论比较研究》，《学术界报》2013年第S1期。

③ 黄婧：《凯恩斯的失业理论对破解当前我国失业难题的启示》，《经济研究导刊》2012年第2期。

④ 黄敏：《凯恩斯就业理论的分析与我国当前的失业问题》，《市场周刊·财经论坛》2003年第10期。

⑤ 高雷业：《马克思相对过剩人口理论新解及其与西方经济学失业理论的比较》，《理论月刊》2008年第10期。

⑥ 张存刚、汤勤勤：《马克思相对过剩人口理论与我国失业问题的比较分析》，《重庆工商大学学报》（社会科学版）2015年第6期。

⑦ 曾令秋、王德忠：《马克思失业理论与西方经济学失业理论：一个新的综合》，《经济学家》2008年第4期。

结构性失调等问题，马克思主义的失业理论在中国失业问题的宏观综合治理中有重要的作用。①

二 国外对就业及失业理论的综述

1. 早期就业理论

早期就业理论在16世纪就已经出现，这一时期也是重商主义阶段。重商主义的主张是国家应该对社会经济生活进行干预，鼓励财富流入的同时阻止财富流出。重商主义者认为失业存在的主要原因是市场上的商品过多而供应的货币不足，该学派最早提出了货币供应匮乏导致劳动者失业的理论。

著名经济学家、哲学家亚当·斯密（1723—1790）就认为，国民财富的不断积累会导致出现社会分工，进而通过社会结构的优化提升劳动生产力，资本的使用可以在一定程度上影响劳动生产性人数的增长，同时市场自由化有助于资本扩张以及就业增加。英国古典政治经济学的主要代表人物李嘉图（1772—1823）在论述机器与劳动者失业之间的关系时，则提出了机器替代工人从而导致劳动力供应过剩的问题，李嘉图学派的就业理论依然是以亚当·斯密的自由市场理论为基础发展而来的。法国古典政治经济学家西斯蒙第（1773—1842）认为，造成劳动者失业的重要原因是在市场竞争条件下难以兼顾经济效率和社会公平，因此需要有国家干预经济的发展，且国家干预的出发点和落脚点应该是为了社会大众的福利，这也成为福利经济学的重要起源。

1803年的《政治经济学概论》一书中，法国经济学家让·巴蒂斯特·萨伊（1767—1832）提出“萨伊定律”，即供给创造需求，这是西方传统就业理论的重要基石。萨伊定律提出后，出现了两种令人震惊的经济现象：一是生产极大增加；二是经济会周期性地无法保证产品销路和工人就业。这就使得人们担心生产的增长存在某种内在的极限，一旦超过限度就会导致产品无法全部被销售完。萨伊定律指出产品的生产会给自己创造出与这部分产品同等价值的购买力，这在一定程

① 李萍、卢云峰：《马克思就业理论进路与我国就业促进机制构建》，《理论与改革》2012年第2期。

度上消除了资本家对于生产的担心。由此可以看出，在资本主义的自由竞争下，弹性工资制度就可以保障工人愿意按照现行工资水平受雇于资本家，从而避免真正失业的发生，充分就业成为社会经济活动中的自然选择。

英国著名经济学家阿瑟·塞西尔·庇古（1877—1959）对就业问题的观点衍生于萨伊定律。他认为决定就业的前提有两点：一是工人获得的工资等于劳动的边际生产物；二是就业总量不变时，工人获得的工资效用应该等于该就业量的边际负效用。根据庇古的就业理论，劳动要素市场在长期必然保持充分就业均衡。这是因为，在工资总是等于劳动的边际生产物，而工资效用又等于劳动的边际负效用的前提下，只要存在完全竞争制度下的劳动力市场，工资可以随劳动市场供求状况而变化，就业量也随之自行调整。

2. 失业理论

恩格斯（1820—1895）在1844年发表的著作《英国工人阶级状况》中谈到马克思主义的失业理论，文中认为英国工业的发展过程中，除短暂的繁荣周期外，大部分时间会存在一定数量的失业工人后备军，以便在市场最活跃的周期中能够有足够的劳动力来生产市场上所需的大批商品。因此，恩格斯和马克思都认为工人失业是资本主义社会不可避免的现象。20世纪50年代，经济学家威廉·阿瑟·刘易斯（W. A. Lewis，1915—1991）在《劳动力无限供给条件下的经济发展》中提出，现代工业体系和传统农业组织共同构成了发展中国家的生产部门，工业部门需要将剩余价值进行积累并投入后续的生产活动中，这一过程中会不断吸收农村剩余劳动力进入工业体系中。美国经济学家罗伯特·卢卡斯在其于1972年发表的《预期和货币中性》一文中，将理性预期观点引入失业理论中，卢卡斯认为货币的中性前提是人们掌握了可靠的信息并能够做出理性的分析与判断，与此同时，失业率自然也就不会过度偏离。他主张国家经济政策的连续性和稳定性，利用劳动者的理性预期使经济的发展匹配自然失业率的水平运行。

第二节 凯恩斯主义中的就业与失业理论

一 凯恩斯就业理论的诞生及其发展

1. 凯恩斯就业理论的诞生

凯恩斯就业理论产生于20世纪30年代。1929~1933年，资本主义爆发了空前的经济危机，以股市为代表的资本市场急剧波动，各主要资本主义国家生产都出现了不同程度的下降，大批企业和商业机构破产，社会失业率激增，劳动者工资收入骤减，物价指数大幅波动，社会陷入极大的不稳定中。据统计，1932年美国的工业生产比正常时期降幅达47%，1933年初统计的失业人数从1930年的463.9万人上升到1300万人，而工人的工资则比大萧条前下降一半以上。经济危机期间，美国的破产企业超过14万家，倒闭的银行超过6000家。经济危机造成整个资本主义世界工业生产率下降了37.2%，全球失业人数超过3000万人，全球经济的动荡也为原本平静的世界格局带来极为负面的影响。[①] 历时5年的经济危机令人们对作为资本主义经济理论支柱的新古典经济学产生怀疑，因为新古典经济学无法解释造成这次世界性经济衰退以及大量工人失业的原因。在此背景下，经济学家凯恩斯在1936年出版著作《就业、利息和货币通论》，从理论上开始了对古典西方经济学的批判，并自此形成了西方经济学界一个新的研究主题。凯恩斯提出了一种与传统西方经济学就业理论不同的就业理论，即资本主义社会存在“非自愿性失业”的问题，失业不能被简单看作资本主义制度的必然产物，而是有效需求不足的结果，通过国家层面进行经济政策干预，增加市场上的有效需求，就可以在一定程度上实现充分就业。

凯恩斯就业理论观点总结起来有以下几个方面。

（1）资本主义社会在缺乏政府充分干预的背景下，难以通过市场自身的调节作用实现“充分就业”，要保持资本主义社会的“充分就业”，离不开政府的政策调节作用。

---

① 杨贤才、张世晴：《凯恩斯学派就业理论及其政策主张对中国的启示》，《现代管理科学》2014年第11期。

（2）“充分就业”指的是包括人力、物力、资金等在内的生产资源得到充分利用，它的具体意义指的是没有“非自愿失业”。

（3）失业包括摩擦失业、自愿失业和非自愿失业三种类型。摩擦失业也被称为暂时性失业，摩擦失业产生的原因包括生产原料的临时性缺乏、季节性影响、机械设备的偶发性故障等，摩擦失业不是由劳动力需求不足导致的，因此不属于真正的失业。自愿失业与摩擦失业不同，多是受到劳动者自身多种因素的影响，例如劳动者不满工资水平或劳动条件而主动形成的失业，这种失业是由劳动者自身造成的，且带有自愿性。非自愿失业，指的是就业者愿意接受现行工资水平与工作条件，但仍找不到工作而形成的失业，非自愿失业是真正意义上的失业。

（4）社会总就业量与总需求量的关系。在所有的失业类型中，非自愿失业是持续性存在的，造成非自愿性失业的原因是社会就业的有效需求超过了就业供给，这也是政府需要着重解决的社会问题。

（5）有效需求包括两部分，即消费需求和投资需求。其中边际消费倾向作用会使消费需求不足，而资本边际效率的递减以及流动偏好对利率下降的限制会导致投资需求不足。

2. 凯恩斯主义的发展——新古典综合学派的就业理论

新古典综合学派亦称“后凯恩斯主流派经济学”“美国剑桥学派”。20 世纪 60 年代末，西方资本主义国家相继出现“滞胀”的问题，这一情况导致凯恩斯理论受到了空前的挑战。以保罗·萨缪尔森为代表的美国凯恩斯主义者主张对凯恩斯的学说重新加以解释、补充、修改和发展，以使其与已经发展变化了的当代资本主义经济现实相适应。

在此背景下新古典综合学派出现，该学派的代表性人物詹姆斯·托宾（James Tobin，1918—2002）在其著作《通货膨胀和失业》中从劳动力市场的技术结构视角出发，论述资本主义社会的失业特征以及与通货膨胀并存的原因。新古典综合学派的另一位重要代表性人物杜生贝（J. S. Duesenberry，1918—2009）在托宾论述的基础上，进一步解释了劳动力市场中技术结构的特点和失业对通胀的影响。劳动力市场的技术结构指的是劳动力市场可以按照每位工人自身掌握的技能水平实现的市场细分，每一个细分市场都需要特定的技能水平或技术工种支持。劳动力市场在技术结构方面的差异，造成劳动者无法匹配需要，从而导致的失业被称为结构性失业。托宾、杜生贝等在解释滞胀问题时引入了“结构性失业”的观点，结构性失业使得劳动者无法适应劳动力市场的需要，其主要特点是劳动力市场中的职位空缺需求与劳动者失业并存。

新古典综合学派为解决结构性失业提出的政策举措包括以下两方面。

（1）进行劳动力的再培训，即从多层次、多形式、多领域等视角对劳动者进行持续性培训，通过长期培训或终身学习的方式，劳动者能够掌握应聘岗位所需的技能，特别是拥有落后或过时技术的劳动者可重新掌握适应岗位需要的技术。

（2）发挥专业化职业介绍机构的中介作用，通过专业机构的介入，为劳动者提供更加多样、专业化的劳动力市场信息，帮助企业和失业人员同时掌握劳动力市场的供需现状，并疏通用工单位和劳动者之间的沟通渠道。一直以来，政府同时肩负着向社会中的弱势群体提供就业信息和就业指导的责任，这已经成为政府工作职能的重要组成部分。

3. 菲利普斯曲线

按照凯恩斯的就业理论，失业和通货膨胀之间存在一条明确的分界线，只有超过了充分就业的总需求才会产生相应的通货膨胀，但是凯恩斯只解释了需求过多可能引起通货膨胀，并没有解释失业与通货膨胀并存现象的原因。针对凯恩斯就业理论的不足，1958 年新西兰经济学家菲利普斯（A. W. Phillips，1914—1975）在《英国的失业和货币工资变动率之间的关系》一文中，利用一条曲线描绘了失业率与货币工资变动率之间的关系，这条曲线也被称为“菲利普斯曲线”。这条曲线显示，当失业率减少时，工资增速变快，而当失业率增加时，工资增长速度变慢。同时，由于工资增长率与物价上涨率（通货膨胀率）之间也存在同步变动的关系，所以菲利普斯曲线也可以表示工人失业与通货膨胀之间的联系。菲利普斯曲线为西方国家制定政府宏观经济政策提供了重要的依据，即当通货膨胀已经成为经济不稳定的主要因素时，可以通过提高失业率来降低通货膨胀率，反过来当政府认为失业率已经成为经济和社会的不稳定因素时，可以通过提高通胀率来降低失业率，这样即可在政府的调控下使失业率和通货膨胀率都被控制在可以接受的范围之内。

4. 新凯恩斯主义的就业理论

为应对 20 世纪 70 年代的所谓“凯恩斯主义理论危机”，新凯恩斯主义在20世纪80年代产生。新凯恩斯主义的核心观点是主张政府干预经济，一方面，它仍旧坚持传统凯恩斯主义的信条，将微观经济社会构建在凯恩斯主义的传统理论框架下；另一方面，新凯恩斯主义在此基础上提出了更加新颖的思路和研究方法，以满足现代经济理论体系的需要。例如，新凯恩斯主义对失业原因就进行了不同的阐述，提出劳动市场理论来解决传统凯恩斯主义在失业问题领域对劳动市场的忽略。

新凯恩斯主义的劳动市场理论提出的重要假设是工资黏性。工资黏性是指工人工资并不能随着用工需求的改变而快速地调整，反映到现实场景中即是工人工资的增加相对而言比较容易，而工资的减少则比较困难。同时，工人工资又有名义工资和实际工资之分，使得工资黏性也有名义工资黏性和实际工资黏性之分，并由此衍生出新凯恩斯主义劳动市场理论中的名义工资黏性论和实际工资黏性论。

（1）名义工资黏性，指的是由长期劳动合同的存在和错位调整工资所致，工人工资通常是由工会组织与企业间通过谈判的形式固定下来，且在合同有效期内，这部分的工资并不会随着用工市场供求行情的变化而调整。

（2）与名义工资黏性不同，实际工资黏性的形成更加复杂，与劳动者个人以及企业用工需求都有很大的关系，同时实际工资黏性被认为是造成失业的主要原因。新凯恩斯主义认为应该更多地考虑长期失业者的利益，为他们多提供就业机会，政府应该干预劳动工资合同，使工资较有弹性，以提高就业率。

5. 反古典经济学派就业理论

20世纪90年代西方各国的就业问题相继出现了新的变化，工人失业率居高不下，其中结构性失业占据了主导地位。随着全球化经济时代的来临，这一问题依旧没有得到解决，工人失业也变得越发没有明显的周期性。1992年，美国总统克林顿（W. J. Clinton）上台后，反古典经济学的代表人物布莱因达曾经担任其经济顾问，使得反古典经济学派开始出现在西方主流国家的视野中。反古典经济学派的重要主张是政府应该放弃自由经济政策，转而采用行政主导型的经济模式。以就业问题为例，反古典经济学派提倡政府不仅应该保证求职者自主择业和企业用人的自由，同时还应该通过对市场活动进行宏观调控和政策指导，建立劳资双方合作、工资差距较小、就业稳定的劳动力市场模式。

二 反凯恩斯主义的主要理论

1. "自然失业率"假说

1968年，美国著名经济学家米尔顿·弗里德曼（M. Friedman，1912—2006）与美国哥伦比亚大学经济学家菲尔普同时提出"自然失业率"假说理论。该假说中提出所谓的自然失业率是指"在任何时候和情境下，社会中都存在着与实际工资结构相适应的某种达到均衡的失业率水平"。"自然失业率"的出现使得社会中将同时存在三种失业率：市场失业率、自然失业率和政策目标失业率。假设政府要保证政策目标失业率低于市场失业率和自然失业率，政府就需要增加货币供应量和降低利率来刺激需求。弗里德曼认为，市场失业率下降的主要原因是工人对物价上涨引起的实际工资率下降的不敏感。当工人发现实际工资率出现下降时，会要求提高名义工资率来应对物价上涨，最终导致名义工资率增长之后，雇主减少对工人的雇用，慢慢地市场失业率就会回落到原来的水平。当我们假定政策目标失业率高于自然失业率时，则需要实行通货紧缩政策，使市场需求减少并带动对劳动力需求的下降，最终使得市场失业率高于自然失业率。同时，通货紧缩政策一旦停止，对劳动力的需求又会随着市场总需求的增加而增加，进而降低市场失业率，最终又会远离政府制定的政策目标。

基于此，弗里德曼强调政府不必通过行政手段干预市场就业情况，而是利用市场的自我调节机制，让失业率随着市场需求的变动自行波动。弗里德曼提出："如果依靠'单一（简单）规划'使资本主义社会的经济持续、稳定发展，整个社会经济系统也会自发地正常运转，劳动力就业问题在这个正常运作的经济环境中会逐步得到解决，最终使得市场失业率通过不断波动而慢慢接近自然失业率水平，自然而然地达到接近均衡的失业率水平。"

弗里德曼强调自然失业率与任何特定的通胀率没有对应关系，对一个长时期来说，在通货膨胀和失业率之间不存在长期消长关系，而是相互波动的关系，同时他认为具备实际购买力的实际工资水平才真正决定了就业。弗里德曼还指出，菲利普斯曲线从长周期看将呈现为一条垂直线，这代表了不论通货膨胀如何，失业率都将保持不变，通货膨胀和失业率之间更多的是相互转换和促进的关系。

2. 合理预期学派就业理论

合理预期学派也被称为新货币主义，是在 19 世纪 70 年代中期发展起来的当代西方经济学派，该学派有不少观点与弗里德曼的理论相背离。合理预期学派的就业理论被认为是对凯恩斯就业理论的根本性否定，该理论的预期是社会中的每个个体都是理性的，能够合理预测对未来价格的波动。同时，这种预期又可分为适应性预期和合理性预期。适应性预期指人们可以对商品价格的变动采取适应性处理，随着市场中价格的实际波动，消费者也会实际调整自己对未来价格的认知。合理性预期指的是人们在进入市场之前就已经充分了解了以往的价格波动情况，个人可以将已有的价格信息同当前获取到的信息综合在一起，然后结合自己的理性判断对未来价格的变化做出预测。合理性预期的初衷是人们的行为通常会受到习惯的影响，而习惯又是由曾经经历的事件和所产生的经验形成的，在合理预期的前提下，人们会结合自身的经验和市场的不断波动，选择最为有利和可靠的方案。例如，工会组织在和企业进行薪酬谈判时，工资标准的确定会受到预期通胀率的影响，而对未来预期通胀率的预测又要基于以往各个时期的通胀率变动情况。而企业在决定雇用的工人人数时，要根据对未来市场中的产品需求状况来决定，而对未来市场的预期又要结合以往各个时期产品需求的变动情况来做出。

合理预期学派认为，社会经济的运转依赖于自身的规律，特别是受到个人心理预测的影响，外界力量难以对经济运转产生重大影响。因此，政府应当遵循经济运转的规律，不要违背经济常规。越是背离经济运作常规，政府在民众中的信誉就越会受到影响，民众也会想方设法地对政府可能采取的措施进行预防性判断，从而导致政府政策实施的效果大打折扣。

第三节　马克思主义就业与失业理论

马克思主义就业理论主要包括劳动力商品理论和相对过剩人口理论。马克思在《资本论》第 23 章中分析了资本的积累以及有机构成对劳动力市场供求关系的影响，在第13章“机器与大工业”中着重分析了生产方式的变革对劳动力需求变化的影响，深刻地阐述了资本主义相对过剩人口产生的原因、形成的过程和具体的作用。

一 资本主义相对过剩人口产生的原因

马克思认为，“工人人口本身在生产出资本积累的同时，也以日益扩大的规模生产出使他们自身成为相对过剩人口的手段”①。产生相对过剩人口的过程是由资本主义制度决定的，是其特有的人口规律。工人的相对过剩是随着资本主义市场经济生产力的不断发展而产生的，造成这种局面的原因不是社会劳动生产力的降低，而是社会劳动生产力的提高，劳动人口的过剩可被看作资本积累过程中的必然产物。

马克思还指出，“对资本主义生产来说，人口自然增长所提供的可供支配的劳动力数量是绝对不够的。为了能够自由地活动，它需要有一支不以这种自然限制为转移的产业后备军”。② 表面上看，寻求新投资的追加资本看起来会刺激劳动总需求的增加，但实际情况是工人正在被机器取代，越来越多的工人被迫失业。

资本主义社会中，资本的有机构成不断得到提高，同时促进了劳动生产率的提高，但是给工人就业方面带来了负面影响，机器的大规模应用使得工厂对劳动力的需求不断减少，从而产生了相对过剩的劳动力人口。因此，随着可变资本在社会总资本中所占比重的日益减少，以及技术的进步带来替代效应的加强，资本市场对劳动力的需求自然会不断降低。

二 资本主义相对过剩人口的存在形式与特征

在分析资本主义相对过剩人口的存在形式时，马克思指出：“每个工人在半失业或全失业的时期，都属于相对过剩人口。”③ 一般我们认为过剩人口可以分为三种形式：流动形式、潜在形式和停滞形式。其中流动形式的相对过剩人口是指在现代工业的中心（如制造厂、冶金厂、矿山等），工人有时会被排斥，有时又随着生产规模的扩大而被需要，从总体

① 《马克思恩格斯文集》（第5卷），人民出版社，2009，第727—728页。
② 《马克思恩格斯文集》（第5卷），人民出版社，2009，第731页。
③ 《马克思恩格斯选集》（第2卷），人民出版社，2012，第287页。

上看，流动形式的就业人数在增加，但是增加的幅度与生产规模增加的幅度相比不断缩小。潜在形式的相对过剩人口主要针对农业就业人口，随着农业资本中有机构成占比的提高，农业生产中对农村劳动者的需求不断下降，随之而来的是农村中出现了大量的劳动力过剩人口。与此同时，随着城市中就业机会的增加，大量农村劳动力将会选择离开故土，流向城市，并成为新的无产阶级劳动者。停滞形式的相对过剩人口，指的是那些没有固定职业，采取自由择业的劳动力过剩人口，这类相对过剩人口可被看作为资本市场提供大量劳动力的储备仓库。

在资本主义社会中，相对过剩人口同时还具有周期性失业和结构性失业的特征。周期性失业的特征是随着现代工业的发展，不断有工人转为失业或半失业人口，然后不断加入再生产的整个过程中。这一过程呈现周期性特征，同时资本主义生产过程中不可避免出现的周期性经济危机，使就业人口的变化同劳动力过剩人口的剧烈波动结合在一起。马克思把这种周期性危机归咎于生产的社会化与资本主义的私人占有之间的矛盾。结构性失业的特征表现为随着技术的发展，一旦大量新的机器涌现出来成为劳动资料，立刻就成为人工劳动者的竞争对象。资本家通过机器实现的资本自行增殖，与被机器所取代的工人人数成正比。这说明随着技术结构和产业结构的调整、社会分工的普及、机器的大规模应用等社会发展进程，大量劳动力被工厂解雇，从而导致失业，这种情况属于结构性失业。

第四节　数字创意产业的就业理论

一　数字创意产业的就业与失业属性

对于数字化，有许多研究对其未来可能产生的影响进行了评估，其中最流行的预测是：数字化的普及会对人类的工作构成威胁。一方面，数字化确实会使现有的某些岗位消失，因为很多工作未来可以由机器人和智能机器完成，就业市场也会因此发生剧烈动荡；另一方面，数字经济也给就业市场带来了新的机遇。例如数字化在新兴行业中创造出更多新的岗位，就业市场最终可能比之前更好。到目前为止，还没有可靠的研究能回答数字化对就业市场究竟是利大于弊还是弊大于利。

1. 就业属性

每一次技术革命都会使人类现有的许多工作变得多余，但也能促进新职位的出现。随着大数据、人工智能、云计算等新技术的广泛应用，数字经济在国民经济体系中所占比重快速增加，基于数字技术形成的新产业、新业态正在大幅度地改变着人们的生活，促进经济的发展，同时也影响着市场就业格局的改变和劳动力供求关系的调整，成为扩大劳动力就业市场的重要推手。面对新冠疫情在全球的大流行，数字经济表现出与传统经济形态截然不同的发展模式，其在各个经济领域中极强的渗透力以及给不同行业带来的巨大提升，为维护社会稳定、保障经济健康发展、提升人民生活幸福感等做出了重要贡献。当前数字经济的飞速发展业已成为稳定就业的重要力量。新冠疫情发生以来，各类线下活动被压缩，依托云计算、物联网、大数据、区块链、人工智能等创新技术的服务业新动能快速涌现出来，成为保障人民群众基本生活需要、助力企业复工复产的新途径。

数字创意产业是数字经济极其重要的部分，它具有创意性、引领性、低消耗、可持续的鲜明特点，以及转方式、调结构、促消费、拉动就业的独特作用。数字创意工作者以互联网为基础设施，利用各种数字硬件和软件进行创作。生产工具的革新大幅降低了创意工作者进行创新创业的难度，也为社会创造了大量基于数字平台的“隐形”就业岗位，一批依托于数字环境的新型创意人才脱颖而出。平台化和生态化是数字创意产业的重要基础，数字化平台成为数字贸易的交易枢纽，所有参与成员通过多边生态价值网络实现互联互通，成为数字时代创新生产力的组织方式，对增加就业有重要作用。例如阅文集团作为中国主要的数字阅读平台之一，成立至今累计为400万位作家提供数字化的创作平台，其中日销售额过万元的作家有近100位。同样，短短数年间音频自媒体平台喜马拉雅就吸引了10万名主播加入，其中部分高人气主播的收入远超当地平均收入水平。[①] 平台经济打破了传统的雇佣关系，劳动者的工作时

① 《中国数字文化产业发展特点及未来趋势》，搜狐网，2017年8月25日，https://www.sohu.com/a/167234369_99958508。

间、地点和内容，以及雇佣期限等更加弹性化，不再是稳定捆绑式的雇佣关系。人力资源市场的供求关系更加富有弹性，平台为各类群体提供灵活的就业方式，择业和创业更加自由。在便利民众、升级消费的同时，平台不断地创造着新的就业形态和就业机会，对就业的支撑力度越来越强。例如新冠疫情催生了“宅经济”，“宅经济”发展出新业态、新岗位，创造了就业增量，并催生出“共享员工”等新用工模式，保障了群众收入。此外，平台经济还降低了创业门槛、激发了创意活力、拓展了就业渠道，就业潜能得到进一步释放。

2. 失业属性

虽然数字经济带来了新兴就业，但数字经济是否会对传统经济造成致命的冲击？在数字经济时代，人们是不是更容易失业？数字技术开始广泛融入各行各业，深度改变了传统行业的商业逻辑和运营模式。传统行业的商业逻辑更多的是基于单边市场视角，利用市场产品信息不对称从消费者那里赚取差价。电商利用低廉的价格优势吸引了众多用户流量，从而赚取红利，在电商崛起之时，很多传统行业实体门店都遭受到了重大冲击，从此一蹶不振。如今流量红利消失，线上和线下的运营成本都在日益增加，产品的推广效果、收益都不尽如人意。而数字经济的商业逻辑是基于多边市场将更多人连接在一起，进行信息与利益的共享，是一种跨界互动的模式，最终达到正和博弈中的多赢状态。相比传统的交易型的商业思维，数字经济更加注重打造互相反哺的生态系统，它的经济效益并非一朝一夕可以体现，但是随着规模的扩大，终将呈现爆发式的指数级增长。

另外，数字技术对传统组织也产生了全方位的冲击。组织形式方面，运营的程度逐渐降低，不同企业之间更加倾向于选择虚拟组织，以及在线协作的工作模式。组织结构方面，企业更加扁平化与去中心化，不像传统企业结构那样围绕某个组织中心开展工作。组织中的多个单元更可能是协同式的并列关系，而非汇报式的层级关系。结构的改变伴随功能的改善，数字技术给传统企业组织的运行效率同样带来了显著的影响，传统企业中处理业务往往有着烦琐的流程，且需要层层汇报、层层审批，数字技术的应用使得业务数据和审批流程可以实现无时差传输，极大地消除了传统业务模式下的信息传递鸿沟，不断提升企业组织效率的同时大幅降低了运营成本，这对那些流程长、节奏慢的企业来讲，无疑是沉重的打击。

二　数字技术应用带来摩擦性失业风险

摩擦性失业是指技术性原因引起的失业，即由于经济在调整的过程中，或者由于资源配置比例失调等，一些人需要在不同的工作中转移，使一些人等待转业而产生的失业现象。随着数字经济的快速发展，数字技术被广泛应用于经济社会各个领域，创意产业也不例外。数字技术与创意产业的结合使企业生产效率、组织分工、产业结构发生了较大变化，增加了摩擦性失业带来的社会风险。

一是机器替代人工风险加剧。随着技术的不断进步，全球工业机器人使用数量不断提升，特别是精密制造和人工智能技术的快速发展，使得工业机器人可以在越来越广泛的领域中替代工人，进而加剧了现代化企业中工人失业的问题，引发了全社会对大量工人失业问题的担忧。

如美国 WorkFusion 公司的智能管理平台将众包模式与自动化相结合，几乎能完全管理和执行以往需要大量劳动力的企业项目。2018 年，世界经济论坛发布的《2018 未来就业》中预测，未来人工智能的飞速发展将使机器人自动化在工业制造领域得到广泛应用，同时可能会取代近 7500 万份工作。当前，中国制造业发展水平还处在全球价值链的中低端，大量工业企业仍旧从事低端制作、组装等工作，对从业人员所需技能要求不高，这就使低端制造业工人容易被智能化机器替代，一旦出现大规模的机器人替代事件，巨大的就业压力将会给国内社会带来巨大的负面影响。

二是生产效率提升引发的失业风险。数字经济大幅提升了交易的效率，同时数字经济也更加强调工人的专业化分工。利用数字经济，可以将原本在地理空间上相隔的生产实体联结到一起，通过协调配合实现传统单一生产实体难以完成的工作。但同时，数字经济在带来社会生产率提升的同时，也促使企业更加依赖于从业者的个人素质，而对劳动者数量的需求则大幅降低。

三　新旧业态更替带来结构性失业风险

凯恩斯主义认为，结构性失业产生的原因在于产品结构、产业结构、地区结构、技术结构等发生了改变，原本胜任工作的劳动者拥有的知识、技能、区域分布等不能适应这种变化，造成工人与市场用工需求的不匹配，其特点是职位空缺和劳动者失业并存。近年来，以数字技术为基础的多领域、群体性创新不断加速，实体经济利用数字技术实现了发展，新经济背景下的新模式、新业态持续涌现。传统产业领域则面临严重的冲击，相关产业人群失业风险不断增加。以批发零售行业为例，阿里巴巴、京东、拼多多等新兴的电子商务企业取得了令人瞩目的成功，但同时传统商品交易市场则逐步走向衰落。在生活文化领域，在线媒体、电子书的发展冲击着传统报刊，业态间的新老交替，一方面创造了新的就业机会，另一方面一些受冲击较大且不易调整的部门则会出现失业。在生产制造领域，新一代数字技术、智能技术与制造业深度融合，引发了产业的巨大变革，在智能制作的加持下，新的生产方式、产业形态、商业模式和经济增长点不断涌现。随着全球化竞争的加剧，更加需要国内企业全面加强对从业人员数字技术应用能力的培养，特别是具备创新思维能力的领军人才和掌握关键工艺技术人才的培育。

四 产业结构转型升级带来结构性失业风险

数字经济推动中国经济社会加快转型发展，服务业逐步成为中国主导产业。根据国家统计局 2023 年 1 月 18 日发布的数据，“2022 年服务业增加值 638698 亿元，比上年增长 2.3%。服务业增加值占国内生产总值比重为 52.8%。服务业对国民经济增长的贡献率为 41.8%，拉动国内生产总值增长 1.3 个百分点”[①]。服务业的快速增长带来了可预期的结果，即部分劳动力人口将因难以适应这种变化而被市场淘汰，这也增加了结构性失业风险。中国人才供给结构的调整滞后于产业结构的变化，信息传输、计算机服务和软件业、制造业、金融业、房地产业、租赁和商务服务业、批发和零售业等行业人才需求巨大。对于农民工而言，新增长模式需要接受更多教育且有一定产业经验的劳动力，而当前农村教育的现状以及农民工所拥有的劳动技能还难以满足现代工业对劳动者更高的

---

① 《李锁强：服务业延续恢复发展态势》，国家统计局官网，2023 年 1 月 18 日，http://www.stats.gov.cn/xxgk/jd/sjjd2020/202301/t20230118_1892282.html。

技能要求。更大的问题是，农民工一旦缺乏城市失业保险或其他社会保险的支持，就会在经济结构调整中面临很大的失业风险和生存风险。另外，现代工业体系中的农民工自身就业偏好已经改变，往往难以回到故土继续参与农业生产，因此经济结构转型带来的结构性失业还会带来很多社会潜在问题。

五 数字创意产品供给产业链日益衍生

数字创意产业与创意产业的不同之处不仅仅在于其在各环节采用了数字化技术，还在于其形成了产业链条的全球化延伸与拓展，形成创意产业与通信产业、互联网产业、信息技术产业、电子信息产业相互融合的现象，产业边界由清晰走向模糊，不同产业之间进行技术、制度、产品、资源的互动与交换。因此，也可以说数字创意产业是产业融合的产物，而且不同产业节点开始发生信息交互、价值增值和供需关系，[①] 从而发生了产业链的延伸与拓展，将已有产业链尽可能地向上下游两个方向延伸与拓展，全球企业参与其中。2020 年全球十大消费趋势报告显示，消费者与品牌、产品和服务的互动方式更加追求真实和近距离，数字化使得这样的互动方式成为可能，如在数字演艺、数字音乐这样的数字创意产业领域，消费者可以直接发表评论来表达自己对所看的演艺节目和所听的音乐的看法，演艺节目表演者、数字音乐发行者等可以更快速地获取有关消费者偏好的信息。疫情期间线下活动的体验感不如往常，但线上体验实现了良性发展。疫情突袭而至后，线下的文化娱乐活动受到限制，利用数字技术推动的云旅游、云演艺等线上活动开始涌现。但线上场景不仅仅只在疫情期间来替代线下活动，随着线下活动的逐渐放开，利用 3D 全景、AR、VR、MR、直播等技术，线上场景成为线下活动的补充和升级。截至 2022 年 12 月，中国演唱会直播的用户规模为 2.07 亿人，较 2021 年 12 月增加 6491 万人，占网民整体的 19.4%。[②]

六 数字创意产业的就业理论解释框架

科学技术正在成为现代社会最重要的影响生产力的因素，也是决定

① 常征：《数字内容产业链竞合关系研究》，博士学位论文，北京邮电大学，2012。

② 笔者根据 CNNIC、中商产业研究院数据整理所得。

国家就业总体水平及波动趋势的根本动力。在创意产业就业领域，数字技术正在深刻影响着创意产业的就业结构，具体就业率的高低直接取决于数字创意产业是否能够顺应技术进步的客观规律以及是否能满足社会发展的需要。数字技术的发展对创意产业的就业水平及其变化起着决定性作用，但具体的数字技术发展水平与就业水平之间的关系不是简单的线性关系，而是通过众多内在机制从不同层面对创意产业的就业情况发挥作用。因此，本书试图从数字技术出发，从微观（企业）、中观（产业）层面对数字创意产业的就业（包括就业量和结构的变动）进行共性化和个性化影响分析，以求概括出数字创意产业就业效应的综合分析框架（见图3-1）。

1. *产业层面*

数字创意产业层面就业变动趋势则十分清晰。数字创意产业以满足人们的精神需要为主，一方面，数字创意产业不断出现以技术进步驱动的产品创新，这类创新产生的替代就业效应相对而言比较微弱；另一方面，随着收入水平的提高，人民群众在精神文化方面的需求日渐增长，推动创意产业在总量上不断增加，促使就业比重和就业量均增加。以英国为例，表3-1为2014~2019年英国创意产业、文化产业、数字产业的就业情况。在数字技术革命的深刻影响下，2014~2019年英国数字创意相关产业就业人数总体上均逐年上升，相较于2014年，2019年三大产业就业人数的增幅分别为16.2%、8.5%、11.7%。同时，2014~2019年英国数字创意相关产业就业人数占英国就业总人数的比例同样呈上升趋势，且均超过12%。

表3-1　2014~2019年英国数字创意相关产业就业情况

单位：万人，%

类别	2014年	2015年	2016年	2017年	2018年	2019年
创意产业	180.8	186.6	195.8	200.8	204.0	210.1
文化产业	62.3	64.2	65.4	67.4	65.9	67.6
数字产业	139.4	142.1	145.5	150.0	150.5	155.7
产业就业总人数	3141.0	3203.7	3242.2	3292.1	3317.0	3355.3
三大产业就业人数占英国就业总人数比例	12.2	12.3	12.5	12.7	12.7	12.9

资料来源：《DCMS部门经济估计：就业》《DCMS行业的就业人数》，英国政府网。

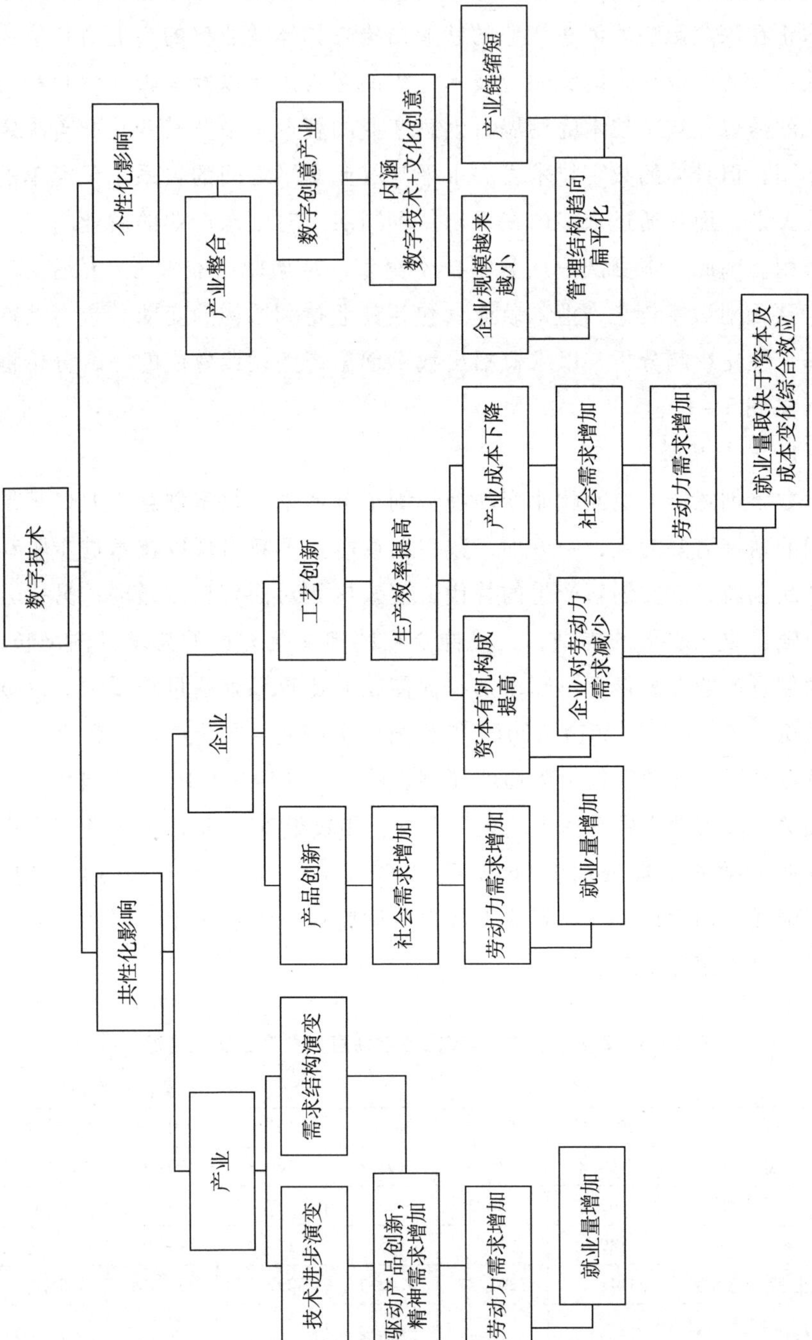

图 3－1　数字创意产业就业效应综合分析框架

对于中国来说，随着互联网信息技术的发展和人们精神文化需求的增加，目前广播电视集成播控、数字内容、动漫游戏、视频直播、互联网文化娱乐平台等基于互联网和移动互联网的新兴文化业态发展强劲，正成为文化创意产业发展的重要增长点，是推动中国文化发展的主体力量。中国人民大学就业研究所发布了《数字文化产业就业报告（2020）》（以下简称“报告”）。该报告涵盖对游戏、电竞、直播、文学四个数字文化产业典型领域的就业研究及核心发现。四大领域涉及全职和兼职就业总人数约为3000万，其中全职就业人数约1145万人，总体数字已超过国家统计局公布的传统文化产业从业人数（2789万人）。[①]

2. 企业层面

企业层面的创新分为产品创新和工艺创新两类。其中产品创新指的是由企业自身研发设计、创意创新并引入中间品或资本品构成的，产品创新对就业的主要影响是通过改良创意产品设计、开发新的市场需求来实现的，市场的拓展将促进企业增加产出，同时将促进企业对劳动力需求的增加和就业机会的增加。工艺创新则通过技术的发展带来工艺上的变革。它主要通过提升产品生产效率、服务效率来改变行业需求。工艺创新对就业的影响更加复杂，带来的实际后果也需要综合权衡。工艺创新提高生产效率通常会导致两种结果。一是企业生产单位产品所需的劳动力付出减少，即在产出不变的情况下资本有机构成提高，这使得工艺创新可能会给劳动力就业带来消极的影响，导致该企业的就业人数相对减少。例如，根据麦肯锡全球研究院（McKinsey Global Institute）发布的报告《失业与就业：自动化时代的劳动力转型》中所描述的，到2030年全球将有近8亿工作岗位可能被自动化机器人取代，这一数字相当于现今全球劳动力的1/5。二是生产效率的提高意味着投入相同的资源能够生产出更多的产品，这就使得单位产品的成本下降，这时企业可采取降价促销或维持原价等策略。降价可以增加社会对该企业产品的需求，促使企业扩大再生产，进而增加市场对劳动力的需求，而维持原价则可以让企业获得更高的利润，使企业将更多的资金投入扩大再生产或拓展经

① 《数字文化产业就业人数达3000万，反超传统文化产业》，搜狐网，2020年11月21日，https://www.sohu.com/a/434460590_120699695。

营领域中，无论怎样选择都会促使企业对劳动力需求的增加。

3. 个性化特征

“创意经济”的先驱是德国知名经济学家、经济史思想家 J. A. 熊彼得（Joseph Alois Schumpeter）。早在 1912 年，他就明确提出创新是现代经济发展的根本动力。“创意产业”最先由英国提出。1997 年，英国政府成立了“创意产业特别工作组”，使决策者对此有了更广泛的了解。2001 年，英国政府出台的《英国创意产业专题报告（2001）》（*Creative Industry Mapping Document 2001*）中指出，“创意产业”是指那些通过个人的创造能力、专业技能、智力和知识获取的创新发展原动力，同时，“创意产业”是以知识产权作为保护和创造经济价值的形式，最终实现增加就业机会和创造财富的一种行业。世界知识产权组织（World Intellectual Property Organization，WIPO）在 2017 年发布的《如何在创意产业中谋生》中指出，创意产业包括各种各样的活动，所有这些活动大多依赖于传统的工作并且受到知识产权保护。

第三次工业革命以来，科技与文化高度融合，二者的互动达到了前所未有的高度，其中数字创意产业最具代表性。数字技术为创意产业注入了鲜活的生命力，拓展了创意产业的发展思路和空间。数字创意产业是一种以高科技为技术支持的创意形态，技术是数字创意产业发展的核心驱动力。数字技术革新了生产和消费的方式。生产方面，数字技术极大地丰富了艺术创作手法；消费方面，数字技术打破了常规的消费方式，拓宽了消费群体范围。与此同时，数字技术将各个要素结合，拉近了创意内容创造者、研究机构、人才培训、研发生产、市场流通诸因素之间的距离，增强了创意的互动性，从创新的角度给创意产业的各个层面以巨大的压力和推动力，实现了创意产业的变革与发展。

目前移动互联网、虚拟现实等一系列数字技术的逐步成熟和应用，给传统文化创意产业插上了翅膀，为漫画、影视、游戏、展览等行业带来了新的机遇。数字技术的引入使传统文化创意产业的链条得以延伸和完善。从生产效率上看，数字技术改变了创意产品的生产方式，提升了产品的生产效率，扩大了生产规模，增加了产量；从内容上看，数字技术为创意产品与服务带来更为丰富的表达形式，更多的内容能够被真实、立体、形象地表达出来，提高了创意产品的附加值，赋予创意产品与服务新的呈现形式和商机。如果把创意产业比作原料，那么数字科技就是神奇的催化剂，催生出眼花缭乱的新业态、新模式。创意产业发展形势严峻，而数字技术的不断创新给创意产业的发展带来强有力的技术保障。数字技术与创意产业的结合，是21世纪经济发展的新动力，将会深刻改变人类生活。

数字创意产业是以数字技术为核心的产业，数字技术可以将分布在不同国家和地区的企业相互连接，也可以使不同领域的企业相互融合，从而发挥出企业更多的优势。在产业融合的过程中，数字技术主要可以帮助实现各环节的自动化，让创意内容以更快捷、更便利的形式在网络上实现传输，供消费者使用，同时，数字技术还可以帮助企业拓展新业务。在实现对数字技术有效利用的情况下，创意产业的创意产品和创意服务的生产方式、存在形式、传播渠道、消费方式都发生了改变。数字技术创新和创意内容的融合使得创意产业实现不同行业融合发展的态势，各创意产业以开放包容的心态团结协作，实现全产业链协同与线上线下互动交流。从消费趋势来看，新一代信息技术推动了产业品牌转型升级，数字化、智能化推动供给侧和需求侧顺应时代的变革。同时数字创意企业的组织管理架构也日趋扁平化，以 Valve Corporation（维尔福集团）为例，其在业界就是以著名的扁平化管理模式为人们所津津乐道，已成功经营了20余年，拥有了约400名员工，并推出了《半条命》《反恐精英》《求生之路》等全球知名的游戏产品。组织结构的扁平化，其实就是通过减少管理层次、裁汰冗余人员来建立一种紧凑的扁平组织结构，使组织变得灵活、敏捷，提高组织效率与效能。其整个招聘过程，都在为这样一种整体的组织结构服务，只有招聘足够优秀的人才，其思维足够开阔，这种自我运营的扁平化制度才能发挥积极作用。由此可以看到，数字创意产业就业对质的要求将更加严苛。

第四章　国际组织视角下的数字创意产业与就业

第一节　关注就业与失业问题的国际组织

国际组织是现代国际社会的重要组成部分，随着全球化浪潮的加快和数字技术的发展，国际组织也迅速扩展到更多领域，涉及政治、文化、经济、卫生、教育、体育、环境、安全、人口等与人类的生存和发展密切相关的领域，成为影响世界局势的重要组成。就业作为重要的民生问题，得到了多方国际组织的关注，其中不乏专门研究就业的国际劳工组织，维护世界经济发展的世界银行、经济合作与发展组织，关注全球贸易的世界贸易组织、联合国贸易和发展会议，致力于文化发展与知识产权保护的世界知识产权组织和联合国教科文组织。了解这些组织在就业与失业方面的态度与现状，不仅有助于了解当前国际社会就业发展现状及趋势，还有助于有针对性地促进各个国家的就业发展。

一　国际劳工组织

国际劳工组织（International Labour Organization，ILO）于 1919 年依据《凡尔赛和约》规定作为国际联盟的附属机构成立。1946 年 12 月 14 日，国际劳工组织成为联合国的一个专门机构，简称“劳工组织”，其宗旨是促进充分就业和改善生活质量，加强劳资双方合作，提升社会保障措施，保障工人生活与健康。国际劳工组织主要从事的工作包括：进行国际劳工立法、制定公约和建议书、提供法律援助和技术合作。该组织的最高权力机构是国际劳工大会，每年召开一次。

作为联合国专门研究劳动与工作问题的国际机构，国际劳工组织自成立以来就一直保持着对国际工作的密切关注，也是研究国际就业情况的主力军与带头组织。特别是自 2013 年正式提出“未来工作百年倡议”

以来，国际劳工组织在每届国际劳工大会上与全球对话，并发布《随时随地工作：对工作世界的影响》、《2017 年世界就业与社会展望——可持续企业和工作岗位：正规企业和体面工作》、《应对青年就业挑战：关键政策议题新证据》、《未来劳动力技能政策与制度》（*Skills Policies and Systems for A Future Workforce*，2018 年 2 月）、《2020 年全球青年就业趋势》、《世界就业与社会展望：2019 年趋势》、《世界就业展望 2020》等就业相关报告。这些报告中涉及大量数字化趋势下对未来工作世界可持续发展、创新发展与优质发展的探索，对本书所研究的有关数字化时代面临的挑战与对策具有重大借鉴意义。

二　世界银行

世界银行（The World Bank）是世界银行集团的简称，国际复兴开发银行的通称，也是联合国的一个专门机构。世界银行成立于 1945 年，1946 年 6 月正式投入运营，由国际复兴开发银行、国际开发协会、国际金融公司、多边投资担保机构和国际投资争端解决中心五个成员机构组成。世界银行的宗旨是：向成员提供贷款和投资、推进国际贸易均衡发展。其主要业务涉及金融产品与服务、创新型知识分享、为各国提供贷款以及非贷援助。数字化时代的到来正在逐渐改变人们的生活方式，将数字技术纳入金融体系成为世界银行的研究话题之一。[①] 同时，数字化带来的各国贫富差距扩大的问题也是以“推进国际贸易均衡发展”为宗旨的世界银行所面临的重要问题。世界银行将数字化融入其国际援助项目中，在发布的《2019 年世界发展报告：工作性质的变革》中指出工作性质的变化意味着各国必须更加重视人力资本并重新思考社会保障问题。该报告指出政府不仅需要将人力资本投资置于优先地位，确保工人能够拥有适当技能，还需要加强社会保护，并将其扩展到所有人——无论他们从事何种职业。

三　经济合作与发展组织

经济合作与发展组织（Organization for Economic Cooperation and De-

① 世界银行：《全球金融包容性指数》，2018。

velopment，OECD），简称经合组织，成立于1961年，总部设在巴黎。经合组织的宗旨包括促进成员国经济和社会的发展，推动世界经济增长；帮助成员国政府制定和协调有关政策，以提高各成员国的生活水准，保持财政的相对稳定；鼓励和协调成员国为援助发展中国家做出努力，帮助发展中国家改善经济状况，促进非成员国的经济发展。

面对数字经济的发展，经合组织早在2015年就发布了《2015年数字经济展望》。该报告指出，大多数国家都在致力于以一种使社会和经济效益达到最大化的方式发展数字经济，但现在应警惕数字经济对一些领域（如个人隐私、劳动力就业等）造成的负面影响。[①] 在此之后，OECD也致力于研究关注数字化时代如何获得更好的就业，《2017年技能展望：技能和全球价值链》《2017年就业展望》《创业概览（2017）》《数字时代的生活怎么样？数字变革为人们的福祉带来的机会与风险》《2019年技能展望：在数字世界中蓬勃发展》等均对数字化时代的工作情况有所提及。

四 世界贸易组织

世界贸易组织（World Trade Organization，WTO），简称世贸组织。世界贸易组织是一个独立于联合国的永久性国际组织，总部设在瑞士日内瓦，它的基本原则是：通过实施市场开放、非歧视和公平贸易等原则，来实现世界贸易自由化。世界贸易组织的前身是1947年10月30日签订的关税与贸易总协定；1995年1月1日，世界贸易组织正式投入运营；1996年1月1日，世界贸易组织正式取代关税与贸易总协定临时机构。截至2023年7月，世界贸易组织有164个成员、25个观察成员。世界贸易组织的目标是建立一个全面的，包括货物贸易、服务贸易和与贸易有关的投资及知识产权等内容，且更具活力、更持久的多边贸易体系，使之可以延续关税与贸易总协定贸易自由化的成果和乌拉圭回合多边贸易谈判的成果。2018年，世界贸易组织发布《2018年世界贸易报告》，该报告的主题是“数字技术如何改变全球商务”。该报告从国际贸易视角阐述了数字化所带来的影响，它认为，数字技术将为世界经济贸易带来

① OECD：《2015年数字经济展望》，2015。

巨大的发展机遇和挑战，可以改变跨境交易模式，同时参与数字贸易的各国需要做好人力资本投资、贸易政策措施制定、软硬件基础设施建设、健全国内法律法规和知识产权保护等方面的工作。

五　联合国贸易和发展会议

联合国贸易和发展会议（United Nations Conference on Trade and Development，UNCTAD），简称贸发会议。该会议成立于1964年，是联合国大会的常设机构。联合国贸易和发展会议是主要审议有关国家贸易与经济发展问题的国际经济组织，是联合国系统中综合处理发展和贸易、资金与技术、投资和可持续发展等相关领域问题的政府间机构，贸发会议的总部设在瑞士日内瓦。贸发会议的主要目标是帮助发展中国家增强国家能力，最大限度地获取贸易和投资机会，加速发展进程，并协助它们应对全球化带来的挑战和在公平的基础上融入世界经济。贸发会议通过研究和分析政策、政府间审议、技术合作以及与非政府机构企业部门的合作实现其目标。当前的工作领域涉及贸易、投资、技术、可持续发展，以及南南合作和最不发达国家等问题。

贸发会议在《2017年信息经济报告》中提到数字化和自动化的发展带来了新的工作和就业机会，改变了工作的性质与条件，改变了技能要求，同时也影响了劳动力市场和国际分工的运作。此外，与其他国际组织不同的是，贸发会议一直关注创意产业的国际贸易，在对创意产业的研究中具有一定的优势。《创意经济展望（2002—2015）》《2017年世界投资报告》《创意经济前景和国家概况》《佛得角的创意经济：利用文化和创造力促进可持续发展》等分析了数字化对创意产业就业所产生的一定影响。

六　世界知识产权组织

世界知识产权组织（World Intellectual Property Organization，WIPO），是联合国保护知识产权的一个专门机构，依据《成立世界知识产权组织公约》而设立。该公约于1967年7月14日在瑞典首都斯德哥尔摩签订，于1970年4月26日生效。中国于1980年6月3日加入了该组织。该组织总部设在日内瓦。世界知识产权组织的宗旨是：通过世界各国以及各国际组织之间的相互合作，促进全世界对知识产权的保护；保障各知识产权联盟之间的行政合作。世界知识产权组织的主要职能是通过国家间合作来共同促进全世界对知识产权的保护，管理建立在多边条约基础上的关于专利、商标和版权方面的23个联盟涉及的行政工作，以及办理知识产权的相关法律与行政事宜。

WIPO专注于知识产权相关领域的研究，从知识产权保护的角度来说，数字化时代WIPO所面临的具体挑战主要是如何使用传统的保护知识产权方法来应对一些由数字技术的发展带来的新现象、新问题。在数字技术如此快速发展的时代，在对知识产权保护方面，世界知识产权组织从2000年开始就在互联网相关问题方面着力。截至2020年，与互联网有关的四个国际条约均已开始执行。在这四个国际条约中，《世界知识产权组织版权条约》《世界知识产权组织表演和录音制品条约》《视听表演北京条约》都是和互联网直接相关的。

七 联合国教科文组织

联合国教育、科学及文化组织（United Nations Educational, Scientific and Cultural Organization, UNESCO），简称联合国教科文组织，于1945年11月正式成立，其总部设在法国巴黎。该组织主要通过教育、科学及文化间的国际协作来促进各国间的交流，以增进国际社会对正义、法治及《联合国宪章》所确认的世界人民不分种族、性别、语言或宗教均享人权与基本自由的普遍尊重。联合国教科文组织具有以下五大职能。

（1）前瞻性研究：未来的世界需要什么样的教育、科学、文化和传播。

（2）知识的发展、传播与交流：主要依靠研究、培训和教学。

（3）相关准则制定：起草和通过国际性文件和法律建议。

（4）知识和技术：以技术合作的形式提供给会员国制定发展政策与计划。

（5）专门化的信息交流。

联合国教科文组织在数字教育的发展中具有一定的影响力。2015年出版的《反思教育：向“全球共同利益”的理念转变?》中强调要重视数字素养，其在未来八年（2014~2021年）发展战略规划中对传播领域和信息领域进行了战略规划，提出要促进表达自由和媒体发展，促进获取信息和知识的自由，发展和推广信息技术。2019 年，联合国教科文组织发布的《北京共识——人工智能与教育》中提出，世界各国要引领实施适当的应对策略，通过将人工智能融入教育体系中，实现教育、教学和学习方法的全面革新，并在人工智能环境中建设更加开放、灵活的教育教学体系，保障全民享有公平受教育的权利，并且每个人都可以匹配到优质的学习资源，从而推动可持续发展和实现人类命运共同体的宏伟目标。

随着科技的进步与人工智能的崛起，数字化对各国的经济发展、就业、投资、商贸均产生了不可忽视的影响。机遇总是伴随挑战同时出现，国际组织在数字化发展的进程中看到了一些已有的或潜在的危机，尤其是在劳动力就业中，数字化为其带来了新的困境与挑战。各个国际组织及时对这些挑战进行了总结并提出了应对措施，有效指引各国解决由数字化的出现导致的频发的失业问题，为各国政策的出台与颁布提供经验借鉴。

第二节 国际组织应对数字技术挑战的共识

数字化是当今世界共同的机遇与挑战，纵观国际组织对数字化时代就业所面临的挑战的思考，大部分国际组织在谈及数字化造成的问题时，均有涉及失业危机、男女间就业差距的增加、数字工作的法律缺陷以及国家间的不平等问题。

一 数字化使部分岗位员工走向失业

联合国贸发会议在《2019 年数字经济报告》中对数字经济造成的影响进行了分类，在《2019 年数字经济报告》中，数字经济的成分包括核心数字部门、数字经济和数字化经济，对于个人来讲，核心数字部门带来了在建设和安装信息通信基础设施领域的新就业机会，特别是那些拥有高技能和创新能力的人员将更加具有优势；数字化经济虽然创造了一些就业岗位，但也造成另一些岗位的消失或转型。对于中小微企业来讲，数字化会带来同类企业的竞争加剧，而自动化的出现也会让一些类型的企业（如物流、装配工、零售人员）失去生存的机会。

世界银行在《2019 年世界发展报告：工作性质的变革》中指出，技术的发展正在影响工作场所对三类技能的需求。第一，无论是发达经济体还是发展中经济体，对社会行为技能和非重复性认知技能的需求都呈上升趋势。2001 年以来，新兴经济体中，与社会行为技能和非重复性认知技能相关行业的就业人口的比例从 19% 增加至 23%，发达经济体中这一比例则从 33% 增加至 41%。第二，对重复性劳动所需要的具体技能的需求呈下降趋势，特别是随着人工智能技术的飞速发展，这一趋势有加快的倾向。第三，不同的技能组合所产生的回报正在不断增加，劳动技能需求的改变不仅体现在新旧工作的更替上，同时也体现在多种工作技能的组合上。①

而国际劳工组织的一些研究已经考虑了增加机器人使用量对生产率和就业的影响。例如，Michaels 和 Graetz 对 1993 年至 2007 年的 17 个国家（14 个欧洲国家以及澳大利亚、韩国和美国）进行了调查，发现增加的机器人使用量为年度劳动生产率增长贡献了约 0.36 个百分点。② 此外，虽然没有发现工业机器人的使用量增加与总就业水平之间有显著关系，但有证据表明，机器人使用量增加可能会减少低技能工人的就业份额。③

此外，数字化时代的到来令一些技能水平较低的员工不得不走上再学习的道路，如果工人们在快速发展的社会中无法提升自己的知识水平，他们就将面临失业的危险。经合组织在《2019 年技能展望：在数字世界中蓬勃发展》中提出，数字时代下传统教育体系需要向终身学习体系转换。为了跟上数字时代的步伐以及适应劳动力市场需求的变化，成年人在自身职业生涯中需要不断重新调整方向并提高自身技能。该报告评估了工人更换职业所需的培训成本，并计算了实现这些转变所需的培训费用。调查结果显示，在被人工智能和自动化技术替代风险较高的职业中，

① 世界银行：《2019 年世界发展报告：工作性质的变革》，2018。

② Michaels, G., Graetz, G., Industrial robots have boosted productivity and growth, but their effect on jobs remains an open question, 2015, Available at http://blogs.lse.ac.uk/politicsandpolicy/robots-at-work-the-impact-on-productivity-and-jobs/? utm_source = feedburner&utm_medium = email&utm_campaign = Feed% 3A + BritishPoliticsAndPolicyAtLse + % 28British + politics + and + policy + at + LSE% 29.

③ 国际劳工组织：《世界就业与社会展望：2020 年趋势》，2020。

有54%的工种需要进行一年或一年以上的相关培训，以便帮助工人胜任更加高效和高要求的工作。同时，该报告还显示，低技能成年人相比高技能成年人，其参加职业技能培训的比例低40%左右。[①]

贸发会议在《技术和创新报告（2018）》中指出，虽然技术进步会促进生产率的提高和经济增长，但在实际中往往也会造成大量的失业。[②]该报告认为，从短期来看，技术进步造成的失业效应要比其创造的就业效应明显得多，虽然它扩大了一些国家商品和服务的生产规模，提升了其劳动生产率，但自动化、人工智能等高新技术的应用也降低了企业对工人的需求量。

二 数字化时代男女就业差距更加明显

《2018年世界贸易报告》中指出，2016年世界所有地区男性的互联网普及率高于女性。尽管这种数字性别鸿沟在全球范围内很突出，但其程度在各收入类别中差异很大，从发达国家的2.3%到发展中国家的7.6%不等。[③] 值得一提的是，尽管发达国家中女性互联网普及率已达80%，但发展中国家仍低于世界平均水平，仅为37.4%，欠发达国家则更加落后，不到13%（见图4-1）。这表明，这些国家和地区的女性缺乏互联网赋权，可能会进一步阻碍其积极参与数字经济。

此外，即使在女性互联网普及率很高的国家，信息通信技术部门雇用女性的比例仍然相对较低。例如，2011~2015年，欧洲联盟中ICT专家总数中女性的比例为16%左右。同样，在美国，与计算机相关的就业中女性所占比例不超过25%。[④]

UNCTAD在《技术和创新报告（2018）》中也指出，在发展中国家，特别是欠发达国家，妇女主要在农业和服务业中就业，以及在非正规经济中就业。同时，妇女主要从事低薪和低技能工作。[⑤] 在一些顶级的科技公司中，女性工作人员的占比不到40%，2014年一项针对20家高技

① OECD：《2019年技能展望：在数字世界中蓬勃发展》，2019。

② UNCTAD：《技术和创新报告（2018）》，2018。

③ WTO：《2018年世界贸易报告》，2018。

④ WTO：《2018年世界贸易报告》，2018。

⑤ UNCTAD：《技术和创新报告（2018）》，2018。

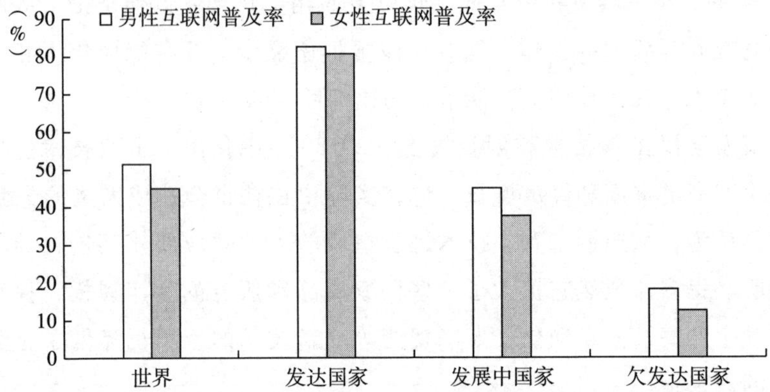

图 4－1　不同地区互联网普及率

资料来源：WTO《2018 年世界贸易报告》，2018。

术公司的调查显示，这些公司的高级管理人员中，女性占比不到 11%。在依托数字技术的“零工经济”中，女性在数字平台上工作的可能性较小，且与男性相比，她们工作时间通常更长，工资水平也明显较低。①

三　数字技术工作的法律法规有待完善

数字技术推动了“零工经济”的发展。所谓“零工经济”，是指组织或个人与独立工人签订短期合约。这些新的工作形式模糊了正规就业与临时就业之间的界限，也改变了人们对技能的需求。市场越来越看重劳动者的适应能力，而工作性质的变化意味着人们必须终身学习来不断获取新技能。然而“零工经济”的发展也带来了一些问题②，例如雇佣关系和工作条件的不明确以及这些工作在今后找工作时是否可以当作工作经历（因为很难描述他们都从事了什么工作）。世界银行也认为，在某些情况下，有更高灵活度的零工经济在带给人们好处的同时，也导致了人们收入的不稳定，以及与标准化雇主雇员关系相比更多的保障问题的出现，包括医疗健康保险、养老金计划和带薪休假等。③

① UNCTAD：《技术和创新报告（2021）》，2021。

② 国际劳工组织：《2020 年全球青年就业趋势》，2019。

③ 世界银行：《2019 年世界发展报告：工作性质的变革》，2018。

四 数字化导致全球不平等问题加剧

技术进步，尤其是在自动化、机器人技术、人工智能、3D 打印、机器学习、物联网和区块链等领域，将改变劳动力市场的机会和人们面临的挑战。这些变化创造了全新的产业、就业、商品和服务，并提高了生产率。通过降低生产和提供服务的成本，新技术是中低收入国家“跨越”到更高发展阶段的潜在手段。然而，技术的不断进步也可能导致劳动力市场混乱，并使已经拥有强大技术基础的国家受益匪浅，从而导致更大程度的不平等。[①]

WTO 在《2018 年世界贸易报告》中也阐述了同样的问题，数字技术使比较优势明显的公司能够面向世界范围内销售数字产品，也可以使高收入国家的企业利用数字环境转移部分业务回本国。此外，该报告中对于贫穷国家如何抓住数字环境下新的贸易机会也存在疑问。欠发达国家与发达国家之间存在的数字鸿沟将是一个重要的问题。[②]

伴随数字化时代的到来，国家间在数字技术领域的差距越来越大。在最不发达国家中，只有 1/5 的人有机会接触到互联网，而在发达国家中，有 4/5 以上的人可以方便、低成本地使用互联网，而这只是数字鸿沟的一个方面。在发达国家，2018 年，约 33% 的居民拥有宽带，而在发展中国家，这一比例仅为 11% 。2018 年，欧洲约 80% 的人使用互联网，而在撒哈拉以南的非洲，这一比例仅为 25%，在最不发达国家仅为 20% 。[③] 在其他领域，如利用数字技术和前沿技术的能力方面，不同国家间的差距也很大，统计数据显示，仅中国和美国所拥有的数字平台市值就占全球市值的 90% 以上，而欧洲拥有的数字平台的市值份额仅为 4%，非洲和拉丁美洲拥有数字平台市值的总和仅为 1% 。同时，广为人知的 7 个“超级数字平台”，即微软（Microsoft）、苹果（Apple）、亚马逊（Amazon）、谷歌（Google）、脸书（Facebook）、腾讯（Tencent）、阿里巴巴（Alibaba）的市值份额就超过数字平台总市值的 2/3，由此可见，数

① 国际劳工组织：《2020 年全球青年就业趋势》，2019。

② WTO：《2018 年世界贸易报告》，2018。

③ UNCTAD：《技术和创新报告（2021）》，2021。

字化不但没有促进各国的公平发展，反而拉大了不同国家间的发展差距。①

在发达经济体中，需要高认知技能的工作和具有灵活性的低技能工作的就业增长速度最快。与之相反，劳动力就业已经从重视操作的中等技能行业向外转移，这是发达经济体中不平等问题不断加剧的重要原因。因此，中等技能工人和低技能工人均会遭受工资水平降低的损失：中等技能工人工资水平降低是因为自动化，而低技能工人工资水平降低是因为竞争的加剧。② 在全球范围中，创新技术为欠发达国家提供了追赶发达国家的新路径，但同时基础设施的薄弱也使得这些国家面临被进一步落下的风险。③ 贫困国家在数字基础设施上的缺陷令其无法快速跟上全球数字化的步伐，而经济全球化的时代使得贫困国家的人才不断流失。

在经过新冠疫情的冲击后，数字技术在改善人们生活品质方面展现出了更大的潜力，“零工经济”为因为疫情失业的人们带来了一定的收入，然而通过零工形式提供的就业通常很不稳定且容易扩大社会不平等。不平等的后果将取决于零工就业者是失业的穷人还是寻求额外收入的中产阶级。如果这些工作取代了高薪工作，或者用兼职工作取代了全职工作，或者其利润增长快于工资增长，会加剧收入不平等。零工经济还可能加剧性别不平等：女性在数字平台上工作的可能性更小，且她们工作时间往往比男性长，工资也低得多。④

第三节　国际组织在数字人才培养和税收、福利方面的倡议

在阐述了数字化可能带来的危害后，各个国际组织也给出了适当的解决方案，尽管每个国际组织的偏向性不同，但国际组织提出的解决方案仍然有一些重合，这些部分涉及加强数字领域人才培养、稳定税收、加强社会福利与社会保障三个方面。

① UNCTAD, *Digital Economy Report 2019*, 2019.

② 世界银行：《2019 年世界发展报告：工作性质的变革》，2018。

③ 世界银行：《2019 年世界发展报告：工作性质的变革》，2018。

④ UNCTAD：《技术和创新报告（2021）》，2021。

一　加强数字领域人才培养

不论一国处于什么样的发展阶段，国民受到的教育和掌握的技能对提高国家的创新和应用能力都是至关重要的。如果社会中的劳动力都训练有素，并且拥有能够继续学习的能力，那么这不仅会提升生产率，还会增强投资者的信心，进一步促进就业量的增加。

随着数字化时代的到来，各国都进一步加强对人力资本的投入，尤其是在儿童早期教育方面进行投资，除对基本技能的培养之外，还要结合社会发展的现状培育劳动力高阶认知和社会行为能力，这包括更新各级教育和培训课程，以使其快速跟上技术变革的步伐。① 同时，进一步建立和完善灵活且个性化的学习制度，使职业教育成为促进全社会可持续学习和发展的主要力量。② 国家则可以通过保障学校教育转化为学习成果来进一步提升人力资本，可以通过义务教育及非正式学习来培养因工作性质改变而需要的新技能。③

UNCTAD 也建议开设专门针对电子商务的高等教育和职业培训课程，以帮助缩小当前毕业生的知识和技能与日益数字化的私营部门的需求之间的差距。同时，应特别关注妇女与女童的培训和教育，提高女性工作竞争力，以打破男性在信息通信技术相关行业中占主导地位的格局。同时，在大多数发展中国家中，市场机会可能更集中于地方和（或）区域数字商品与服务市场。政府应当更多地侧重于通过导师计划、职业培训、学徒制和实习制来促进隐性创业知识的生产。

此外，UNESCO 下属的教育信息技术团队在 2019 年 7 月 29 ~ 30 日召开的专家组会议上围绕世界各国使用的教育技术进行了讨论，并从学校层面为数字化的教学评估制定了响应框架。

二　稳定税收

数字化时代，机器运用率的提升会减少政府的薪资税。因此，世界银行建议，为保障政府税收，需要为人力资本和社会保障体系提供所需

① 国际劳工组织：《2020 年全球青年就业趋势》，2019。

② ILO，*Skills Policies and Systems for A Future Workforce*，2018.

③ 世界银行：《2019 年世界发展报告：工作性质的变革》，2018。

的公共资金。获得税收的一条途径是在城市中征收财产税、消费税以及碳排放税。另一条途径是遏制企业避税手段，在不提高税率的基础上通过优化税收政策、严格税收管理来增加政府财政收入。[①] 联合国贸发会议也强调，税收是价值捕获的一个关键问题。世界各国都在重新审视税收的分配权，以防止在占比愈发重要的数字经济中出现对数字平台征税困难的问题。

三 加强社会福利与社会保障

国际劳工大会在《关于国家社会保护底线的建议书》中倡导为劳动者提供最低限度的社会保护。由于失业率的增加，在数字化时代，一方面要为劳动者提供继续教育培训学习的机会；另一方面要为劳动者提供相应的社会保障机制，如完善的失业救济体系、医疗保险、养老金制度等，这是与所有劳动者密切相关的基本生活保障和经济可持续发展的重要基础。

截至2020年，全球只有46.9%的人口受到至少一项社会保护待遇的有效覆盖，而其余的53.1%，即多达41亿人，完全得不到保护。[②] 而历史经验证明，社会保护机制可以有效减缓经济危机带来的影响。[③] 在目前的情况下，就业市场变化存在更大的不确定性，社会保障体系能起到重要的稳定作用。但是，对于就业形式不够稳定的工人而言，获得社会保障可能尤为困难。对于将福利待遇或筹资负担与过去或现在的工作挂钩的保障条款而言，不稳定的职业模式或日益多样化的就业形式可能会带来挑战。现有的社会保障体系有很多优点，仍然可行，但需要适应不断变化的风险，重点包括让保障足够灵活，能够对人们所需的保障出现的变化做出回应，保证待遇能随职位转移，并调整适用范围和进行就业支持，以便适应不断演化的就业模式。要保证筹资水平与社会保障不断演变的需求一致，这需要就如何为新计划或拓展后的计划筹资积极开展政策辩论。[④] UNCTAD在《技术和创新报告（2021）》中指出，为了缩小

---

① 世界银行：《2019年世界发展报告：工作性质的变革》，2018。

② 国际劳工组织：《2020—2022年世界社会保障报告》，2021。

③ 世界银行：《2019年世界发展报告：工作性质的变革》，2018。

④ OECD, *OECD Employment Outlook 2019: The Future of Work*, 2019.

社会间差距、缩小国家间差距，需要对全球知识产权制度进行几项改革，以便在发展中国家获取前沿技术的知识产权的优势与成本之间取得微妙的平衡，包括提供更广泛的强制许可空间、强化新颖性专利标准以及限制专利保护的期限，或者免费在线提供一些已经被发展中国家获得的专利技术。

第四节　国际组织对数字创意产业的不同关注点

该部分将阐述部分国际组织对数字化就业研究的独特之处，例如联合国贸发会议对创意经济中的就业有所研究、世界知识产权组织关注数字时代对生产者与版权的保护、世界银行通过国际援助缩小技术落后的国家与技术强国间的贫富差距、国际劳工组织研究了青年在数字时代的就业趋势，以及世界贸易组织分析了贸易、技术对就业的影响。对于国际组织在就业上的研究不仅有助于我们进一步了解数字化背景下国家应当如何应对层出不穷的经济、社会问题，还能重新理解国际组织的宗旨与目标以及自身研究与管理的特色。

一　联合国贸发会议对创意经济的思考

联合国贸发会议关注创意经济的数字化，在《创意经济前景和国家概况》报告中指出，创意经济领域包括手工艺品、书籍、电影、绘画、歌曲、设计、数字动画和视频游戏等。它们通过贸易（出口）和知识产权创造收入，并以更高的职业技能创造新的就业机会，特别是对于中小型企业来说。[①] 随着技术的进步，创意和知识型产业已经成为全球经济的重要增长力量。联合国贸发会议在《佛得角的创意经济：利用文化和创造力促进可持续发展》中表示，创意产业中音乐、游戏、旅游等行业都能够通过数字内容和信息通信行业产生紧密的联系。

《创意经济展望（2002—2015)》中写道，数字世界与创意世界的共生不足为奇，数字世界与创意内容两者可以相互交织，并赋予创新性的

① UNCTAD, *Creative Economy Outlook and Country Profiles*, 2016.

视觉效果。[①] 利用创意产业带来的杠杆效应，可以促进数字环境的整合，也将通过推动写作、设计、游戏、软件、音乐、出版、摄影、表演艺术等行业发展来推动世界创意经济的同步运行。

在就业方面，联合国贸发会议发布的《2017 年世界投资报告》中指出，数字化的发展可能导致就业机会减少和就业结构改变。创意经济为上述结论提供了一个新的视角。[②] 创意工作者已经处在零工经济的工作状态中几十年，他们已经做好了未来失业的准备。出于对创意工作者文化价值的支持，政府为确保其获得普遍的、最基本的收入，“失业的未来”这一理念已经被充分纳入考量。也有一些方法提供了新的工作途径，如《2017 年信息经济报告》中就描述了通过“云计算”带来的新的变革，基于云计算和大数据构建的数字劳工平台在专业技能不匹配、劳动力技能利用不足、非正规就业、劳动者失业等领域提供解决办法。同时，数字平台可以通过将程序员、网页设计师、搜索引擎优化师、专业翻译人员、营销人员、会计师等众多不同类型的专业人员以服务外包的形式提供出去，以为他们提供国际化的就业机会。[③]

二 世界知识产权组织对文化行业的版权保护

WIPO 更关注于数字时代下各行业知识产权的创造与保护，其出版了一系列有关文化产业的知识产权报告，提到了一些有关产业如何在数字化时代生存的内容。近年来，随着智能手机和平板电脑等无线设备的迅速普及，电子媒体和娱乐业得到了快速发展，而这些设备现在已变得无处不在。数字化为创意产业的人们提供了利用其知识产权的新机会，如 2013 年，电子书、音乐、视频和游戏等数字文化产品的销售创造了 660 亿美元的收入，但同时也对知识产权的监管提出了新的要求。[④]

在《如何以音乐产业谋生》(*How to Make a Living from Music*) 中，WIPO 认为报纸、书籍、CD 和 DVD 正在被数字屏幕上的相同内容取代，

---

① UNCTAD, *Creative Economy Outlook Trends in International Trade in Creative Industries*, 2019.

② UNCTAD, *World Investment Report 2017*, 2017.

③ UNCTAD , *Information Economy Report 2017*, 2017.

④ WIPO, *How to Make a Living in the Creative Market*, 2017.

未来将是社交化的、本地化的、移动式的和流动式的。互联网的发展为音乐行业带来了新的挑战：如何把音乐的网上消费转变成资金，以使音乐的作者和表演者可以借此谋生，但同时，这种消费价位对于乐迷来说也是合理的、可接受的。该报告指出，为了使音乐行业更好地适应数字化的发展，政府需要继续调整、监督和协调用于新数字生态系统的法律和执法规定；WIPO 通过推出“国际音乐登记簿”、创建全球曲目数据库等帮助集体更高效地对音乐创作进行管理；有关版权、音乐和技术方面的教育将愈发重要。[①] 对于广告业，WIPO在《广告业的知识产权管理》（*Managing Intellectual Property in the Advertising Industry*）中指出，随着新技术的发展和人们对互联网的日益依赖，网络广告变得越来越重要。数字环境正在改变广告公司的价值链和商业计划。在线环境中各种创新的数字广告技术为企业创造了新的机会，使其能够将广告扩展到传统的商品或服务支持角色之外。然而数字化带来的问题是，消费者有多重渠道得到广告的信息，传统广告价值链面临着重构的风险，广告公司面临着服务商品化的危机。[②] WIPO 发布的《全球出版业（2018）》（*The Global Publishing Industry in 2018*）中提到传统出版向数字出版的转变，然而各国有关数字出版的数据还有所欠缺，有关数字出版的法律依旧不够完善。[③]

三 世界银行在国际援助中的作为

世界银行的附属机构国际开发协会（International Development Association, IDA）一直站在支持各国就业的最前沿，就业和经济转型是 IDA 在当前这个三年增资期（IDA18，指 2018—2021 年）的特别主题之一。IDA 为创新项目提供资金，运用多种金融工具，开展更全面的分析，并采用新工具对项目的就业影响进行评估与衡量。截至 2019 年 6 月，世界银行正在实施的项目中有 579 个与就业有关，投资额约为 780 亿美元。

一方面，世界银行认为数字技术可以将公民与各种服务和机会联系起来，有助于应对一些艰巨的发展挑战；另一方面，技术发展趋势也带

① WIPO, *How to Make a Living from Music*, 2014.

② WIPO, *Managing Intellectual Property in the Advertising Industry*, 2011.

③ WIPO, *The Global Publishing Industry in 2018*, 2019.

来了颠覆劳动力市场和传统生计等风险。世界银行帮助各国建立实现数字化转型所需的经济框架，找出影响竞争力和经济增长的新要素，建立技术变革催生的新商业模式。同时，世界银行还与政府合作，帮助政府制定相关政策并进行实践。

2015 年，联合国宽带委员会（UNBC）发布报告，称全球仍有超 40 亿人未接入互联网。UNBC 还称，欠发达国家的妇女使用互联网的比例极低。在发展中国家，女性使用互联网的比例较男性低 25%，而撒哈拉以南非洲地区女性使用互联网的比例更低。[①] 因此，2019 年，世界银行对非洲联盟的《2030 年数字化转型议程》进行资金支持，该议程的目标是到 2030 年为整个非洲大陆的所有居民、企业和政府提供数字服务。这将有助于把数字经济提供的机会转化为实现经济增长、提高流动性、推动创新、创造就业和扩大服务能力的新途径。该议程的重点包括数字基础设施、数字平台、数字金融服务、数字创业和数字技能。世界银行帮助年轻的非洲企业家利用新技术应对各种挑战，包括教育、交通和医疗卫生服务在内。在加纳，世界银行资助的技术中心正在对 650 多人进行培训，以帮助他们进入尖端新兴行业，获得尖端技术工作岗位。[②]

世界银行向摩洛哥政府的 2017～2021 年发展规划及与之配合的数字发展和普惠金融国家战略提供支持。双方共同开发的“普惠金融和数字经济项目”不仅要释放摩洛哥民众（尤其是年轻人和妇女）的创业潜能，而且要利用数字技术促进金融普惠，支持初创企业和中小企业。该项目支持数字平台和数字基础设施的发展，重点是扩大互联互通和移动支付范围，同时向数字经济领域的企业家提供支持。[③]

四 国际劳工组织对青年人就业的关注

国际劳工组织在《2020 年全球青年就业趋势》中对青年的情况进行了更加深入的研究，它认为技术对年轻工人的影响很可能与年长工人所

---

① 《联合国：全球仍有超 40 亿人未接入互联网，最贫穷的 48 个国家还 90% 人群未接入》，投资界，2015 年 9 月 22 日，https://news.pedaily.cn/201509/20150922388625.shtml。

② 《世界银行将在 10 年内为非洲的数字化转型投资 250 亿美元》，2019 年 10 月 17 日，https://www.360kuai.com/pc/92577b5142eb34062?cota=3&kuai_so=1&sign=360_57c3bbd1&refer_scene=so_1。

③ 世界银行：《2019 年世界发展报告：工作性质的变革》，2018。

经历的不同。[①] 例如，Nedelkoska 和 Quintini 在研究中发现，随着企业自动化程度的不断提高，经合组织国家中年轻人面临的失业风险最高，这主要是因为年轻男女更倾向于从事基础职业，而这些职业被自动化技术替代的可能性最高。[②] Muro、Maxim 和 Whiton 指出，在美国，较年轻的工人（16～24 岁的人）占食品制备和服务部门工人总数的 29%，仅占全国劳动力总数的 9%。[③] 同时，该部门内将近一半（48%）的年轻工人都从事具有高度自动化潜力的工种，而年长工人则仅为 34%。阿特金森（Atkinson）也发现，年轻劳动力相比年长劳动力面临的工作转移风险更高，同时他认为下一波科技革命会在更大程度上影响低技能工作，如果这一预测得到证实，那些低薪工人和非正规就业人群中的年轻人就将面临更大的风险。[④] Shim、Yang 和 Lee 研究在 2000～2014 年科技进步给韩国工人就业带来的影响，他们发现年龄在 15 岁至 29 岁之间的工人的替代弹性更大，同时如果采用创新技术提升企业生产率，会导致年轻人比年长者面临更大的裁员压力，其中一个原因是年轻人涉及的人力资本和被解雇的成本更低。[⑤]

而对于青年人的政策干预应该从以下三个方面进行。

首先是针对即将进入职场的年轻人。对于这些人，政府应当加强数字基础设施方面的投资。建立和资助用于员工终身学习的生态系统，并将数字技术融入公共就业服务之中。发达经济体和部分新兴经济体的公共就业服务采用创新数字技术，可以提高劳动力市场的效率和透明度，例如利用在线门户网站以及基于人工智能和深度学习技术的复杂平台。发展中国家的公共就业服务部门可以利用移动设备的泛在性和高渗透率来向包括年轻人在内的特定人群提供就业服务，从而有效提升自身行政管理能力。

---

① 国际劳工组织：《2020 年全球青年就业趋势》，2019。

② Nedelkoska，Ljubica & Glenda Quintini，*Automation*，*Skills Use and Training*，2018.

③ Muro，M.，Maxim，R.，Whiton，J.，*Automation and Artificial Intelligence*：*How Machines Are Affecting People and Places*（Washington，D. C.，Brookings Institution，2019）.

④ Atkinson，R. D.，"Emerging Technologies and Preparing for the Future Labor Market，" *Information Technology and Innovation Foundation*，2018.

⑤ Shim，M.，Yang，H.-S.，Lee，S.，"Technological Progress and Youth Employment，" *Working Paper*（2018）.

其次是针对已经进入劳动力市场的年轻人。对于已进入数字产业工作的年轻人，政府应通过法律法规为雇佣关系中的工人提供有效的保护。同时，所有工人，无论其合同安排或就业状况如何，都必须同样享有充分的劳动保护，以确保每个人的人道工作条件。

最后是针对已经被新技术淘汰的年轻人（包括既没有上学又没有工作的年轻人）。这一类人需要进行有针对性的支持。鉴于技术正在使职业的特定任务自动化，而不是使职业本身自动化，因此年轻人可以重新学习技能或者学习更高级的技能，从而实现再次就业。

五　世界贸易组织关注贸易对劳动力市场的影响

以国际贸易为核心的世贸组织更加关注数字化时代中贸易与就业之间的关系。其发布的《2017 年世界贸易报告》的核心主题为贸易、技术与就业，其中讲述了贸易对全球劳动力市场的影响。该报告中提出，就业、失业以及工资水平主要取决于劳动力市场的运作方式。[①] 技术水平和贸易活动对劳动力市场的影响主要取决于劳动力市场的制度条件，以及伴随的经济发展和发生社会波动时就业机会的多样化。从全球视角来看，数百万工作岗位都依赖于国际贸易的开展，进口通过提升企业竞争力而有利于创造工作岗位，而出口使企业获得更广阔的市场。该报告认为，国际贸易可以通过改变技能需求从而在技能层面改变就业结构。传统的要素禀赋理论预测，贸易将增加相对富裕的先进经济体对技能的需求，而在低收入经济体中，其技能相对欠缺，因此在低收入经济体中，贸易可能导致对低技能劳动力的相对需求增加。贸易在增加对技能的需求时，也能够加快结构转型速度。贸易能够带来技术升级和对技术的更广泛应用，甚至在低技能活动中具有比较优势的经济体也是如此。此外，该报告在提出建议时认为将劳动力市场调整、竞争力和补偿政策相结合是必要的，旨在使社会在技术变革和贸易开放中受益程度最大化。

2020 年的新冠疫情进一步推动了数字化与劳动市场的结合，基于上述观点，世界贸易组织认为数字工具确实为一些工作提供了另外的工作场所，保证了身体健康，但这些工作大多是报酬较高的服务类工作，这些工作在

① WTO：《2017 年世界贸易报告》，2017。

发达国家中的占比较大，因此对发达国家的影响更大。而对于一些发展中国家和最不发达国家来讲，疫情带来的工作停滞造成了更大程度的影响，因为这些国家的劳动者所进行的工作难以通过数字化的方式进行。[①]

综上，相关国际组织为我们展现了数字化时代中就业所面临的问题与解决方法。

国际组织所看到的共性问题主要包括以下几个方面。

第一，基于对未来就业技能需求的变化，数字化导致一些低技能员工面临失业的恐慌。

第二，随着“零工经济”的出现，全球劳动者的权益被忽视，数字技术工作的法律法规还有待完善。

第三，在信息技术部门就业的女性员工数量要低于男性员工，这拉大了数字化时代全球男女就业之间的差距。

第四，由于数字化依托于高新技术，技术水平高的发达国家与发展中国家将更容易在数字化社会中获得利益与优势，而技术水平低下及互联网基础设施缺乏或落后的国家的劣势也会进一步加剧。

然而，数字化是科技发展的必然趋势，在带来失业的同时，数字化也创造了大量新的就业岗位。从国际组织的报告中也可以看到，各项强化数字教育、改善国家社会福利、提升政府就业服务的建议也指引着各国国家政策的发展，国际组织对数字化与就业的前景也未持悲观论调。联合国教科文组织、国际劳工组织、世界银行、经合组织、世界知识产权组织等一直在强调文化与再教育的重要性，如今文化对人们认识能力的影响要远大于以往，教育对个人素质的塑造与跨界能力的提升也格外显著，数字化拓展了人们交流的方式与获取知识的途径，人们的素质与生产要素质量的提升也带来了环境的改善、生态的恢复、科学的进步和新技术的采用。此外，2020 年新冠疫情在全球的蔓延给实体经济带来了巨大的挑战，虚拟经济则在疫情期间迎来了一波爆发，人们看到了数字化时代新的机遇。因此，只有发现数字化的优势、正确看待数字化带来的就业问题并积极地寻找解决方案才能更加有助于国家与社会在数字化的未来赢得发展的机会与话语权。

---

① WTO：《2020 年世界贸易报告》，2020。

第五章　各国数字创意产业政策及就业

第一节　数字创意产业政策与规则

一　中国数字创意产业相关政策

2016 年 3 月，国务院发布的《2016 年政府工作报告》中提出，要“加快现代服务业发展，大力发展数字创意产业”，这是国家层面上第一次提出数字创意产业的概念。2016 年 11 月，国务院印发的《“十三五”国家战略性新兴产业发展规划》提出，到 2020 年形成数字创意等五个产值规模达 10 万亿元级别的新支柱产业，并在更广泛的领域中形成大批跨界融合的新增长点，平均每年带动新增就业 100 万人以上。

2017 年 1 月，国家发展改革委公布《战略性新兴产业重点产品和服务指导目录（2016 版）》，目录中将涉及数字创意产业领域的重点产品和服务划分为三个重点方向，分别是数字文化创意、设计服务、数字创意与相关产业融合应用服务，其中数字文化创意涵盖了五个重点子方向，分别为数字文化创意技术装备、数字文化创意软件、数字文化创意内容制作、新型媒体服务、数字文化创意内容应用服务。2017 年 4 月，文化部出台关于“数字文化产业”概念的政策文件——《关于推动数字文化产业创新发展的指导意见》，首次向社会层面提出鼓励发展数字文化产业的信号。2017 年 8 月，国务院印发《关于进一步扩大和升级信息消费持续释放内需潜力的指导意见》，并提出：“实施数字内容创新发展工程，加快文化资源的数字化转换及开发利用。扶持一批重点文艺网站，拓展数字影音、动漫游戏、网络文学等数字文化内容，丰富高清、互动等视频节目，培育形成一批拥有较强实力的数字创新企业。”

2018 年 3 月 30 日，中央网信办和中国证监会联合印发《关于推动资本市场服务网络强国建设的指导意见》，加大对新兴产业的扶持，以实现进一步发挥资本市场服务实体经济功能、促进网信企业规范发展的目标。2018 年 4 月 19 日，财政部、国家税务总局印发了《关于延续动漫产业增值税政策的通知》，继续实施动漫产业增值税政策，动漫软件出口免征增值税，进一步刺激动漫产业的发展。2018 年 9 月，国家发展改革委、教育部、科技部、工业和信息化部等 19 部门联合印发的《关于发展数字经济稳定并扩大就业的指导意见》提出，到 2025 年，伴随数字经济不断壮大，国民数字素养要达到发达国家平均水平，数字人才规模稳步扩大，数字经济领域成为吸纳就业的重要渠道。

二　中国数字创意产业分类

根据中国信息通信研究院发布的《中国数字经济发展白皮书（2021 年）》，数字经济主要包括四大部分：数字产业化、产业数字化、数字化治理以及数据价值化。2020 年，中国数字经济总规模达 39.2 万亿元，较上一年增加 3.3 万亿元，占 GDP 的比重为 38.6%，数字经济已经成为国民经济持续发展的重要组成。2020 年中国数字产业化规模为 7.5 万亿元，在数字经济中占比达到 19.1%，产业数字化规模达 31.7 万亿元，占数字经济的比重达 80.9%，产业数字化在助推数字经济快速发展的同时，也在很大程度上缓解了疫情对中国实体经济的负面冲击。[①]

2018 年 10 月，国家统计局发布《战略性新兴产业分类（2018）》，数字创意产业包括：数字创意技术设备制造、数字文化创意活动、设计服务、数字创意与融合服务四个大类（见表 5－1）。

表 5－1　中国数字创意产业分类

类别	数字创意产业分类名称	国民经济行业名称
数字创意技术设备制造	数字创意技术设备制造	电影机械制造
		广播电视节目制作及发射设备制造
		广播电视接收设备制造
		专业音响设备制造
		应用电视设备及其他广播电视设备制造
		电视机制造
		音响设备制造
		其他智能消费设备制造

① 中国信息通信研究院：《中国数字经济发展白皮书（2021 年）》，2021 年 4 月。

续表

类别	数字创意产业分类名称	国民经济行业名称
数字文化创意活动	数字文化创意软件开发	应用软件开发
	数字文化创意内容制作服务	动漫、游戏数字内容服务
		其他数字内容服务
	新型媒体服务	互联网其他信息服务
		其他数字内容服务
		数字出版
	数字文化创意广播电视服务	有线广播电视传输服务
		无线广播电视传输服务
	其他数字文化创意活动	其他电信服务
		互联网游戏服务
		地理遥感信息服务
		其他数字内容服务
		其他技术推广服务
		广播
		电视
		影视节目制作
		广播电视集成播控
		电影放映
		录音制作
		文艺创作与表演
设计服务	数字设计服务	工程设计活动
		规划设计管理
		工业设计服务
		专业设计服务
数字创意与融合服务	数字创意与融合服务	互联网广告服务
		其他广告服务
		科技会展服务
		旅游会展服务
		体育会展服务
		文化会展服务
		旅行社及相关服务
		电子出版物出版
		图书馆
		博物馆

资料来源：国家统计局《战略性新兴产业分类（2018）》，2018。

三　国际数字创意产业相关政策与规则

1. 联合国

2014 年联合国教科文组织统计研究所（UNESCO Institute for Statistics，UIS）发布了《联合国教科文组织中期战略（2014—2021）》，提出将根据 2009 年教科文组织文化统计框架的方法，开发一个关于文化就业的全球数据收集系统。运用此系统将生成一套核心的跨国家可比数据，可用于评估文化对经济和社会发展的贡献以及从事文化活动者的状况。

2015 年在联合国大会第七十届会议上通过的《2030 年可持续发展议程》提出促进包容和可持续的经济增长及促进充分的生产性就业和大众获得平等、体面的工作等 17 项目标，联合国教科文组织认为，没有“文化”，我们就无法完全实现《2030 年可持续发展议程》的 17 项目标。

2015 年 11 月，国际博物馆协会与联合国教科文组织共同起草的《关于保护和促进博物馆和收藏品及其多样性和社会作用的建议》指出，会员应采取适当措施，确保在其管辖范围内建立的博物馆中优先考虑根据国际标准编制清单。在这方面，博物馆藏品的数字化非常重要，但不应被视为博物馆藏品的替代。

2015 年 12 月，联合国大会通过的《关于信息社会世界首脑会议成果文件执行情况全面审查的大会高级别会议成果文件》中提出，数字经济是全球经济日益增长的重要组成部分，信息技术的发展与国内生产总值的增加相互关联，信息通信技术创造了新一代企业和就业机会，在改变和淘汰其他部门的同时，也普遍提高了所有部门的效率，增加了其进入市场的机会。所有国家特别是发展中国家参与数字经济显得至关重要。信息通信技术还被用来支持文化表现形式多样和快速发展的文化和创意产业。该成果文件认为各国需要实行全面、务实的数字战略，以保护文化遗产并在数字环境中获取各种形式的记录信息。

2016 年 10 月，联合国住房和城市可持续发展大会通过《新城市议程》，其中写道：我们承诺继续支持城市经济由高增值型逐渐向高生产力型转型，为此，我们将继续促进技术升级、研发与创新和城市多样化发展，如通过促进文化和创意产业、可持续旅游业、表演艺术和文化遗产保护业的发展来创造优质和体面的生产性工作岗位。①

2. 世界贸易组织（WTO）

目前，世界贸易组织在数字创意产业领域还没有发布相关规定，但是在 WTO 的部分协定中已经对数字贸易的发展做出了一些规范。2017 年底举办的第十一届部长级会议中 WTO 成员达成协议，强调延长电子商务关税禁令、禁止成员根据 WTO《知识产权协议》提起非侵权案件。同时，WTO 各成员一起发布《电子商务联合声明》，重申电子商务的重要性以及电子商务为包容性贸易和发展所创造的机会。

由少数 WTO 成员组成的次级团体"服务业真正之友集团"（Real Good Friends of Services，RGF），发布了有关数字贸易的《国际服务贸易协定》（*Trade in Service Agreement*，TISA）。国际服务贸易协定的主旨是创设电子商务、跨境数据转移、计算机相关服务等新兴领域的管制规则，以条款形式支持基于"电子渠道"的服务贸易，实现数字贸易和跨境数据业务的飞跃式发展。国际服务贸易协定自 2012 年开始启动，到目前为止已经进行了 20 多轮谈判，在第 2 轮谈判中首次出现数字贸易相关议题。在第 14 轮谈判中将跨境数据流动、数据存储本地化、互联网平台责任等列为关键性议题。目前，国际服务贸易协定在数字贸易规则方面的成果主要集中在电子商务领域，具体条款包括信息流动或跨境信息流动、转移和访问源代码、开放网络、网络访问和使用、计算机设施本地化、电子传输关税、在线消费者保护、个人信息保护、非应邀商业电子信息、电子认证和电子签名以及国际合作等。

四 国别区域数字战略

1. 欧盟

2020 年 2 月，欧盟发布新的数字战略规划《塑造欧洲的数字未来》（*Shaping Europe's Digital Future*），旨在推动欧洲数字科技的快速发展。该规划中提出，欧盟计划创建单一数据市场以协助欧洲企业在下一轮数字技术创新中获取竞争先机，同时遏制脸书、谷歌、微软等数据巨头的发展趋势。欧盟反垄断和数字监管专员玛格丽特·维斯特格（Margrethe Vestager）在新闻发布会上表示："在这里做生意的人都需要遵守我们的

① 联合国住房和城市可持续发展大会：《新城市议程》，2016 年 10 月 20 日。

规则和价值观。"

欧盟希望通过利用其产生的海量数据，在交通和医疗等行业掀起新一轮创新浪潮，同时为目前无法与美国和中国大公司竞争的小公司创造公平的竞争环境。

欧盟工业政策专员蒂埃里·布雷顿（Thierry Breton）说："我们认识到，我们错过了第一波或第一场战斗。不过，工业数据争夺战现在已经打响，欧洲将是主战场。欧洲拥有赢得下一阶段竞争所需的工具，因为这里有最强大的工业基础。今天的赢家不一定会是明天的赢家。"① 布雷顿还称，这个规划的一个关键要素是创建欧盟云计算平台联盟，欧盟希望为此动用高达 20 亿欧元（约合 22 亿美元）的资金。

欧盟委员会主席乌苏拉·冯德莱恩（Ursula Von Der Leyen）在谈及这份文件时称："这是 AI 白皮书，也包括数字战略。在欧洲，我们非常关心个人权利和价值观。我们今天提出的数字战略是将所有这些点连接起来，并将其纳入一个概念中。我们希望数字转型为我们的经济提供动力，我们希望在数字时代找到欧洲的解决方案。"②

此外，欧洲有监管的传统，它已经在调查谷歌、脸书和亚马逊如何使用数据。自 2017 年以来，欧盟已经以违反反垄断法为由对谷歌处以 82 亿欧元（约合 90 亿美元）的罚款。2018 年颁布的数据保护规则确立了新的全球标准。

欧盟还打算启动一场关于监管 AI 的辩论。欧盟表示，它打算审查被认为是高风险的 AI 应用，就像确保汽车、玩具和化妆品符合特定标准一样。

不过，欧盟没有提议暂时禁止在公共场所使用面部识别技术，但其承诺发起一场"广泛的"辩论，讨论在什么情况下在公共场合使用处理生物特征数据的 AI。欧盟在该规划中建议：在欧洲运营的公司将需要确保他们的 AI 系统不存在偏见，并有人监督。

2. 美国

2020 年 4 月，美国国际开发署（USAID）发布《数字战略（2020—

① 《欧盟启动新数字战略，从 AI 到数据，追赶美国和中国》，百度百家号，2020 年 2 月 20 日，https://baijiahao.baidu.com/s?id=1659017556873326740&wfr=spider&for=pc。

② 《欧盟启动新数字战略，从 AI 到数据，追赶美国和中国》，百度百家号，2020 年 2 月 20 日，https://baijiahao.baidu.com/s?id=1659017556873326740&wfr=spider&for=pc。

2024)》(*Digital Strategy* 2020－2024),概述了该机构通过伙伴关系和数字举措改善世界各地生活的目标。USAID 发布的数字战略基于以下两个主要目标。

(1) USAID 计划负责任地使用数字技术来实现重大发展和人道主义援助。

(2) 加强国家级数字生态系统的开放性、包容性和安全性。该战略的目标之一是“提高新兴市场国家的自力更生能力”。

这份 58 页的战略概述了 2020～2024 年要完成的几个目标。该战略包含 30 项 USAID 任务,将至少在目标国家执行一项活动,以缩小该国的国家数字生态系统中一处或多处差距。USAID 希望在 75 个新的任务资助活动中“利用数字技术取得重大发展成果”。

该战略提出的另一个目标是 50 位合作伙伴将始终“在其规划中与《数字发展原则》保持一致”。USAID 的目标是在服务水平较低的市场中增加 20% 的私营部门数字投资,并在目标国家中将互联网普及率平均提高 30 个百分点。该战略的结论写道:“该数字战略重申了 USAID 在数字时代中的作用,以此促进和实现国外的民主价值观,并促进建立一个自由、和平与繁荣的世界。”

3. 英国

2017 年 3 月,英国政府发布《英国数字战略》(*UK Digital Strategy*),该战略详细阐述了英国脱欧后面临的新局面,以及如何推动世界一流数字经济的建设,并对未来进行数字产业转型做出全面部署。具体的策略包括信息互联战略、数字技能与包容性战略、数字经济战略、数字转型战略、网络空间战略、数字政府战略和数据经济战略七大战略。

信息互联战略:打造世界级的数字基础设施。在英国,固定互联网流量每两年翻一番,而移动数据流量每年以 17% 的速度进一步增加。为了能满足流量快速增长的需求,英国在数字基础设施建设方面采取了必要措施。具体举措包括:(1) 进行有效监管;(2) 与当地社区开展合作;(3) 打造更好的网络连接基础;(4) 加强全光纤和 5G 等未来网络建设。

数字技能与包容性战略:为每个人提供所需的数字化技能。如果英国要成为世界领先的数字经济体,并造福于全体国民,关键的一点就是每个人都具备必要的数字技能和数字素养,这对于融入现代社会尤为必要。具体举措包括：（1）培养数字能力；（2）数字技能融入教育当中；（3）促进数字劳动力的多元化；（4）各界通力合作，提升数字技能。

数字经济战略：大力推动数字经济创新发展。具体举措包括：（1）支持创新；（2）支持数字企业；（3）扩大政府采购。《工业战略》绿皮书中指出，英国要通过政府采购手段在公共部门和私人产业供应链中驱动创新和创造价值。

数字转型战略：帮助英国企业成为数字化企业。数字化带来的好处不仅局限于数字经济领域。无论何地，数字化转型都能够让各领域企业的生产效率得到提升。其目标是迎接数字化挑战，支持企业发展。具体举措包括：（1）定向干预，即推行众多方案，旨在缩小不同行业之间在数字化上的差距，基于此来解决具体行业面临的具体问题；（2）支持出口企业，即采用数字技术以及数字化工作方式可以帮助英国企业打入其他国家的市场。

网络空间战略：让英国拥有全球最安全的网络空间。毫无疑问，互联网是促进经济社会发展的重要力量。其开放性与全球性使互联网成为促进自由、创新、发展与知识进步的强有力工具。但随着我们对互联网的日益依赖，那些蓄谋入侵系统与数据的不法分子也有了可乘之机。应对这种威胁并确保网络空间在物理与虚拟层面的安全性是支持整个数字化经济体系的基本要求。具体举措包括：（1）增强网络安全能力；（2）支持各行业和个人的网络安全；（3）维护儿童网络安全。

数字政府战略：推动政府数字转型，打造平台型政府，服务民众。具体举措包括：（1）采取的方式；（2）塑造合适的文化；（3）政府的数字化产品。

数据经济战略：释放英国经济中的数据潜力，提升公众对数据的信心。具体举措包括：（1）支持数据经济；（2）构建公众信任；（3）有效利用政府数据。

4. 日本

面对新冠疫情的冲击，日本政府提出“社会5.0”战略来强化其数字创新战略。“社会5.0”战略旨在通过数字技术解决日本社会面临的诸多严重问题，包括少子化、老龄化和资源短缺等。

简单而言，“社会5.0”就是实现“超智慧社会”的一系列对策。超智慧社会是一种虚拟空间与现实空间高度融合的社会形态。一言以蔽之，就是精准服务——将必要的物品，向必要的人，在必要时进行提供。它与工业 4.0 最大的不同就是着眼于社会构成和人类服务，在“社会 5.0”中，所有的“物”通过互联网充分连接，在将一切事物高度系统化、网络化的同时，加强不同系统间的整合与协作，以此来促进跨领域应用的开展，不断催生新价值和新服务，也就是我们常说的物联网 IoT。在物联网中，被改造的每个物联设备都成为收集并产生数据的节点，而这一数据将是百亿甚至万亿的级别。这也意味着我们进入了一个全新的时代，不是通过人来创造数据，而是通过无处不在的物联设备来创造数据。如此一来，企业将通过物联网收集到比以往任何时候都要多的数据，而企业的管理者也要重新学习和适应新形势下的数据情报功能和分析系统。

经团连与东京大学、日本政府养老投资基金共同研究编制的报告中提出，通过“社会 5.0”与 ESG（环境、社会和公司治理）相关投资来实现联合国可持续发展目标，其中“社会 5.0”的实施可以创造相当于 250 万亿日元（约合 2.3 万亿美元）的经济增长空间。

5. 韩国

韩国政府在 2020 年 7 月 14 日发布了被称为“韩国版新政”的经济发展规划，计划投入千亿美元来辅助经济发展和社会转型升级。韩国总统文在寅强调，“新政”是韩国面对新冠疫情影响、应对后疫情时代的国家发展战略，期待“新政”给韩国经济和社会发展带来根本性改变。韩国政府在经济发展规划中编列了 5 年期共 114 万亿韩元的政府预算，加上地方政府和企业投资，总投入将达到 160 万亿韩元。

受新冠疫情影响，韩国 2020 年 6 月失业统计数字达 122.8 万人，失业率达到 4.3%。2020 年 4 月，文在寅首次提出名为“New Deal”的构想，5 月确定了“数字”和“绿色”两大政策领域。其中，“数字新政”部分主要关注的是韩国各经济领域的数字化转型，并以此助力韩国成为世界数字强国。“绿色新政”则主要关注气候和环境改变带来的挑战，通过发展绿色经济、拉动劳动力就业，提升韩国各产业在环境保护方面的标准和竞争力。韩国新政涉及 10 个重点领域，包括人工智能政府、5G 网络基础设施建设、人工智能人才培养、智能医疗基础设施、“数据大坝”、节能型建筑、电动汽车、智能城市、可持续能源以及低碳工业园区等。

第二节　数字创意产业就业数据分析

一　全球数字创意产业就业

1. 信息通信技术产业

根据联合国贸易和发展会议（UNCTAD）发布的《2019 年数字经济报告》显示，2010～2015 年，全球信息通信技术产业的就业人数增长了 16%，从 3400 万人增加到 3930 万人，在全球总就业中的份额从 1.8% 上升到 2.0%。其中，计算机服务业的就业增长特别迅速，2015 年增长了 27%，在信息通信技术产业就业中所占份额最大，达到了 38%，而电信和信息通信技术制造业各占 31%（见图 5－1）。

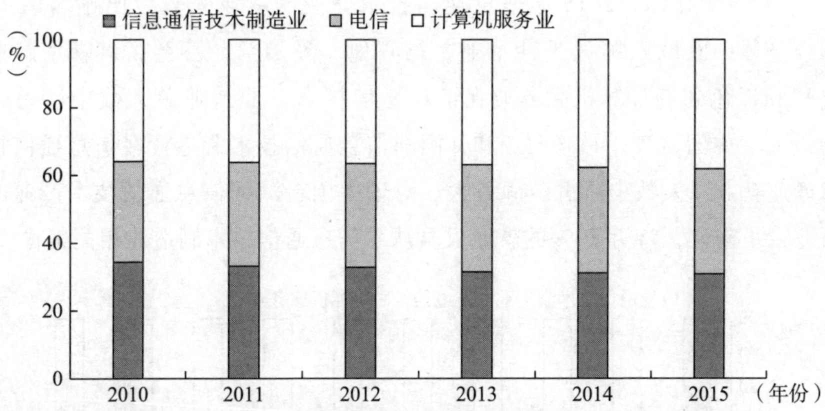

图 5－1　2010～2015 年全球信息通信技术产业就业结构

资料来源：联合国贸易和发展会议《2019 年数字经济报告》，2019。

表 5－2 显示，在 2015 年全球范围内信息通信技术产业的就业人数占比排名中，中国台湾位居第一。前 10 名中有 6 个是欧洲国家（爱沙尼亚、马耳他、爱尔兰、芬兰、卢森堡、瑞典），有两个发展中国家（马来西亚、爱沙尼亚）。在可获得数据的发展中国家（包括巴西、中国、印度和俄罗斯）中，信息通信技术产业的就业人数仅占总就业人数的 2% 甚至更少。

表 5 - 2　2015 年信息通信技术产业的就业人数占比排名前 10 的经济体

排名	经济体
1	中国台湾
2	马来西亚
3	以色列
4	韩国
5	爱沙尼亚
6	马耳他
7	爱尔兰
8	芬兰
9	卢森堡
10	瑞典

资料来源：联合国贸易和发展会议《2019 年数字经济报告》，2019。

图 5 - 2 显示，2015 年信息通信技术产业的就业人数占比排名前 10 的经济体中欧洲六国（爱沙尼亚、马耳他、爱尔兰、芬兰、卢森堡、瑞典）和以色列的计算机服务业在信息通信技术产业就业总人数中所占份额最大。中国台湾、马来西亚和韩国的信息通信技术制造业在信息通信技术产业就业总人数中所占份额最大。对于中国台湾的信息通信技术产业的就业人员来说，接近 80% 的就业人员从事信息通信技术制造业相关工作。

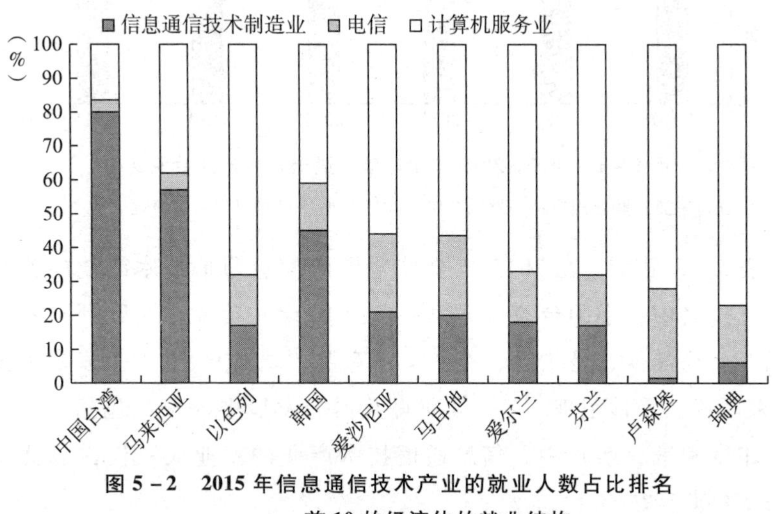

图 5 - 2　2015 年信息通信技术产业的就业人数占比排名前 10 的经济体的就业结构

资料来源：联合国贸易和发展会议《2019 年数字经济报告》，2019。

在信息通信技术部门，计算机服务业的就业率往往高于其他分部门。然而，信息通信技术产业的许多员工也参与了计算机服务，例如，虽然中国计算机服务业的就业比例非常低，但中国最大的信息通信技术制造商华为公司雇用了 8 万人（占其总劳动力的 45%），他们参与研发包括软件开发等在内的计算机服务。巴西、印度和摩尔多瓦共和国这三个发展中经济体的信息通信技术部门 50% 以上的员工从事计算机服务。

2. 创意产业

世界知识产权组织（WIPO）2017 年发布的《如何在创意产业中谋生》中表示，创意产业包括各种各样的活动，所有这些活动或多或少都取决于原始作品的贡献及其得到的各种知识产权的保护。它们将共享的艺术和文化遗产的重要元素与基于不断增加的信息和内容的数字传输的未来联系在一起。创意产业的构成因地而异，反映出世界各地不同的文化历史和市场机会。例如欧盟成员芬兰和保加利亚等拥有强大的高等教育系统，在更明确的商业领域（例如软件开发）中显示出实力。其他地区可能有不同的优势，例如秘鲁的创意产业反映了 20 世纪南美文学的悠久传统，其中新闻和文学是其最大的子行业。《如何在创意产业中谋生》统计了世界各国创意产业的就业情况：创意产业对国民就业的贡献略高于其对 GDP 的贡献。2014 年各国创意产业就业人数占比平均值为 5.36%。如图 5-3 所示，2014 年菲律宾创意产业就业人数占比排名第一，超过了 12%。中国排在了第十二位，超过了平均值，而韩国和新加坡的创意产业就业人数占比位于平均线上。

3. 文化产业

根据联合国教科文组织发布的《2013 年创意经济报告》表示，文化产业指的是文化生产和消费形式，其核心是象征性或表达性元素，涵盖了广泛的领域，例如音乐、艺术、写作、时装、设计、广播、出版、电影、电视制作以及媒体行业。文化产业的范围不限于技术密集型生产，因为发展中国家的许多文化生产都是手工业密集型的。所有这些领域都有极高的经济价值，同时也蕴含着丰富的社会和文化意义。如图 5-4 所示，2013 年文化产业就业人数在世界各经济体总就业人数中所占比例差异较大，排名前十四的经济体的文化产业就业人数占比从 1.38% 到 6.51% 不等。瑞士和瑞典的文化产业就业人数占比明显高于其他经济体，

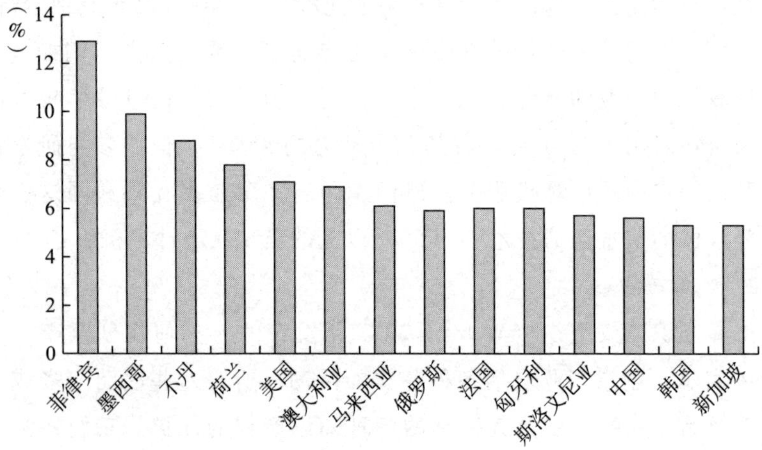

图 5-3 2014 年各国创意产业就业人数占比（TOP14）

资料来源：世界知识产权组织（WIPO）《如何在创意产业中谋生》，2017。

超过了 6%。其次是英国（5.29%）、美国（5.02%）、荷兰（4.99%）、奥地利（4.67%）、法国（4.45%）等老牌欧美文化产业强国。中国澳门排在第十二位，文化产业就业人数占比达到 2.20%。

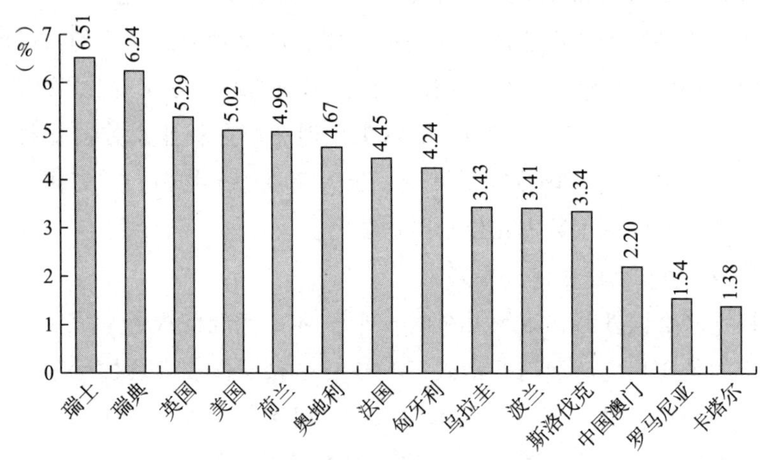

图 5-4 2013 年各经济体文化产业就业人数占比（TOP14）

资料来源：联合国教科文组织《2013 年创意经济报告》，2013。

4. 版权产业

根据世界知识产权组织（WIPO）的定义，版权（或作者权利）是一个法律术语，用于描述创作者对其文学和艺术作品的权利。核心版权产业包括广告、版权中介机构、影视制作、音乐、表演艺术、出版、软件、广播影视、视觉图形艺术等。联合国教科文组织发布的《2013 年创意经济报告》显示，版权产业对国民就业的贡献率平均为 5.36%。图 5-5 为 2013 年世界排名前十三的经济体的版权产业就业人数占比情况，中国排在第十一位，其版权产业就业人数占比将近 7%。

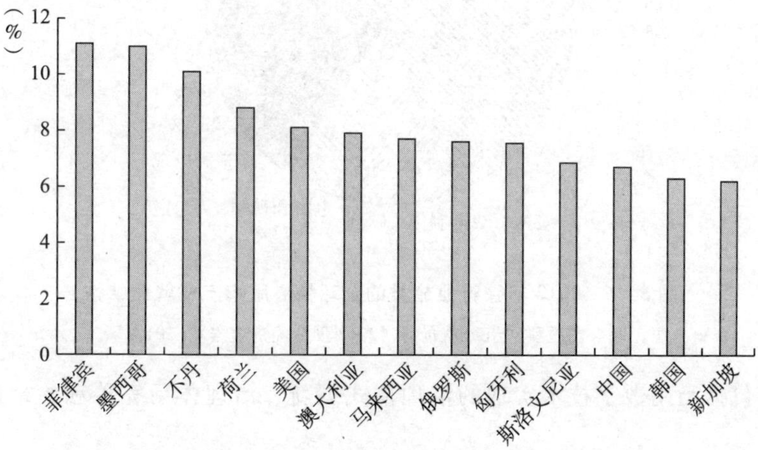

图 5-5　2013 年部分经济体的版权产业就业人数占比（TOP13）

资料来源：联合国教科文组织《2013 年创意经济报告》，2013。

另外，如图 5-6 所示，在 2013 年按行业分类的全球核心版权产业就业结构中，新闻与文学占比最大，其就业人数占整个核心版权产业的 43.42%，其次是软件和数据库行业，其就业人数占整个核心版权产业的 19.71%。音乐、戏剧制作、歌剧行业的就业人数占比为 8.84%、广告代理服务的就业人数占比为 7.23%。

二　中国数字创意产业就业

1. 数字经济领域——突破性增长

根据中国信息通信研究院发布的《中国数字经济发展与就业白皮书(2019 年)》，数字经济由三个部分组成：一是数字产业化，即信息通信产业，具体包括电子信息制造业、电信业、软件和信息技术服务业、互联网行业等；二是产业数字化，即传统产业通过融入数字技术带来企业生产效率的提升，其新增产出成为数字经济的重要组成；三是数字化治

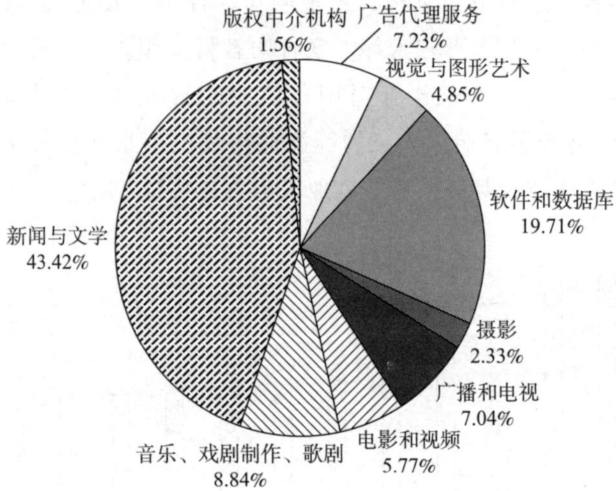

图 5－6　2013 年按行业分类的全球核心版权产业就业结构

资料来源：联合国教科文组织发布的《2013 创意经济报告》，2013。

理，包括利用数字技术实现的治理模式创新、治理体系完善和治理能力提升等。

据统计，2018 年中国数字经济及相关产业提供的就业岗位达到 1.91 亿个，占全年总就业人数的 24.6%。特别是这一年的全国总就业人数同比下降 0.07%，而数字经济领域的就业人数则实现 11.5% 的高增长率（见图 5－7），有效缓解了中国面临的就业压力。在数字产业提供的近 2 亿个就业岗位中，数字产业化部分提供就业岗位近 1220 万个，同比增长 9.4%，产业数字化部分就业岗位达到 1.78 亿个，同比增长 11.6%。而传统产业数字化转型过程中创造的就业岗位多、增长幅度大，业已成为中国稳就业、保增长的重要举措。[①] 2018 年中国数字经济领域就业结构如图 5－8 所示。

从就业规模来看，2018 年，山东、广东数字经济就业岗位最多，分别达到 2159 万个和 2088 万个，河南、江苏、浙江、四川、河北、湖北、安徽等省份的数字经济相关就业岗位数量也超过 1000 万个，福建、湖南、广西、江西、云南、上海、辽宁、北京、贵州等省份的数字经济就业岗位数量超过 500 万个，而西部省份的宁夏、青海，其数字经济就业

① 中国信息通信研究院：《中国数字经济发展与就业白皮书（2019 年）》，2019。

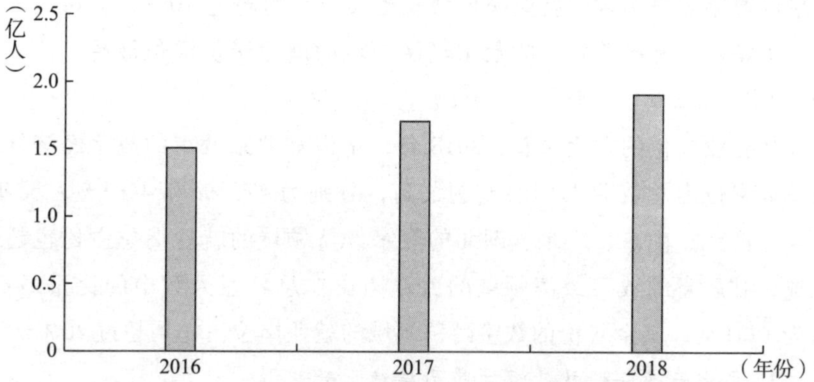

图 5－7　2016～2018 年中国数字经济领域就业人数

资料来源：中国信息通信研究院《中国数字经济发展与就业白皮书（2019 年）》，2019。

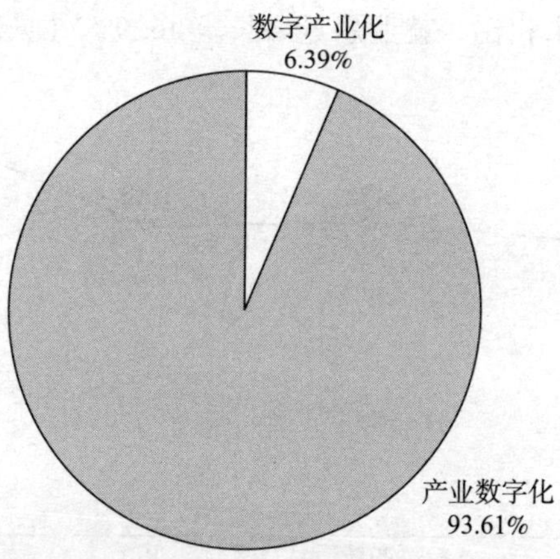

图 5－8　2018 年中国数字经济领域就业结构

资料来源：中国信息通信研究院《中国数字经济发展与就业白皮书（2019 年）》，2019。

岗位较少，仅分别为 84 万个和 68 万个。①

从就业增速来看，2018 年，贵州省发展数字经济吸纳劳动力增长最快，达到 18.1%，福建、江苏两省紧随其后，增速分别为 13.8% 和 13.0%，重庆、浙江、新疆、天津、上海、广东、山东、北京、江西等

① 中国信息通信研究院：《中国数字经济发展与就业白皮书（2019 年）》，2019。

省份的数字经济领域的就业岗位增长也较快，均超过 10%，青海、内蒙古、黑龙江、甘肃等省份的数字经济领域的就业岗位增长最慢，仅分别为 2.5%、2.2%、1.4% 和 1.1%。

从就业岗位的占比来看，2018 年，上海和北京两市的数字经济领域的就业岗位占总就业人口的比例最高，分别为 47.2% 和 44.1%，天津、福建、浙江、山东、广东、湖北的数字经济领域的就业岗位占比也超过三成，甘肃省的数字经济领域的就业岗位在总就业人数中的比重最低，仅为 19.1%，其余省份的数字经济领域的就业岗位占比均超过 20%。

2. 文化产业——就业吸纳能力持续上升

国家统计局第四次全国经济普查数据显示，中国文化产业市场的就业总量不断增加。作为拉动经济增长的重要新兴领域，文化产业吸纳就业的能力不断加强。截至 2018 年末，中国文化产业从业人员总数达 2789 万人，与 2015 年末相比，就业总量增长了 36.6%（见图 5－9）。

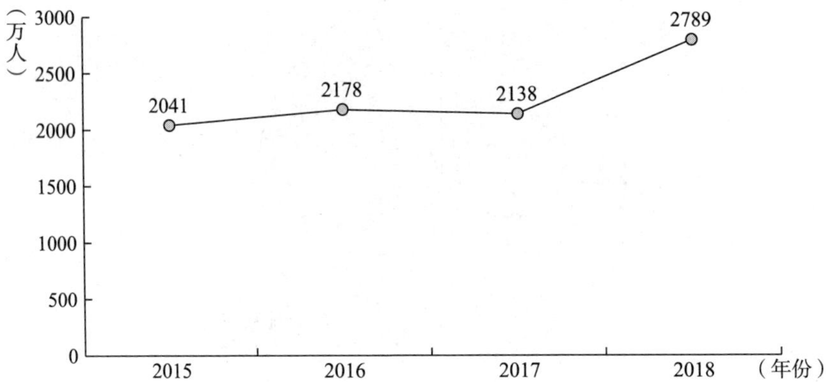

图 5－9　2015～2018 年中国文化产业就业人数

资料来源：《中国经济普查年鉴 2018》，国家统计局官网，http://www.stats.gov.cn/sj/pcsj/。

同期文化产业法人单位数量达到 210.3 万个，占全部二、三产业法人单位的 9.7%，与 2013 年末相比，法人单位数量增长了 129%，个体经营户数量增长了 123.4%。[①] 在全部法人单位中，经营性文化产业法人单位 194.8 万个，占比超过九成，成为推动中国文化产业发展的主体力

① 《第四次全国经济普查：我国文化产业市场主体数量剧增》，中国青年网，2019 年 12 月 8 日，https://baijiahao.baidu.com/s?id=1652337756211848071&wfr=spider&for=pc。

量。公益性文化事业法人单位 15.5 万个，占比为 7.4%。[①]

文化服务业本身具有吸纳就业能力强的特征，当前中国的文化服务业已成为文化产业就业的主要组成。统计数据表明，文化服务业领域的从业人员达到 1213.7 万人，占文化产业提供总就业人数的近六成。在个体文化经营者中，从事文化服务业的就业人员有 354.1 万人，占比 48.3%。截至 2018 年末，内资单位 208.7 万个，占全部文化产业法人单位的 99.2%，成为国内文化产业法人单位的绝对主体；外资单位 16492 个，占 0.8%。在内资单位中，私营企业发展较快，所占比重不断提高。文化私营企业数已达到 166.2 万个，占全部内资单位数的八成，在吸纳就业和创收方面发挥了积极和重要的作用。[②]

3. 游戏及电竞产业

在数字文化产业层面，《数字文化产业就业研究报告（2020）》通过文献分析、现场访谈、问卷调查、建模等方法，分析数字文化产业中游戏、电竞、直播、网络文学四个典型领域的就业创造机制，估算就业规模，这四个领域总体就业人数约为 3000 万人，其中全职就业约为 1145 万人。[③]

就整体游戏产业而言，2018 年 1～6 月，中国游戏产业实际销售收入超过 1000 亿元，由于游戏产业对游戏产品的深度探索，加上游戏市场反应迅速，游戏市场产生了细分化的现象。近年来，游戏产业呈现海外市场、电竞市场、女性市场等细分化市场快速发展的态势，其中女性市场与海外市场 2016～2018 年的销售收入的复合增长率分别达到了 31.6%、21.6%，电竞市场同样以较大的市场增量快速发展。在细分市场逐渐发展成熟的情况下，相应地产生了更多的游戏职位与人才缺口，同时也使得游戏人拥有了更多的就业机会与发展方向。游戏产业就业需求也逐渐

---

① 《第四次全国经济普查系列报告：文化私企发挥积极就业创收作用》，新浪财经，2019 年 12 月 6 日，https://finance.sina.com.cn/roll/2019-12-06/doc-iihnzahi5713850.shtml。

② 《第四次全国经济普查系列报告：文化私企发挥积极就业创收作用》，新浪财经，2019 年 12 月 6 日，https://finance.sina.com.cn/roll/2019-12-06/doc-iihnzahi5713850.shtml。

③ 《〈数字文化产业就业研究报告（2020）〉发布：直播领域从业者中东北人占比最高》，百度百家号，2020 年 11 月 14 日，https://baijiahao.baidu.com/s?id=1683326889110928612&wfr=spider&for=pc。

呈现高技能、高经验、高创新、高职业素养的特征。[①]

电竞产业方面，中国电子竞技已经成为一个成熟的产业，其收入主要包括游戏收入、直播收入、电竞赛事的相关收入以及其他收入。2018年中国电子竞技产业规模超过912亿元，电竞用户达到了4.28亿人，极大地满足了人民群众的文化需求，现阶段持续增长的电竞产业对于专业人才的需求愈发明显。根据伽马数据（CNG）统计分析，截至2018年，中国电竞产业从业者规模达到了44.3万人，电竞从业者的平均薪资基本与游戏产业持平，男性从业者的占比达到了78.1%，约为女性从业者的4倍，30岁以下的从业者占比超过七成，电竞产业的职位更多的是由"90后""95后"的年轻人担任。从中国电竞产业从业者的地区分布情况来看，从业者更多地集中在北京、上海以及广东等地，且上海对电竞产业人才的需求量最大。同时，电竞赛事服务类职位是电竞产业需求量最大的职位。[②]

4. 网络文学产业[③]

数字创意产业也为网络文学带来了机遇。2020年4月20日，阅文集团发布的2020年一季度全国网络文学生产及消费情况报告显示：有超过30万人在2020年一季度成为网络文学作家，作家人数环比增长129%，同期创作了超过50万部的网络文学作品。

阅文集团表示，2020年一季度新增作品数量超52万部，同比增长约1.5倍，玄幻类作品依然是大多数作家创作的"心头好"。但"短内容"也呈现了快速崛起的态势，"短篇小说"数量同比增长近5倍，以往偏小众的"短篇小说""轻小说"两种题材，在第一季度新增入库作品类目上，分别攀升至第二位和第四位。

另外，数据还显示出年轻用户的创作积极性最高，30岁以下作家占比超过七成。结合热门创作品类可以看出，大多数新增作家并非职业作家，短小精悍的作品成为其试水首选，网络文学产业已经成为"斜杠青

① 完美世界教育研究院、伽马数据：《2018年游戏产业发展及人才需求特征分析报告》，2018。

② 伽马数据：《2018年电子竞技产业人才报告》。

③ 《阅文公布一季度网文大数据：新增作家超30万，生产50万部作品》，腾讯科技，2020年4月2日，https://tech.qq.com/a/20200420/009288.htm。

年”的重要创收渠道。

三　美国数字创意产业就业

1. 信息产业——稳中有升

从表5－3可以看到2014～2019年美国就业总人数不断增加，从2014年的14500.5万人逐步增加到2019年的15677.2万人，增幅为8.1%。其中信息产业就业总体上呈稳中有进的态势，2014年，美国信息产业就业人数为274.7万人，2015年为277.2万人，2016年为281.7万人，2017年略有下降（280.4万人），到2019年上升到286.0万人。2014～2019年美国信息产业就业占比分别为1.89%、1.87%、1.88%、1.84%、1.83%、1.82%。占比略有下降。

表5－3　2014～2019年美国总体就业情况

单位：万人

产业	2014年	2015年	2016年	2017年	2018年	2019年
农业、林业、渔业和狩猎业	138.0	140.7	141.6	141.9	141.8	145.8
矿业	84.2	75.1	61.1	62.2	67.2	67.3
实用工具	55.0	55.5	55.4	55.3	55.3	54.9
施工	628.2	661.3	688.3	712.7	742.8	764.6
制造业	1218.9	1233.1	1233.5	1244.1	1267.4	1279.7
批发贸易	584.7	590.5	589.8	593.5	588.7	591.2
零售业	1546.2	1577.7	1596.0	1598.9	1592.3	1573.4
运输和仓储	467.5	489.1	502.4	520.1	545.4	573.5
信息	274.7	277.2	281.7	280.4	282.6	286.0
金融与保险	594.9	606.9	615.3	628.2	632.8	645.1
房地产及租赁	207.4	213.8	217.3	223.0	229.6	236.3
专业、科学和技术服务	844.2	871.9	893.2	910.1	937.7	962.9
公司和企业管理	215.2	219.5	223.4	228.4	235.3	241.0
行政和废物管理服务	863.3	887.4	904.6	915.1	932.1	935.8
教育服务	346.7	354.2	360.8	363.7	370.8	375.7
卫生保健和社会援助	1815.4	1864.4	1920.4	1957.5	2001.2	2045.9
艺术、娱乐和休闲	217.2	219.2	228.1	233.5	240.2	246.7

续表

产业	2014 年	2015 年	2016 年	2017 年	2018 年	2019 年
住宿和餐饮服务	1261.1	1303.3	1342.0	1371.1	1392.5	1410.9
政府以外的其他服务	704.1	708.1	706.1	704.2	726.3	737.2
政府	2433.6	2442.4	2459.0	2471.4	2483.7	2503.3
总计	14500.5	14791.3	15020.0	15215.3	15465.7	15677.2

资料来源：美国商务部经济分析局。

表 5-4 为 2014～2019 年美国信息产业细分行业就业情况，广播和电信业就业人数占比最大，总体上呈下降趋势。出版业（包括软件）和信息数据处理服务业就业人数有明显的上升，这是由于数字化时代的到来，软件开发和数字应用越来越广泛，特别是信息数据处理服务，虽然在美国信息产业中占比不大，但近年来增速较快，未来该行业的就业人数占比将会越来越大。

表 5-4　2014～2019 年美国信息产业就业情况

单位：万人

产业	2014 年	2015 年	2016 年	2017 年	2018 年	2019 年
出版业（包括软件）	84.8	86.2	87.4	88.4	90.3	94.1
电影和录音行业	38.8	41.2	44.8	42.8	42.9	44.1
广播和电信业	113.4	108.8	107.3	104.7	101.9	98.0
信息数据处理服务业	37.7	41.0	42.2	44.5	47.6	49.8
总计	274.7	277.2	281.7	280.4	282.6	286.0

资料来源：美国商务部经济分析局。

2. 版权产业

美国国际知识产权联盟（IIPA）发布的《美国经济中的版权产业（2020）》估计了 2016～2019 年核心版权产业和全部版权产业的就业人数。如表 5-5 所示，对于核心版权产业，2016 年，美国核心版权产业就业 562.8 万人，占当年美国总就业人数的 3.87%。到 2019 年，美国核心版权就业人数已增至 576.16 万人，占美国总就业人数的 3.79%。对于全部版权产业的就业人数，2016 年，全部版权产业的就业人数超过 1151 万人。到 2019 年，全部版权产业的就业人数已增至 1171.37 万人。2016～

2019 年，全部版权产业就业人数占美国就业总数的 7.7% 以上。

表 5－5 2016～2019 年美国版权产业就业与总就业的情况

单位：万人，%

指标	2016 年	2017 年	2018 年	2019 年
核心版权产业就业人数	562.8	568.03	572.9	576.16
全部版权产业就业人数	1151.01	1160.46	1166.85	1171.37
美国总就业人数	14544.2	14755.1	14986.5	15199.8
核心版权产业就业人数占比	3.87	3.85	3.82	3.79
全部版权产业就业人数占比	7.91	7.86	7.79	7.71

资料来源：美国国际知识产权联盟（IIPA）《美国经济中的版权产业（2020）》。

如表 5－6 所示，美国私人就业总人数从 2016 年的 12313.4 万人增加到 2019 年的 12931.9 万人。2016～2019 年，核心版权产业就业人数在私人就业人数中的比重基本为 4.46%～4.57%，而全部版权产业就业人数在私人就业人数中的比重始终保持在 9.06% 至 9.35% 之间。

表 5－6 2016～2019 年美国版权产业就业与私人就业的情况

单位：万人，%

指标	2016 年	2017 年	2018 年	2019 年
美国私人就业人数	12313.4	12517	12737	12931.9
核心版权产业就业人数在私人就业人数中的比重	4.57	4.54	4.50	4.46
全部版权产业就业人数在私人就业人数中的比重	9.35	9.27	9.16	9.06

资料来源：美国国际知识产权联盟（IIPA）《美国经济中的版权产业（2020）》。

四 英国数字创意产业就业

1. 信息与通信产业

从英国总体就业情况来看，2015～2019 年就业总人数不断上升，2020 年受全球新冠疫情的影响，英国就业总人数明显下降。2015 年英国就业总人数为 3138.7 万人，至 2020 年达到 3232.2 万人，增长了 3.0%。其中英国信息与通信产业就业总体波动较大，2016 年较 2015 年有所上升，2017 年英国信息与通信产业就业人数有明显的下降，跌至 2015～2020 年的最低值，为 124.2 万人。2018 年英国信息与通信产业就业小幅回升，2019 年和 2020 年该产业就业人数大幅上升，2020 年达到近年来最高的 157.6 万人。2015 ~2020 年英国信息与通信产业就业人数占比分别为 4.02%、4.17%、3.88%、3.98%、4.56%、4.88%（见表 5 -8）。

表 5 -7　2015 ~2020 年英国总体就业情况

单位：万人

产业	2015 年	2016 年	2017 年	2018 年	2019 年	2020 年
农业、林业与渔业	38.3	37.5	37.5	34.3	33.8	33.1
采矿、能源和供水	54.6	52.8	56.1	60.0	54.7	58.8
制造业	299.2	294.8	295.1	290.1	301.1	267.1
施工	226.4	231.6	233.0	240.5	231.0	214.0
批发、零售和维修汽车	420.7	422.6	432.3	411.8	408.9	378.8
运输和储存	161.0	160.3	158.0	160.2	157.4	152.6
住宿和餐饮服务	163.8	176.8	172.7	173.9	174.5	147.2
信息与通信	126.1	132.1	124.2	129.0	149.8	157.6
金融与保险活动	127.9	119.6	124.1	137.3	127.6	150.5
房地产活动	34.7	35.2	35.5	39.7	38.6	42.8
专业、科学和技术活动	220.4	235.0	236.6	243.2	254.0	276.7
行政和支持服务	156.3	153.0	159.2	159.2	154.5	140.7
公共行政与国防、社会保障	187.8	196.4	199.9	213.4	213.0	245.2
教育	332.9	328.4	324.7	337.7	342.8	351.5
人类健康与社会工作活动	413.0	414.8	422.4	434.0	451.5	438.6
其他服务	175.6	178.9	188.2	177.5	190.2	177.0
总计	3138.7	3169.8	3199.5	3241.8	3283.4	3232.2

资料来源：英国国家统计局。

表 5 -8 为 2015 ~2020 年英国信息与通信产业就业人数分性别的情况，男女就业人数差距较大，英国信息与通信产业男性就业人数是女性的两倍多，2015 ~2020 年平均每年男女就业人数相差 60 万人左右。2015 年英国男性信息与通信产业就业人数为 92.5 万人，而女性为 33.6 万人；到 2020 年，男性就业人数为 109.1 万人，女性为 48.5 万人，男性和女性就业的涨幅分别为 17.95%、44.35%，女性在信息与通信产业中的就业人数大幅度上涨。

表 5－8 2015～2020 年英国信息与通信产业就业情况

单位：万人

性别	2015 年	2016 年	2017 年	2018 年	2019 年	2020 年
男性	92.5	95.0	87.7	94.0	105.2	109.1
女性	33.6	37.1	36.5	35.0	44.7	48.5
总计	126.1	132.1	124.2	129.0	149.9	157.6

资料来源：英国国家统计局。

2. DCMS 部门就业

为应对脱欧的影响与即将到来的变局，2017 年 7 月 3 日，英国将国内数字、文化、媒体和体育合并为一个部门——DCMS（Digital，Culture，Media，Sport），负责英国的文化和体育，以及整个英国媒体如广播和互联网以及旅游、休闲和创意产业。具体而言，英国的 DCMS 部门包括民间社会机构（指慈善机构、志愿组织或信托机构）、创意产业、文化部门、数字部门、赌博、运动、电信、旅游业等。

表 5－9 2014～2019 年英国 DCMS 部门就业情况

单位：万人，%

	2014 年	2015 年	2016 年	2017 年	2018 年	2019 年
民间社会机构	85.7	87.3	89.1	92.2	90.3	96.2
创意产业	180.8	186.6	195.8	200.8	204.0	210.1
文化部门	62.3	64.2	65.4	67.4	65.9	67.6
数字部门	139.4	142.1	145.5	150.0	150.5	155.7
赌博	8.4	8.5	9.3	8.2	8.7	7.6
运动	52.6	56.3	58.6	58.1	57.0	56.3
电信	18.4	17.4	17.6	18.1	17.7	17.8
旅游业	143.2	153.1	153.9	154.6	156.8	142.6
DCMS 部门人数总计	493.1	513.8	522.4	532.2	531.9	528.4
英国所有部门就业人数	3141.0	3203.7	3242.2	3292.1	3317.0	3355.3
DCMS 部门就业人数占比	15.7	16.0	16.1	16.2	16.0	15.7

注：根据英国政府网说明，由于部门之间从业人员有交叉，各部门数据相加并不等于DCMS部门就业人数总和。

资料来源：《DCMS 部门经济估计：就业》《DCMS 行业的就业人数》，英国政府网。

2019 年，DCMS 部门的就业人数为 528.4 万，占英国就业总人数的

15.7%，比2018年下降0.3个百分点。在英国DCMS部门各行业中，创意产业的就业人数最多，就业人数自2014年以来增长幅度最大。2019年，创意产业领域就业人数210.1万，比2018年增长3.0%。2019年，该行业占英国就业总人数的6.3%。创意产业细分领域中“IT、软件和计算机服务”一直是创意产业就业人数增长的关键驱动因素。2018年IT、软件和计算机服务就业人数为73.3万人，占创意产业就业总人数的35.9%。

文化部门就业人数从2014年开始逐步上升，到2018年有小幅度下降。2019年，文化部门就业人数为67.6万人，较2018年的65.9万人上升2.6%。2019年文化部门就业人数占英国就业总人数的2.0%。“艺术”与“电影、电视和音乐”等子行业的就业人数是文化部门中规模最大的，分别占文化部门就业人数的37.2%和29.3%。

数字部门就业人数近年来保持较快增长速度，占整个DCMS部门就业人数的29.5%。2019年，英国数字部门就业人数为155.7万，相较于2018年有小幅上升，与2014年相比增长了11.7%。2019年数字部门就业人数占英国就业总人数的4.6%，“计算机编程、咨询和相关活动”子产业约占数字部门就业人数的一半（49.7%）。

五 韩国数字创意产业就业

1. 信息与通信产业

韩国国家统计局统计信息服务数据库（KOSIS）统计了2014～2019年韩国总体就业情况（见表5－10）。2014年韩国就业总人数为1899.3万人，在之后的几年这一数值稳步上升，到2019年，韩国就业总人数达到了2055.9万人，与2014年相比增长了8.3%。其中信息与通信产业就业人数总体呈上升趋势，2019年就业人数达到77.7万人，与2018年相比略有下降，与2014年相比增长了22.0%。2014～2019年韩国信息与通信产业就业占比分别为3.35%、3.67%、3.60%、3.59%、3.91%、3.78%。

表5－10 2014～2019年韩国总体就业情况

单位：万人

产业	2014年	2015年	2016年	2017年	2018年	2019年
农业、林业与渔业	12.7	12.6	13.0	12.2	11.5	12.3

续表

产业	2014 年	2015 年	2016 年	2017 年	2018 年	2019 年
采矿和采石	1.3	1.4	1.9	2.4	1.8	1.2
制造业	392.4	410.0	398.9	401.8	394.1	394.6
电力、天然气、蒸汽和空调的供应	7.0	7.8	7.3	6.7	7.1	7.1
供水；污水、废物管理、物料回收	9.9	9.9	10.8	10.7	12.4	13.2
施工	138.3	141.0	148.0	151.3	158.4	162.7
批发和零售贸易	229.5	224.7	223.6	232.1	225.1	225.3
运输和储存	77.7	79.3	77.5	78.3	79.1	80.8
住宿和餐饮服务活动	131.0	143.0	148.3	144.8	136.2	144.6
信息与通信	63.7	71.5	71.0	71.8	78.4	77.7
金融和保险活动	81.9	76.0	77.6	75.8	80.4	76.1
房地产活动	31.4	31.1	32.4	36.6	35.6	40.6
专业、科学和技术活动	89.1	91.2	95.1	90.1	92.5	99.6
商业设施管理和商业支持服务；租赁活动	114.3	122.4	129.2	130.6	119.3	124.1
公共行政与国防；强制性社会保障	98.8	96.1	102.5	110.3	113.1	107.9
教育	144.6	147.3	149.4	153.8	150.5	154.8
人类健康和社会工作活动	165.0	170.3	181.7	185.2	199.8	217.3
艺术、体育和娱乐相关服务	24.8	29.0	26.3	27.3	28.9	34.3
会员组织、维修和其他个人服务	75.2	74.6	73.1	72.2	75.6	72.6
以家庭为单位的活动；家庭自用的商品及服务生产活动	9.1	6.4	5.4	5.2	3.9	8.1
域外组织和机构活动	1.6	2.0	1.7	1.4	0.9	1.1
总计	1899.3	1947.6	1974.7	2000.6	2004.6	2055.9

资料来源：韩国国家统计局统计信息服务数据库（KOSIS）。

从表 5－11 可以看到韩国信息与通信产业的正式工作者与非正式工作者的情况，2014 年以来，韩国信息与通信产业正式工作者人数总体保持上升趋势，而非正式工作者人数总体呈下降趋势，正式工作者人数平均占比超过了 80%。

表 5－11　2014～2019 年韩国信息与通信产业就业情况

单位：万人，%

指标	2014	2015	2016	2017	2018	2019
正式工作者	50.2	57.7	57.3	59.0	66.6	64.8
非正式工作者	13.4	13.8	13.7	12.8	11.8	12.9
总计	63.6	71.5	71.0	71.8	78.4	77.7
正式工作者占比	78.9	80.7	80.7	82.2	84.9	83.4
非正式工作者占比	21.1	19.3	19.3	17.8	15.1	16.6

资料来源：韩国国家统计局统计信息服务数据库（KOSIS）。

2. 内容产业

韩国文化振兴院发布的《2019 内容产业统计报告》显示，2018 年韩国内容产业就业人数为 66.7 万人，同比增加 3.5%，2014～2018 年年均增加 2.0%。如表 5－12 所示，2018 年，出版业的就业人数为 18.5 万，占比最大（27.7%）。知识信息产业就业人数为 8.6 万（占比 13.0%），紧随其后。游戏产业就业人数为 8.5 万（占比 12.8%），音乐产业就业数为 7.7 万（占比 11.5%）。据调查，动画产业就业人数为 5380 人（占比 0.8%），是就业人数最少的产业。

如表 5－12 所示，从增长率来看，2018 年广播产业就业人数比 2017 年增加了 10.9%，呈现出最大增长趋势，该产业从 2014 年到 2018 年年均增长率为 5.0%；广告产业的同比增长率排名第二（8.7%），广告产业的年均增长率最大，说明韩国广告产业发展良好。另外，除出版业和音乐产业同比下降以外，其余各产业均呈现同比增长的态势。

表 5－12　2014～2018 年韩国内容产业就业情况

单位：人，%

类别	2014 年	2015 年	2016 年	2017 年	2018 年	2018 年各部门占总体的比例	2018 年较 2017 年同比增长	年均增长率
出版	191033	190277	185001	184794	184554	27.7	－0.1	－0.9
漫画	10066	10003	10127	10397	10761	1.6	3.5	1.7
音乐	77637	77490	78393	77005	76954	11.5	－0.1	－0.2

续表

类别	2014 年	2015 年	2016 年	2017 年	2018 年	2018 年各部门占总体的比例	2018 年较 2017 年同比增长	年均增长率
游戏	87281	80388	73993	81932	85492	12. 8	4. 3	-0. 5
电影	29646	30100	28974	29546	30878	4. 6	4. 5	1. 0
动画	4505	4728	5142	5161	5380	0. 8	4. 2	4. 5
广播	41397	42378	43662	45337	50286	7. 5	10. 9	5. 0
广告	46918	52971	65118	65159	70827	10. 6	8. 7	10. 8
角色	29039	30128	33323	34778	36306	5. 4	4. 4	5. 7
知识信息	75142	77809	80396	82470	86490	13. 0	4. 9	3. 6
内容解决	23795	25656	27374	28268	29509	4. 4	4. 4	5. 5
总计	616459	621928	631503	644847	667437	100. 0	3. 5	2. 0

资料来源：韩国文化振兴院《2019 内容产业统计报告》，2020。

如表 5 - 13 所示，从 2018 年韩国内容产业按销售额规模划分的就业人员情况来看，10 亿韩元及以上规模的内容产业就业人数为 37. 6 万人，占 59. 1%。销售规模不到 10 亿韩元的内容产业就业人数为 26. 0 万人，占 40. 9%。

表 5 - 13　2018 年韩国内容产业按销售额规模划分的就业人员情况

单位：人，%

类别	10 亿韩元以下	10 亿韩元及以上	合计
出版	66142	86852	152994
漫画	7024	3738	10762
音乐	65344	11610	76954
游戏	53515	31977	85492
电影	3868	27010	30878
动画	1665	3714	5379
广播	6149	44137	50286
广告	16961	53866	70827
角色	5961	30345	36306
知识信息	27169	59321	86490

续表

类别	10 亿韩元以下	10 亿韩元及以上	合计
内容解决	6471	23038	29509
总计	260269	375608	635877
占比	40.9	59.1	100.0

资料来源：韩国文化振兴院《2019 内容产业统计报告》，2020。

2018 年韩国内容产业就业人员规模的调查结果显示，占比最大的是 50 人及以上的企业的就业人数为 250710 人，占比 39.4%；1～9 人的企业就业人数为 245932 人，占比 38.7%；10～49 人企业的就业人数为 139232 人，占比 21.9%，49 人及以下的内容企业就业人数占全体的 60.6%（见表 5－14），即内容产业大部分就业者在中小规模的企业工作。

表 5－14　2018 年韩国内容产业按人员规模划分的就业人员情况

单位：人，%

类别	1～9 人	10～49 人	50 人及以上	合计
出版	64144	35981	52870	152995
漫画	6244	1913	2604	10761
音乐	65849	3177	7927	76953
游戏	46618	10539	28335	85492
电影	2842	11958	16078	30878
动画	1143	2397	1840	5380
广播	1978	9628	38680	50286
广告	20622	24607	25597	70826
角色	7060	7319	21927	36306
知识信息	25261	17104	44124	86489
内容解决	4171	14609	10728	29508
总计	245932	139232	250710	635874
占比	38.7	21.9	39.4	100.0

资料来源：韩国文化振兴院《2019 内容产业统计报告》，2020。

六　日本数字创意产业就业

日本总务省统计局数据显示，2015～2020 年日本就业总人数总体保持上升趋势。2015 年有 6248 万人，到了 2020 年达到 6508 万人，与 2015 年相比增加了 4.16%。其中信息与通信产业就业人数总体上升，2015 年为 209 万人，到 2020 年为 240 万人，增幅为 14.83%。2015～2020 年日本信息与通信产业就业人数占比分别为 3.35%、3.29%、3.34%、3.40%、3.51%、3.69%，占比总体呈上升趋势（见表 5－15）。

表 5－15　2015～2020 年日本总体就业情况

单位：万人

产业	2015 年	2016 年	2017 年	2018 年	2019 年	2020 年
农业、林业	209	203	201	210	207	200
建筑业	502	495	498	503	499	492
制造业	1039	1045	1052	1060	1063	1045
信息与通信产业	209	208	213	220	229	240
运输业、邮政业	336	339	340	341	347	347
批发业、零售业	1058	1063	1075	1072	1059	1057
金融业、保险业	154	163	168	163	166	166
不动产业、物品租赁业	121	124	125	130	129	140
学术研究、专业技术服务业	215	221	230	239	240	244
住宿业、餐饮服务业	384	391	391	416	420	391
生活相关服务业、娱乐业	230	234	234	236	242	235
教育	304	308	315	321	334	339
医疗、福利	788	811	814	831	843	862
复合服务事业	59	62	57	57	54	51
其他服务业	409	415	429	445	455	452
公务	231	231	229	232	241	247
总计	6248	6313	6371	6476	6528	6508

资料来源：日本总务省统计局。

根据日本经济产业省发布的《2018 年日本信息与通信产业报告》，2018 年从事信息与通信业的企业就业人数（包括正式员工、非正式员工及其他经常性员工）为 1684186 人，同比增长 3.7%。其中正式员工 1340318 人，同比增长 2.8%，占比 79.6%；非正式员工有 296110 人，同比增长 27.2%。

1. 通信广播业

如表 5 – 16 所示，2018 年日本通信广播业的就业人数为 110016 人（比 2017 年减少 4.5%），其中，正式员工 109477 人（同比减少 4.6%）。2018 年日本通信业就业人数为 71685 人，同比减少 11.4%；广播业就业人数为 38331 人，同比增加 11.8%。

表 5 – 16　2017 ~ 2018 年日本通信广播业的就业情况

单位：家，人

指标	通信广播业		通信业		广播业	
	2017 年	2018 年	2017 年	2018 年	2017 年	2018 年
企业数量	843	891	316	348	527	543
正式员工	114758	109477	80875	71673	33883	37804
临时就业人员	463	539	53	12	410	527
总就业人数	115221	110016	80928	71685	34293	38331

注：“临时就业人员”是指雇用时间少于一个月的人员和每天雇用的人员。下同。

资料来源：日本经济产业省《2018 年日本信息与通信产业报告》，2018。

2. 广播节目制作业

2018 年日本广播节目制作业的就业人员为 15828 人（比 2017 年增加 10.9%）。其中，正式员工 15681 人（同比增长 11.1%），临时就业人员为 147 人（持平）（见表 5 – 17）。

表 5 – 17　2016 ~ 2018 年日本广播节目制作业的就业情况

单位：人

指标	2016 年	2017 年	2018 年
正式员工	14993	14120	15681
临时就业人员	165	147	147
总就业人数	15158	14267	15828

资料来源：日本经济产业省《2018 年日本信息与通信产业报告》，2018。

3. 互联网服务业

2018 年日本互联网服务业的就业人数为 65055 人（比 2017 年度增加 7.0%）。其中，正式员工 64703 人，同比增长 6.7%，临时就业人员有 352 人，同比增长 160.7%（见表 5 – 18）。

表 5-18 2017~2018 年日本互联网服务业的就业情况

单位：人，%

指标	2017 年	2018 年	同比增长
正式员工	60663	64703	6.7
临时就业人员	135	352	160.7
总就业人数	60798	65055	7.0

资料来源：日本经济产业省《2018 年日本信息与通信产业报告》，2018。

4. 信息服务业

日本的信息服务业主要有四个部分：软件业务、信息服务、信息提供服务和其他信息服务。2018 年日本信息服务业正式员工有 492783 人，同比减少 0.6%（见表 5-19）。

表 5-19 2017~2018 年日本信息服务业的就业情况

单位：人，%

指标	2017 年	2018 年	同比增长
正式员工	495691	492783	-0.6

资料来源：日本经济产业省《2018 年日本信息与通信产业报告》，2018。

5. 内容制作业

如表 5-20 所示，2018 年日本内容制作业就业人数为 42112 人，同比减少 3.4%；其中正式员工 42042 人，同比减少 3.5%，临时就业人员 70 人，同比增长 34.6%。

表 5-20 2017~2018 年日本内容制作业的就业情况

单位：人，%

指标	2017 年	2018 年	同比增长
正式员工	43559	42042	-3.5
临时就业人员	52	70	34.6
总就业人数	43611	42112	-3.4

资料来源：日本经济产业省《2018 年日本信息与通信产业报告》，2018。

第三节 新冠疫情对世界就业局势的冲击

一 新冠疫情下各国就业与失业

1. 相关国家及地区就业与失业概况

2020年5月27日，国际劳工组织（International Labour Organization，ILO）发布的《新冠肺炎疫情与全球就业监测报告》第四版中指出，2020年第一季度全球工作时间预计较2019年第四季度下降4.8%，相当于1.35亿个全职工作岗位流失。

2020年3月起，新冠疫情在全球蔓延，世界各国纷纷采取多种举措来遏制疫情的快速传播，但随之而来的经济停摆也让全球失业问题愈发严重。据南方财经全媒体智库不完全统计，G20成员中共有16个成员公布了2020年3月失业率，8个成员公布了2020年4月失业率。其中，13个成员2020年3月的失业率较2019年第四季度有所上升，3个成员在2020年4月失业率超两位数，分别是加拿大（13.0%）、印度（23.52%）及美国（14.7%）。国际劳工组织同时预测，到2020年第二季度全球工作时间将较2019年第四季度进一步减少约10.7%，相当于3.05亿个全职工作岗位流失。①

（1）欧盟

欧盟统计局的数据显示，2020年3月欧盟地区失业率升至6.6%，较2019年第四季度上升0.463个百分点。截至2020年3月，欧盟27国总失业人口1414万，其中25岁以下失业人群近276万人，年轻人失业率为15.2%，其中西班牙失业率最高，达到14.4%。受疫情影响，德国的失业率也出现明显上升，德国联邦劳工局公布数据显示，2020年4月德国失业人数为263.9万人，失业率为5.8%，比3月的5.0%高出0.8个百分点，相较2019年四季度失业率高出近一倍。根据德国联邦统计局公布的数据，按照国际可比定义，德国2020年失业人口为185万。意大利统计局（Italian National Institute of Statistics，ISTAT）表示，2020年3

① 《二季度全球或减少3.05亿个岗位 欧盟25岁以下失业率15.2%》，新浪财经，2020年5月29日，http://finance.sina.com.cn/world/gjcj/2020-05-29/doc-iirczymk4192069.shtml?cre=tianyi&mod=pcpager_tech&loc=29&r=9&rfunc=42&tj=none&tr=9。

月意大利流失约 2.7 万个工作岗位。数据显示，2020 年 3 月意大利15～64 岁的“不活跃”人数增加了 30.1 万，而 3 月求职人数亦比前一个月减少了 26.7 万，整体就业率从 2 月的 58.9% 下降至 58.8%，是欧元区就业率最低的国家之一。2020 年 5 月 11 日，意大利零售业组织商贸联合会（Confcommercio）表示，如果几个月内经济状况不能得到迅速改善，意大利约有 27 万家企业将面临倒闭的风险。具体而言，可能有 4.5 万家餐饮企业倒闭，以及 4.9 万名自由职业者失业。在旅游业和相关行业中，约有 42 万名从业者将因疫情失业。

（2）美国

随着新冠疫情不断扩散蔓延，美国的失业人数与日俱增。美国劳工部 2020 年 5 月 28 日公布的数据显示，自 3 月新冠疫情暴发以来，美国失业人口总数已达到 4000 余万人。自 3 月以来，美国大批企业停工停产，经济活动“停摆”致使数千万人开始申请失业救济。美国劳工部于 2020 年 5 月 8 日发布的数据显示，2020 年 4 月美国失业率达到 14.7%，环比飙升 10.3 个百分点，为 20 世纪初经济大萧条以来失业率的最高值。由于经济前景存在高度不确定性，多数企业对经济复苏持悲观态度，新冠疫情造成了美国劳动力市场近一个世纪以来最大的危机。另外，美国商务部 2020 年 4 月 29 日公布的数据显示，新冠疫情导致美国经济大面积“停摆”，4 月美国个人消费支出环比下降 13.6%，创 1959 年有可比数据以来最大降幅。

（3）英国

数据显示，英国 2020 年 3 月失业率为 3.90%，比 2019 年第四季度的 3.669% 提高 0.231 个百分点。英国国家统计局（ONS）表示，4 月英国申领失业补助金的人数达到 85.65 万，月增幅为 69.1%，创下月增幅最高纪录，累计申领失业补助金的总人数约 210 万。

为了进一步支持陷入困境的英国企业，英国财政部于 2020 年 5 月 19 日宣布，将“冠状病毒大企业中断贷款计划”提供的最高贷款规模扩大至 2 亿英镑（约 2.44 亿美元），较之前发布的金额增加了 4 倍。但同时，英国财政部表示，借贷额超过最初的 5000 万英镑的公司将受到股息支付、高级薪酬、奖金和股票回购的限制。

（4）日本

高盛集团在一份调查报告中表示，新冠疫情对日本就业市场的冲击将超过2008年的全球金融危机。高盛预计，日本经济将萎缩25%，第二季度失业率可能上升1.9个百分点，至4.2%。[①] 2020年5月21日，日本厚生劳动省在参院厚劳委员会会议上透露，截至2020年5月20日，由新冠疫情导致的解雇人员多达9569人。日本厚生劳动省自2020年2月起的每月统计数据表明：解雇、停止续约的人数逐月递增，2月为282人，3月为835人，4月为2654人，5月为5798人。[②] 数据显示，解雇和停止续约主要发生在酒店行业及观光巴士、出租车等交通行业，以及配合地方政府防控措施而陆续停业的餐饮行业。尽管对日本的预测可能很糟糕，但由于其终身就业传统以及企业更倾向于降薪而不是裁员，日本的失业人数仍然比其他国家少得多。与此同时，作为一个老龄化国家，日本严重的劳动力短缺也有助于遏制失业。尽管如此，年轻工人仍旧面临着更高的失业风险，因为近年来年轻人更多地被雇用为兼职人员，缺乏日本全职工人所享有的免受解雇的保护。

（5）印度

《印度经济时报》2020年5月13日援引印度经济监测中心（CMIE）的研究显示，截至2020年5月10日，印度的失业率已高达25.5%，且实际失业人数可能远超4月初印度官方公布的1.22亿人。印度信用评级机构Crisil首席经济学家乔希指出："在印度，临时工约占总劳动力的25%。其中，建筑业、制造业和运输业中大部分都依赖临时工，如临时工占建筑工人比重甚至高达83%。由于隔离带来的停工和裁员，这些工人将受到重创。"[③] 事实上，此前国际劳工组织在2020年4月就曾警告，印度有90%的就业人口在非正规经济部门中工作，他们的流动性高，又缺乏劳动保护，在各种危机来临之际都将首当其冲。

在2020年4月初印度官方公布的1.22亿失业人口中，有9130万是

① 《高盛：疫情对日本就业市场影响将超过金融危机》，百度百家号，2020年4月16日，https://baijiahao.baidu.com/s?id=1664105300640192689&wfr=spider&for=pc。

② 《日本厚劳省：因新冠肺炎疫情，约有一万人被解雇》，百度百家号，2020年5月21日，https://baijiahao.baidu.com/s?id=1667284431193028233&wfr=spider&for=pc。

③ 《疫情重创印度：失业率超25%，经济增长率或为0》，百度百家号，2020年5月13日，https://baijiahao.baidu.com/s?id=1666586213286315763&wfr=spider&for=pc。

小商户和临时工。但是，相当多的领薪工人（约1780万人）和自雇人士（约1820万人）也在此次疫情的冲击中失去了工作。与此同时，CMIE在2020年5月13日发布的季度消费者金字塔家庭调查（CPHS）中指出，疫情期间，印度有84%的家庭出现收入下降，而失业率从3月21日的7.4%急剧上升至5月10日的25.5%。①

（6）巴西

位于全球新冠疫情新"震中"南美洲的巴西受疫情影响更为严重，2020年3月失业率已达12.2%，与2019年第四季度相比上升1.2个百分点。巴西经济部在2020年5月21日表示，巴西5月前两周失业保险理赔人数为50.4313万人，相比去年同期激增76.2%。截至2020年5月中旬，巴西累计失业保险理赔总数也同比增长了9.6%，达到284万件。②

（7）加拿大

与美国相邻的加拿大疫情期间失业率也急剧上升。2020年3月，加拿大失业率较2019年第四季度上升2.1个百分点，至7.8%，4月失业率继续猛涨至13.0%，创历史新高。2020年5月8日，加拿大统计局公布数据显示，加拿大4月失去了约200万个工作岗位，而截至2020年5月5日，超过750万名加拿大公民已申请联邦就业援助。③

（8）俄罗斯

俄罗斯在疫情暴发后失业率亦出现显著上升，2020年4月达5.8%，比3月的4.7%提高了1.1个百分点。2020年5月12日，俄罗斯副总理戈利科娃表示，自2020年3月1日以来已累计有165.4万名俄罗斯公民到就业机构求职或领取失业补助金。④ 2020年3~4月俄罗斯失业人数上升近一倍，增幅达97.6%，从72.58万人增长至143.4万人。俄审计署

① 《疫情重创印度：失业率超25%，经济增长率或为0》，百度百家号，2020年5月13日，https://baijiahao.baidu.com/s?id=1666586213286315763&wfr=spider&for=pc。

② 《疫情下全球就业报告：二季度全球预计减少3.05亿岗位，欧盟25岁以下年轻人失业率达15.2%》，21世纪经济报道，2020年5月29日，https://static.nfapp.southcn.com/content/202005/29/c3587091.html。

③ 《疫情下全球就业报告：二季度全球预计减少3.05亿岗位，欧盟25岁以下年轻人失业率达15.2%》，21世纪经济报道，2020年5月29日，https://static.nfapp.southcn.com/content/202005/29/c3587091.html。

④ 《俄罗斯官方失业数字过去2个月来上升近一倍》，中俄资讯网，2020年5月13日，http://www.chinaru.info/qjeluosi/jreluosi/60600.shtml。

署长库德林表示，受新冠疫情影响，在最坏的情况下，2020年俄罗斯失业率将达到7%～8%或10%，失业人数将达到600万至900万。[①]

2. 文化企业生存状况

疫情影响下，截至2020年4月全球有超过4.36亿家企业面临生产经营风险，同时已有约2.32亿家批发和零售企业、1.11亿家旅游业企业、5100万家酒店领域企业和4200万家其他企业的经营活动举步维艰，存在倒闭风险。[②]

文化企业在疫情冲击下也不能幸免，面临全面经营危机，作为文化市场主体的文化企业大多是中小型企业，资金流动性较小，受到的打击因此也较大。由于疫情，许多文化企业无法正常进行日常运营，有些甚至被迫停止运营，但其仍需支付的人力资本、场地资本、税收成本、对外交流成本以及自身负债等则成为其重大的负担。《经济日报》数据显示，截至2020年4月15日，已有5328家影视公司注销或吊销。经济活动的减少，行业的危机，势必会造成文化企业规模的调整，为了节约成本、维持企业的基本运营，许多文化企业在一定程度上通过缩减员工规模节约成本，造成了失业人数的集聚增长。

（1）太阳马戏团

太阳马戏团（Cirque Du Soleil）成立于1984年的加拿大魁北克。历经近40年的发展，太阳马戏团从73人小型表演团成长为5000余人的全球最大的戏剧制作公司，拥有48部独创的演艺作品（在演22场＋停演26场），演出足迹遍布全球60个国家、450个城市，累计接待观众超1.8亿人次，每年巡演数百场。2020年1月24日，在中国抗击新冠疫情期间，太阳马戏团停止了在中国的演出，随后，其创始人Guy Laliberté出售了自己在公司的最后10%股份。自2020年3月起，为防止疫情蔓延，各国政府纷纷关闭了包括赌场、酒吧、电影院、剧场等在内的娱乐场所。与此相关的行业集体进入“寒冬”，太阳马戏团也逃不过。受疫情影响，

① 《2020年俄失业率或将达到10%》，新浪网，2020年4月28日，https://finance.sina.com.cn/roll/2020-04-28/doc-iirczymi8720627.shtml。

② 《国际劳工组织：新冠疫情影响全球16亿人生计 超4.36亿家企业面临经营风险》，百度百家号，2020年4月30日，https://baijiahao.baidu.com/s?id=1665377748093173335&wfr=spider&for=pc。

有“加拿大国宝”之称的太阳马戏团，继其全球演出停摆、裁掉超95%即4679名员工后，又因财务状况糟糕，将申请破产。据路透社报道，有知情人士称，太阳马戏团母公司、太阳马戏娱乐集团在疫情期间还面临现金紧缺的困窘，以及大约9亿美元的债务，同时还在研究包括破产申请在内的债务重组方案。[①]

（2）AMC院线

成立于1920年的美国AMC影院公司，是全美最大的连锁院线，从2016年到2017年，AMC还分别以9.21亿英镑、12亿美元和9.3亿美元的价格收购了欧洲Odeon & UCI院线、美国Carmike院线和北欧最大的院线Nordic。[②] AMC在全球有1000多家影院，其中在北美有661家，是北美第一大连锁影院。新冠疫情让AMC不得不在3月16日宣布，关闭全球所有的1000多家影院。2020年3月26日，为了保存公司现金储备，该公司再次发表声明，包括CEO亚当·阿伦在内的600名员工将暂时停职。声明中明确提出，“AMC没有收入，大量固定的经营成本仍在继续产生。这是完全必要的措施，以保证企业的现金流及在健康危机解除后AMC能再次开业”。仍旧被保留在工作岗位上的员工，也会被缩减工作时间和待遇，而停止工作的员工将没有收入。

3. 行业情况

新冠疫情正对全球各行业的就业产生前所未有的影响，至少有12.5亿人面临着更高的风险，他们主要分布在酒店、食品服务、制造和零售领域，大约占到全球劳动力人口的38%。调查显示：对于中国来说，此次疫情给文化传媒行业和服务业带来的影响最大，其次是文体教育业、IT互联网行业、金融业和贸易批发零售行业，下降幅度在30%到40%之间，农林牧渔业和生产制造业下降幅度在20%到30%之间，房地产、交通运输和商业服务业受疫情影响相对较小，在10%到20%之间。受影响最小的行业是政府非营利机构和能源矿产行业，职位数相对2019年下降

① 《文旅行业案例分析：“加拿大国宝”太阳马戏团的崛起之路与危机》，百度百家号，2020年5月5日，https://baijiahao.baidu.com/s?id=1665848867630649395&wfr=spider&for=pc。

② 《万达子公司AMC院线面临倒闭风险，无法开张的万达电影如何渡过难关?》，百度百家号，2020年4月9日，https://baijiahao.baidu.com/s?id=1663482891670962556&wfr=spider&for=pc。

比例低于10%。[①]

(1) 文化创意产业遭受毁灭性打击

疫情期间，美国面临的状况是大机构减薪、小职员失业。受疫情影响，实际上美国文化艺术产业受到的打击要比医疗业、服务业、零售业、餐饮业等行业更加严重，特别是对于小微企业和独立艺术家而言生存更加困难。自2020年3月以来，受新冠疫情严重冲击的美国东岸城市纽约、波士顿，西岸的旧金山、洛杉矶、西雅图等都是美国文化艺术重镇。[②]

2020年3月12日，纽约大都会博物馆宣布关闭至当年7月，此次闭馆预计造成1亿美元的损失。百老汇剧院从2020年3月12日开始全数关闭，直到2021年9月才陆续恢复演出。[③] 其他宣布关闭的艺术机构还包括大都会歌剧院、纽约爱乐乐团、卡内基音乐厅等。

受到严重影响的还有艺术家的薪金。据《纽约时报》报道，爱乐乐团的106位艺术家2020年4月只能拿到工会规定工资的最少金额，5月更是减少到最小金额的75%。采取类似措施的还有纽约爱乐乐团的“邻居”大都会歌剧院，大都会剧院将从2020年4月起停发工资（非裁员），强制员工无薪休假。疫情给大型艺术机构带来的影响十分严重，而对于中小机构的影响则将是生死存亡。纽约百老汇还有大量生存状况不及大型院团的中小剧院，关闭剧院和取消演出将严重影响到这类剧院的收入，同时也将直接影响到剧院员工的生计。

对于日本来说，疫情期间，日本的国内音乐、戏剧以及演艺活动相继终止或延期，累计造成损失将超过450亿日元（约合29亿元人民币）。不过日本的图书市场则有额外收获，据日本《产经新闻》报道，19世纪意大利作家曼佐尼的长篇历史小说《约婚夫妇》在疫情期间反而受到了更多读者的欢迎，很多书店都已售罄。此外，类似的文学作

---

① 《卢海：新冠疫情对劳动力市场、中国及全球产业链的影响——基于招聘大数据的分析和预测》，光华管理学院官网，2020年4月15日，https://www.gsm.pku.edu.cn/dba/info/1204/1651.htm。

② 《纽约大都会博物馆将关闭至7月，预计损失1亿美元》，百度百家号，2020年3月20日，https://baijiahao.baidu.com/s?id=1661653959942760454&wfr=spider&for=pc。

③ 《从一票难求到降价抛售，美国百老汇经历了什么?》，百度百家号，2023年5月21日，https://baijiahao.baidu.com/s?id=1766510130833018744&wfr=spider&for=pc。

品如法国作家加缪的《鼠疫》、英国作家笛福的《瘟疫年纪事》等也受到日本读者的欢迎，日本很多作家也在此次疫情中能够有更多精力和机会开始创作。

（2）人工智能业迎来机遇

尽管对失业的恐慌全球蔓延，但懂得操作人工智能技术的群体非但不受影响，反而其就业机会明显增加。科技研究国际数据公司（International Data Corporation）估计，由于企业在应对疫情影响时对人工智能方面的员工的需求增加，2020 年全球人工智能工作岗位的数量可能增加 16%，达到 96.9 万个。而在疫情突袭前，国际数据公司预计 2020 年的增长率为 13.3%，最低增长率为 11%。[①]

领英在 2019 年 12 月发布了 2020 年新兴职业清单，在美国 15 大新兴就业岗位中，有一半以上在某种程度上与工程相关，其中人工智能专家岗位排名第一。领英表示，随着计算机软件、互联网、信息技术和消费电子行业需求的发展，人工智能专家的工作岗位在过去五年里每年增长 74%，平均年薪达 13.6 万美元。美国国家协会的副总裁 Viswanathan 此前就有预测，人工智能不会导致失业，而是创造更多的就业机会。Viswanathan 认为："工作效率的提升会使得更多的工作机会出现。同样，如今 IT 行业也想要提高效率和生产率。因此，像人工智能和机器学习这样的工具，它们都是专注于提高效率和生产率。"[②]

对于中国而言，疫情防控的严峻形势也正倒逼人工智能技术加快落地步伐。2020 年 3 月，人工智能产业发展联盟发布的《人工智能助力新冠疫情防控调研报告》显示，智能服务机器人、大数据分析系统和智能识别（温测）等产品的使用数量在疫情中居前三，计算机视觉、智能语音、大数据等人工智能技术成熟度相对较高，使用场景丰富。

（3）旅游业——以泰国为例

泰国是旅游业在 GDP 和就业人数方面都起着重要作用的国家。泰国在旅游部门的就业份额为 9.0%，与其他国家相比，这一比例相对较高。

---

① 《疫情致全球失业恐慌，人工智能就业机会却明显增加》，网易，2020 年 4 月 9 日，https://www.163.com/dy/article/F9NS2AB5053988YT.html。

② 《疫情致全球失业恐慌，人工智能就业机会却明显增加》，网易，2020 年 4 月 9 日，https://www.163.com/dy/article/F9NS2AB5053988YT.html。

旅游业也是经济的重要组成部分，占国内生产总值的21.6%。2020年1月和2月，到达泰国的国际游客总数为590万，而2019年1月和2月为730万，下降了近20%。根据泰国旅游与体育部的数据，国际游客带来的总收入也有所下降，从2019年的3.81亿泰铢下降到2020年前两个月的2.93亿泰铢，较之前下降了23.1%。2020年1~2月，泰国旅游业就业人数减少了5.6万。2020年2~3月，就业工人又减少了8.3万。2020年1~3月，与旅游相关的产业雇用的人数减少最多的是游客住宿。餐饮服务业的就业率（就就业率而言是泰国最大的旅游子行业）在同一时期也略有下降。

（4）亚太地区航空客运及酒店业

亚太地区的航空客运业受到新冠疫情的沉重打击，大量外国游客取消旅行计划，而各国也开始关闭边界。国际航空运输协会的一项研究估计，与2019年相比，2020年亚太地区航空业的乘客收入将减少近880亿美元。在这种情况下，多数航空公司采取紧急措施，让员工带薪或无薪休假、削减工资或裁员。例如新加坡捷星亚洲（Jetstar Asia）航空公司要求其员工休带薪假和无薪假，还取消了年度奖金和第13个月的年度工资补助金；马来西亚航空公司为其13000名员工提供了3个月的无薪休假或至少持续3个月的每月5天无薪休假的选择，上述两种方式均以2020年4月1日为起始日期；菲律宾最大的航空公司PAL（Philippine Airlines，菲律宾航空公司）于2020年2月解雇了300名管理人员；等等。

亚太地区的酒店业也受到了疫情的影响，例如截至2020年3月20日，马来西亚有4%的酒店从业人员被解雇，更多的从业人员被迫休无薪假和减薪。在严重依赖旅游业的太平洋岛屿上，旅馆和度假村受到严重影响。在库克群岛，由于没有游客，企业关闭，3个度假村的200名员工被解雇。在萨摩亚，有50家酒店暂时关闭，有500名工人失业。斐济酒店和旅游协会报告，自疫情暴发以来，有279家酒店和度假村关闭，有25000名工人失业。在旅游资源丰富的越南城市岘港，据报道，在35000名旅游业工人中，约有23000人被迫休假。在印度，廉价酒店连锁店Treebo对其创始人和管理人员分别进行了60%和40%的减薪，并为其400名员工启动了带薪自愿辞职计划。截至2020年4月15日，印度酒店创始公司OYO在全球范围内裁员5000人。到2020年2月中旬为止，印度尼西亚的巴厘岛已经取消了20000个酒店预订。根据新西兰饭店协会的数据，截至2020年3月21日，已经有340名餐饮服务工人在新西兰被解雇。

二　各国应对疫情的保就业行动和措施

1. 新冠疫情下相关国际组织的政策建议

（1）国际劳工组织

国际劳工组织作为专门应对全球就业问题的国际组织，针对新冠疫情制定了短期、中期和长期的政策应对措施，该框架包括四个相互联系的部分：支持企业、工作和收入；刺激经济和改善就业；保护工作场所的工人；依靠社会对话寻求解决方案。

国际劳工组织通过经济和就业政策刺激经济和劳动力需求，以稳定经济活动。具体包括采取积极的财政政策，特别是加强社会保障措施，如失业救济金，以及针对低收入者和中小型企业（MSME）的公共投资和税收减免；宽松的货币政策（降低利率，放松准备金率，有针对性的流动准备金）；为特定部门提供贷款和财务支持，以保护企业，尤其是中小型企业。加大对卫生系统建设的投资力度对增强抵御新冠疫情的能力至关重要，同时也提供了更多的工作机会。2020年5月27日，国际劳工组织发布的第四版《新冠肺炎疫情与全球就业监测报告》重点强调了应对青年人和妇女进行工作上的扶持。

该报告呼吁采取紧急、大规模和有针对性的政策措施来支持青年就业，包括发达国家的广泛就业与培训保障方案，低收入和中等收入经济体的密集就业和保障方案，以及各国应采取必要措施为年轻人重返工作岗位和就业创造良好的环境。该报告指出，各国对新型冠状病毒的严格检测和追踪降低了当地劳动力市场的混乱程度，但在实行严格检测和追踪的国家，平均工作时间减幅高达50%。该报告继续呼吁各国采取国际劳工组织提出的四项支柱战略对策，即支持就业者和企业、刺激经济和就业、保障收入及工作场所的就业者、依靠社会对话解决就业问题。

同时国际劳工组织对全球教育的就业情况进行分析。对于处于新冠疫情影响下的教育行业，国际劳工组织指出，从国家层面看，所有政府都增加了教育支出，这些资金没有被用在教师工资的增加或在线技术的培训上，而是大部分被用于部署在线和远程教学技术。此外，国际劳工组织还对各国如何应对教师工资的变化进行了统计，在巴基斯坦和索马里等私立学校普及的国家，需求不足导致教师被解雇，而在公立学校中，政府正在努力保持教师工资水平。在菲律宾，政府努力尽早支付 2020 年 3 月和 4 月的教师工资，并在紧急状态下暂停了对教师绩效的审查。还在学校的教学人员和教育人员将获得额外的危险津贴和服装津贴，但对于这一政策的具体实施情况，国际劳工组织并未有过多的关注。在乌干达，教育和体育部报告指出应及时支付薪水，以便教师可以储存必需品并专注于他们的任务。

在国际层面，国际劳工组织加入了由联合国教科文组织发起的全球教育联盟，该联盟力求使国际组织、非政府组织和私营部门集聚在一起，以支持因新冠疫情而受到影响的教育行业。国际劳工组织与联合国教科文组织和 2030 年教师促进教育国际工作队等合作伙伴一道呼吁：在疫情期间，教师和教育人员（不论其雇佣关系）的工资和福利保持不变；为教师过渡至远距离学习提供足够的培训和支援；随着部分国家的学生返回学校，为教师和教育工作者提供足够的职业安全和健康保护；在疫情期间，政府、教师组织及私立学校雇主之间需要进行社会性的协商与对话，以公平公开的原则，在考虑师生当前实际需求的基础上，制定危机应对政策以平衡好教学与安全管理之间的关系。

（2）经济合作与发展组织

经合组织发布了《对一线求职者、工人和雇主的公共就业服务》，并提到以下既定措施。

防止失业，以应对求职者和福利申请数量的增加。经合组织建议通过引入或扩大短期工作计划并简化申请流程以确保及时支付补助来防止失业；优先考虑和简化失业救济金申请程序；给予没有数字技能或无法访问互联网的工作者额外的福利，以确保他们可以应用和获得好处；缩减和暂停不太重要的服务，以释放资源用于处理福利申请，以便高效地将福利发放给需要的人；考虑自动续签福利并放宽对福利索赔的申请程序。

鼓励和支持求职者，同时调整在新冠疫情期间的求职条件。鼓励求职者继续寻找和申请工作；使用职业信息和指导服务；在可能的情况下，根据每个国家的封闭制度，鼓励在新冠疫情期间找不到工作的求职者暂时从事志愿性和社区工作，以促进他们从事生产活动；在新冠疫情期间引导求职者发现可供申请的职位并举行在线招聘会和快速面试活动，使求职者与职位空缺相匹配；尽管对于大多数网络用户而言，可以通过网络来获取这些就业信息，但通过其他媒体和合作伙伴进行宣传对于那些没有接触到数字技能的人来说也很重要。

支持技能提升和技能重新学习，为疫情后的劳动力市场需求做准备。通过数字渠道提供及时和相关的培训，并探索一些非正式的培训方法，例如发布求职者可以直接在网站上进行的培训视频、相关阅读材料和考试信息；向目标群体宣传相关信息并鼓励其参与；在培训提供方面与主要利益相关者保持良好合作，以确保服务提供的连续性。

此外，在《2020就业展望：员工安全与新冠疫情危机》中，经合组织也指出：失业救济金规则必须考虑非标准工作中的雇员。失业救济金提供保护措施，以防止由失业导致的收入下降。然而，许多工人不符合获得足够支持的标准。即使通常所有受助雇员的待遇规则都相同，但对于那些失去兼职或在就业和失业之间频繁转换的工人而言，最短就业期限或失业之前的收入通常很难得到保障。因此，非标准工作雇员陷入贫困的风险通常更大。解决福利待遇不足问题以为非标准就业形式的人提供更大的收入保障可能是具有挑战性的。

（3）世界银行

世界银行在2020年5月19日宣布其与新冠疫情做斗争的紧急行动已惠及100个发展中国家，这些国家的人口占世界总人口的70%。在推动国家就业方面，世界银行主要通过提供资金以促进各国社会保障措施的执行、支持岗位保留的方式进行运作。

在加强社会保障中，世界银行正在利用各国现有的社会保障体系，以帮助家庭和企业重新获得收入来维持生计并补偿意外医疗费用等。如在乌兹别克斯坦，9500万美元的一揽子融资计划包括为低收入家庭提供现金支持和一次性失业津贴；在突尼斯，则从现有投资组合中重新分配了1亿美元，以为中小型企业提供更多的社会福利和赠款。在保留工作岗位上，国际金融公司（IFC）继续实施80亿美元的快速融资机制，旨在使公司保持业务发展并保留职位。在此基础上，IFC计划在15个月内向发展中国家提供470亿美元的融资。国际金融公司的全球贸易融资计划为新冠疫情中的中小型企业提供支持的交易已经达到1200笔，交易金额为14亿美元，其中51%为低收入和脆弱国家。

除以上3个国际组织，其他国际组织也在应对就业上采取了一定的行动，如联合国教科文组织关注教师的就业情况和学生的教育情况，发起全球教育联盟来支持远程学习并提供最佳方案，发布疫情期间各国针对文化政策的引导手册，帮助决策者更好地制定相关政策。新冠疫情的影响已经遍及全球，超过15亿的学生受到学校停课影响。联合国教科文组织总干事阿祖莱呼吁各国采取广泛合作和创新，通过数字平台汇集更多的学习资源和专业知识，为有需要的群体提供免费的数字学习解决方案和教学工具。许多其他国际机构也开发了支持学校停课期间教育的工具，包括联合国儿童基金会（UNICEF）发布的关于教师应如何与儿童谈论COVID-19的指南。在教育行业，很多公司和工会都采取了措施，通过发布一些用于远程学习管理、移动技术学习、举行大规模的在线公开课程的工具来实现远程学习。各国政府也广泛支持数字技术的使用并将其部署为远程学习策略的一部分。联合国贸发会议指出，面对新冠疫情全球大流行的挑战，各国正在使用联合国贸发会议的电子政务平台，通过关闭办公室的在线单一窗口，继续为企业提供基本服务和新的COVID-19财政救助措施。在《UNCTAD在线平台如何帮助各国在疫情期间开展贸易》中，联合国贸发会议整理了部分非洲、亚洲国家运用UNCTAD在线平台的情况。但总体来看，虽然各国际组织均在自己的领域提出了对新冠疫情的指导措施，但相关就业扶持措施尚未出台。

2. 中国

2020年受新冠疫情影响，中国文化市场进入低谷期，文化行业就业情况也不容乐观。为保证文化产业就业水平，国家和地方相关部门纷纷出台相关政策。

在国家层面，2020年2月6日，财政部、税务总局颁布《关于支持新型冠状病毒感染的肺炎疫情防控有关税收政策的公告》，对受疫情影响较大的困难行业企业2020年度发生的亏损，最长结转年限由5年延长至8年。这些困难行业企业包括交通运输、餐饮、住宿、旅游四大类，具体判断标准按照现行《国民经济行业分类》执行，且困难行业企业2020年度主营业务收入应占收入总额（剔除不征税收入和投资收益）的50%

以上。2020年3月13日，国家广播电视总局发布《关于统筹疫情防控和推动广播电视行业平稳发展有关政策措施的通知》。通知中提出要加大对内容创作生产传播的支持力度，优化业务审批流程和方式，提出强化“智慧广电”新产品、新业态、新模式支持等12条措施，支持广播电视和网络视听行业积极开展疫情防控、有序做好复工复产、实现行业平稳发展。2020年3月18日，《国务院办公厅关于应对新冠肺炎疫情影响 强化稳就业举措的实施意见》发布。该意见提出优化自主创业环境和支持多渠道灵活就业的政策建议。2020年5月13日，财政部、税务总局发布的《关于电影等行业税费支持政策的公告》指出，自2020年1月1日至2022年12月31日对纳税人提供电影放映服务取得的收入免征增值税。

地方层面以北京和上海为例，北京已出台多项政策，从资金扶持、产业融合、内容创作、新兴业态发展等多方面支持文化企业的平稳运行与复工复产，如2020年2月19日，北京市委宣传部会同16个部门及各区有关单位研究制定了《关于应对新冠肺炎疫情影响促进文化企业健康发展的若干措施》，其中包括提前启动各种文化扶持项目申请、为暂停的展会项目提供费用补贴、延迟缴纳文化企业社会保险费用等措施。2020年4月9日北京市发布优秀网络视听节目种子，通过贯通线上线下影视播放环节，集中优质文艺作品资源，全力推进网络优质数字影视资源供给。2020年4月17日北京发布《关于进一步支持中小微企业应对疫情影响保持平稳发展的若干措施》，加大援企稳岗的支持力度，加大对社会保险资金的支持力度，对从事科研创新、城市运行保障、生活性服务业等重点行业的中小微企业员工进行业务培训，促进劳动力技能提升和稳定就业。2020年4月20日，北京出台《北京经济技术开发区关于进一步统筹疫情防控和经济社会发展支持企业共克时艰的若干措施（2.0版）》，其中专门就“稳就业”提出具体措施，内容包括搭建用工需求服务平台、给予资金奖励、严格落实费用减免政策、支持人才培养等。

上海同样颁布多项政策对文化企业进行资金扶持、税收减免和稳定就业。如2020年2月7日，上海市政府印发《上海市全力防控疫情支持服务企业平稳健康发展的若干政策措施》，提出切实为企业减轻负担、加大金融助企纾困力度、着力做好援企稳岗工作、有序促进企业复工复产、优化为企服务营商环境等6个方面28条措施。此外，上海市财政局、国家税务总局上海市税务局在 2020 年 2 月 10 日专门针对“28 条综合措施”出台对生活服务业中的文化事业建设费缴费人实施财政补贴政策，对上海生活服务业中提供娱乐服务的文化事业建设费缴费人，按其实际缴费额的 100% 比例给予财政补贴。2020 年 2 月 14 日，上海市委宣传部出台《全力支持服务本市文化企业疫情防控平稳健康发展的若干政策措施》，对在疫情期间主动承担社会责任、捐赠各类抗疫物资、参与志愿活动的文创企业，以及演艺、文旅、电竞、会展等受疫情影响较大、主动创新转型、信用良好、符合条件的中小微文创企业，优先予以支持。同时，该政策还指出要加快推进文化金融服务、培育支持新技术新业态发展以及优化产业服务体系。

从行业层面看，中国对文化产业的各行各业都制定了有针对性的政策，以电影行业为例，2020 年 3 月 12 日，《国家广播电视总局关于统筹疫情防控和推动广播电视行业平稳发展有关政策措施的通知》发布，其中“12 条政策”有利于引导内容生产、简化办事流程、保障体系建设、帮扶企业运营。

2020 年 4 月 3 日，国家电影局协调财政部、国家发展改革委、国家税务总局等部门，推出免征电影事业发展专项资金以及其他财税优惠政策，加大对重点影片的创作和宣发支持力度，同时指导各地出台帮扶电影企业纾困发展的政策措施。2020 年 5 月 14 日，财政部和国家税务总局联合发布了《财政部、税务总局关于电影等行业税费支持政策的公告》，主要包括：2020 年全年免征文化事业建设费；2020 年全年对纳税人提供电影放映服务取得的收入免征增值税；对电影行业企业在 2020 年度发生的亏损，最长结转年限由 5 年延长至 8 年。同日，财政部和国家电影局也联合发布了《财政部、国家电影局关于暂免征收国家电影事业发展专项资金政策的公告》：免征各地 2020 年 1 月 1 日至 2020 年 8 月 31 日的国家电影事业发展专项资金，其中湖北省全年免征。

而地方政府也推出相应影视业救市政策，例如：2020 年 2 月 12 日，北京市电影局发布《致首都电影行业的公开信》，提出三方面措施保障影视业健康稳定发展；2020 年 2 月 19 日，江苏省 8 部门联合发布《关于支持全省电影业应对新冠肺炎疫情影响促进平稳健康发展的政策措施》，提出对江苏省域内依法依规设立的电影制作、发行、放映单位和影视基地，加大财税扶持和金融支持力度；2020 年 2 月 27 日，广东省电影局发布《关于中央和省级电影专资扶持受疫情影响影院资金分配方案的公示》，设立电影专资 4888 万元用于扶持受疫情影响 1337 家省内影院；2020 年 2 月 28 日，湖南省电影局发布《应对新冠肺炎疫情影响促进电影业平稳健康发展的措施》，对湖南省内影院按照银幕数量，结合 2019 年同期上缴电影事业专项资金额度、观影人数和国产影片放映场次等综合因素给予资金补贴。

3. 韩国

韩国主要通过财政支持和税收减免来刺激因新冠疫情造成的经济下滑。

财政措施主要有：对微型企业所有者提供相应的租金扶持，要求削减个体房东、政府和公共组织的建筑物租金，对微型企业所有者进行 50% 的税收减免；加大贷款支持力度，提供最优利率；特别为大邱市、庆尚北道等特定地区提供 1.7 万亿韩元以进行税收减免。此外，韩国政府于 2020 年 4 月 22 日宣布紧急设立 40 万亿韩元的支柱产业稳定基金，将紧急金融支援资金规模从原定的 100 万亿韩元扩大至 135 万亿韩元，以帮助扩大流动性资金支持范围，特别是受疫情影响严重的小工商业者。此外，韩国政府还投入 10 万亿韩元用于稳定就业、保障企业用人，同时为自由职业者、小工商业者发放一定数额的补贴。同时，韩国政府宣布发放总额为 9.1 万亿韩元的购物券或优惠券，作为覆盖约七成韩国家庭的“国民紧急灾难补助”。在税收减免上，韩国延长了中小企业提交和支付内部和地方纳税申报表的期限，推迟税收调查，并为纳税和缴纳欠款申请宽限期，政府还推出大幅降低个人购车消费税、提高刷卡消费个税抵扣比率、补贴购买家电等多项措施。

在就业方面，韩国规定了“特殊就业支持部门”，如旅游和住宿行业，并对这些部门提供更高水平的就业保障支持。此外，韩国还向无薪休假的工人提供紧急生活援助、满足自由职业者的就业补贴申请要求、向建筑工人提供零息贷款，以帮助他们维持生计。[①] 对于低收入工人和

① 《韩国多举措促进经济稳定》，百度百家号，2020 年 4 月 28 日，https://baijiahao.baidu.com/s? id = 1665175480860269366&wfr = spider&for = pc。

受援助的个体经营者，韩国提供了更多的机会来令其获得生计支持贷款并放宽该贷款的申请要求。

韩国的各种协会也在保障工人的就业中发挥了巨大作用。韩国企业联合会（KEF）对公司的困难进行了调查，并向政府提出了适应性措施，例如引入灵活的工作时间制度，倡导家庭工作和扩大对带薪休假的支持。KEF 还提倡扩大对受影响企业和自营职业者的信贷贷款，并推迟缴纳或部分免除社会保险费和税款。2020 年 3 月 6 日，KEF 和韩国经济社会劳动委员会（ESLC）签署了关于 COVID－19 危机的三方宣言，以努力克服因经济衰退引起的危机。管理层将努力通过缩短工作时间和提供休假而不是裁员来留住员工。政府将对虽然暂时中止了业务但仍旧令员工处于就业状态的雇主进行补贴并采取激励措施。2020 年 3 月 23 日，KEF 向国民议会提交了“提高经济活力和促进就业的雇主提案”，其中包括在 8 个经济和劳工领域的 40 项立法改进任务。

4. 日本

日本政府在 2020 年 2 月 13 日和 3 月 10 日分别采取了两项紧急应对方案，以应对新冠疫情，涉及总金额达 4460 亿日元（占 GDP 的 0.1%）。[①] 2020 年 4 月 7 日，日本政府又颁布了《应对新冠肺炎疫情紧急经济对策》，并于 2020 年 4 月 20 日将其中涉及的资金援助扩大到 117 万亿日元（约合 1.1 万亿美元），相当于日本 GDP 的 20% 以上，以保障国民的生命安全。此外，日本增加了就业调整补贴的措施，由于人员和货物流动的放缓，一些企业被迫削减其业务。日本政府推出大幅增加“就业调整补贴”的特殊措施，以保护就业，并在这种情况下确保国民的生活稳定。日本政府将特别措施的范围扩大到所有企业主，明确资格标准；同时提高某些地区的补贴率（中小企业：从 2/3 增加到 4/5，如果没有解雇员工则提高至 9/10；大型企业：从 1/2 增加到 2/3，如果没有解雇员工则提高至 3/4）。日本在《应对新冠肺炎疫情紧急经济对策》中提出多项扶持文化艺术行业的措施，包括但不限于以下三点。

（1）按照政府要求终止举办的文化艺术及体育活动，若观众没有要

① 《日本发布第 2 轮应急对策，追加 4000 多亿对抗疫情！》，搜狐网，2020 年 3 月 10 日，https://www.sohu.com/a/379041652_173298。

求退还入场费或门票，观众放弃的金额将作为捐赠金，其中扣除的税额也将被减免。

（2）博物馆将与动画制作、教育内容等领域合作，利用先进技术改善博物馆的参观环境及增加其收入。对于在一定时期内购买娱乐活动票的消费者将给予一定的优惠券支持。

（3）在文化设施中引入了基于时间的访客系统，避免集中参观文化设施造成的拥堵。

5. 美国

2020 年 3 月 15 日，美联储宣布将联邦基准利率降低至零，并宣布将购买总计约 7000 亿美元的国债和抵押担保证券。2020 年 3 月 23 日，美联储宣布将向小型和大型企业以及地方政府提供贷款，并扩大债券购买计划，同时将建立 3 种新的贷款工具，通过购买企业债券、范围更广的城市债券以及基于资产的证券，提供高达 3000 亿美元的资金。

2020 年 3 月 27 日，美国签署新冠病毒援助、救济和经济保障法案，为应对新冠疫情拨款 2.2 万亿美元。该法案是美国主要的经济刺激计划。它包括以下措施：作为新的工资保护计划（PPP）的一部分，向拥有 500 名或更少员工的小型企业和非营利组织提供近 3500 亿美元的部分可免除的贷款。工资保护计划旨在直接激励小型企业和非营利组织不裁员。如果将资金用于工资成本，抵押贷款利息、房租和水电费（可将至少 75%的工资用于工资表），则可以完全免除该贷款；通过预借 100 亿美元的贷款申请来扩展美国紧急灾难贷款计划，以帮助小型企业支付工资、房租等费用；帮助受到疫情影响的企业支付给每位员工的工资提供 5000 美元的税收抵免；建立新型冠状病毒救助基金，该基金向州和地方政府提供总计 1500 亿美元的联邦财政支持；大多数成年人无须申请即可获得 1200 美元，而 16 岁以下的儿童可获得 500 美元。2020 年 3 月 27 日，国会在通过的《CARES 法案》中改善了失业救济，每周增加 600 美元的补助（延长至 7 月 31 日），还提供了额外 13 周由联邦政府资助的福利，并放宽了零工工人和自雇工人的资格要求。美国商务部总共拨款 15 亿美元的 CARES 法案基金用来资助受新冠疫情影响的社区，其中大部分用于捐赠，其他用于支付薪酬及各监管活动所产生的费用。该法案还创建了大流行性失业援助（PUA）计划，用来帮助不符合常规失业补偿资格要求且因新冠疫情而无法继续工作的个人，例如自雇工人、独立承包商和零工。此外，该法案还包括通过小额信贷向小企业提供377亿美元的联邦保证贷款。经济伤害灾难贷款（EIDL）是美国联邦政府机构小企业管理局（SBA）发放的紧急救济资金，可提供最高10000美元的即时现金援助，中小企业在接受这些贷款的同时仍然可申请和接受PPP贷款，但EIDL将在PPP免除金额内考虑。

2020年4月9日，美国宣布将再为美国经济的某些领域提供高达2.3万亿美元的新融资，包括提供给州和地方政府以及中小型企业的资金。这包括制订一项6000亿美元的“大街贷款”计划，通过向雇用多达10000名工人或收入低于25亿美元的公司提供四年期贷款来帮助美国大约40000家中型企业。这些贷款的本金和利息最多可以延期一年。加州州长纽森在2020年4月15日宣布扩大就业发展部（EDD）呼叫中心的服务时间，以便更好地协助加州民众申请失业保险。此外，加州州长还宣布了一项史无前例的1.25亿美元的加州工作人员救灾援助计划。这是全美国首例全州公私合作为受疫情影响的无证移民提供财政支持的援助行动。加州将提供7500万美元的救灾援助，慈善合作伙伴承诺再筹集5000万美元。

6. 英国

英国采取了一系列的财政政策和货币政策来刺激本国经济的发展，例如将央行持有的英国政府债券和非金融公司债券的规模扩大至2000亿英镑；与来自加拿大、日本、欧元区、美国和瑞士的中央银行一起，通过长期的美元流动性互换安排，进一步加强流动性供应；到2020年12月，将英国的反周期缓冲率降为0%～2%。

在对企业的支持上，英国为企业提供3300亿英镑贷款和担保（占GDP的15%）；原本缴纳低额营业税或者不用缴纳营业税的小微企业，以及符合小企业税收减免或农村企业税收减免等优惠政策的企业可以不用另外申请，而是直接与当地政府签订合同，一次性获得10000英镑补助；制定新冠疫情商业中断贷款计划，通过英国商业银行为中小企业提供高达500万英镑的贷款，营业额超过4500万英镑的公司将能够申请最高2500万英镑的融资，而营业额超过2.5亿英镑的公司则可以申请最高5000万英镑的融资。

在就业与劳动人口的保护上，英国采用个人的法定病假工资（SSP），将之前立法规定的从缺勤的第四天开始支付工资改为从第一天开始支付工资；英国开启“职位保留计划”，政府支付休假工人工资的80%，每月最高2500英镑；对自营职业者，英国放宽了获得社会保护和通用信贷的条件；对因新冠疫情而留在家中的福利索赔人，将取消其强制性工作和工作可用性要求；同时，英国通过“支持查找程序”工具将帮助英国的企业和个体经营者快速轻松地确定在新冠疫情大流行期间他们可获得哪些经济支持。

英国数字文化媒体和体育部在2020年5月20日宣布，将从休眠银行和建立社会账户中拨出1.5亿英镑，以在新冠疫情期间帮助慈善机构、社会企业和弱势群体。这笔钱将被用于支持紧急工作，包括解决青年人的失业问题，增加民间社会组织获得紧急贷款的机会，帮助解决弱势群体的公平问题，以及提供负担得起的信贷。

苏格兰创意局（Creative Scotland）宣部将额外提供200万欧元来支持疫情之下被影响的创意行业。这200万欧元一部分来自苏格兰政府，另一部分来自弗里兰兹基金会（Freelands Foundation），资金将被用于重新开放的创意苏格兰桥接助学金（艺术和创意）中，这一资金旨在为受到新冠疫情影响最深的自由创意专业人士和弱势群体提供财政支持。在旅游行业，英国旅游部部长启动了130万英镑的基金，以支持目的地管理组织。

英国旅游部部长奈杰尔·哈德斯顿（Nigel Huddleston）启动了一项新的应急基金计划，以在整个疫情期间支持当地旅游企业。该计划通过支付企业的运营成本和根据新冠疫情职位保留计划无法解雇的员工成本来为企业提供至关重要的业务支持。该计划能够为提供关键业务支持服务的两名非休假工作人员每月提供最多2500英镑的补贴，以及最多5000英镑的运营费用。英国商业、能源和工业战略部在2020年3月24日发布了第五版小型企业、零售及酒店资助计划，根据零售、酒店和休闲补助金（RHLG），英格兰企业的应课税价值低于51000英镑的，将获得相应补助资金。这些企业中符合条件的企业资产的应课税价值在15000英镑（含）以下的，将获得10000英镑的补助；这些部门中符合资格的企业资产的应课税价值超过15000英镑且低于51000英镑的，将获得25000

英镑的补助。

7. 法国

2020 年 3 月 14 ~24 日是法国疫情的快速发展阶段，这一时期法国启动了价值 450 亿欧元的“经济紧急计划”用来稳定劳动者就业和帮扶经营困难企业。该计划包含了五个部分。其一，“技术性失业”。进行财政拨款，预计达 85 亿欧元，为期两个月，拨付能够覆盖全体劳动者的“技术性失业”补贴。其二，推迟征收 320 亿税金和社会分摊金。其三，设立 20 亿欧元“团结基金”。该基金用于支持受疫情影响严重的两类企业：一类是商业活动完全停止的企业，主要包括餐饮类 16 万家、非食品贸易类 14 万家、旅游类 10 万家；另一类是年度营业额小于 100 万欧元且 2019 年 3 月至 2020 年 3 月间营业额减少 70% 以上的中小微企业。该基金每月拨款 10 亿欧元，为期两个月。其四，国家向所有企业提供由政府担保的 3000 亿欧元银行贷款，避免企业因资金链断裂而难以为继。其五，延迟征收商业场所租金和水电气费用。

之后，法国多次调整“经济紧急计划”，在 2020 年 4 月 15 日部长会议后宣布“经济紧急计划”总额从 450 亿欧元上调至 1100 亿欧元，具体包括：提供 240 亿欧元的“技术性失业”补贴；由国家参股局负责向战略性企业提供 200 亿欧元的注资；提供 80 亿欧元的特别预算用于采购医疗物资；将“团结基金”的预算额度从 20 亿欧元上调至 70 亿欧元；划拨 10 亿欧元用于设立“经济发展基金”，以扶持中型企业。

此外，法国劳动部制定了一系列措施以支持受新冠疫情危机影响的企业，特别是中小型企业，包括从事旅馆、餐饮和旅游业的企业。该部强调避免裁员的重要性，以便企业为危机后的复苏做好准备，并宣布了有关部分失业的改革。领取最低工资的雇员将继续获得相同的工资，而薪水超过最低工资标准的雇员将获得相当于其正常工资的 84% 的报酬，最高工资应为最低工资的 4.5 倍。

三　新冠疫情对数字创意产业就业的影响

1. 新冠疫情之下行业措施

(1) 疫情之下影视业发展保障措施

一是疫情期间美国影视业救市政策。美国的各种艺术行业协会在帮助创作者度过因疫情导致的困境中起到了极大的作用。大量的协会通过募捐、成立救济基金等方式为影视及艺术创作者提供财政支持。例如，为应对新冠疫情，艺术家救济树（Artist Relief Tree）在 2020 年 3 月 11 日成立。这一在线救济平台意在号召众筹捐款给因疫情失业而陷入经济困难的各行各业的文艺工作者。该平台捐赠方式便捷，进入平台首页即可快速实现捐款。同时接受捐款的申请条件也较为宽松，对于申请者既不限制国际地区，也不限制艺术领域。美国艺术村联盟应急基金会（Emergency Funds for Individual Artists Participating in Residencies）也发起了针对因不可预见的紧急状态或突发事件而导致生活危机或陷入工作困境的艺术村驻留艺术家们的扶持项目，向他们发放小额捐赠。

美国专门面向艺术家和创作者发放救济金，具体向因新冠疫情而面临严重财务紧急情况的美国艺术家发放 5000 美元的赠款；成立艺术家信托救济基金，快速响应赠款支持生计受到新冠疫情影响的艺术家的关键需求。

华盛顿州州长宣布免除原一周的领取失业保险的等待时间，相关索赔可追溯至 2020 年 3 月 8 日。华盛顿州金县文化救助基金将分发 100 万美元，向居住在金县的个人开放申请，个人通过提供在艺术、遗产保护或公共领域的工作经验来申请。第一轮资金于 2020 年 4 月 1 日至 5 月 15 日完成发放。

二是疫情期间日本影视业救市政策。2020 年，日本政府给参与文化艺术活动的艺术家、从业者、艺术团体提供各类补助，补助预算约 560 亿日元（约合 5.2 亿美元）。个人艺术家可获得 20 万到 150 万日元不等的补助，以确保艺术创作活动正常进行；小规模团体可获得 150 万日元的补助，多人团队最多可获得 1500 万日元（按 10 人计数）的补助；中大规模团体可获得最多 2500 万日元的补助，而且政府会在疫情之后协助各团体进行市场开发、人才培养、改革创新等工作。

除此之外，政府对文化艺术活动、体育活动进行补助，补助预算约 509 亿日元（约合 4 亿 7000 万美元）。符合全部条件者可以获得 150 万日元的补助；多人团队最多可获得 1500 万日元（按 10 人计数）的补助。

日本政府还给以营业收入为主要收入来源的艺术类事业提供各类补助，补助总预算约 50 亿日元（约合 4658 万美元）。具体分类包括：音乐、舞蹈、演艺、传统艺术、流行艺术、影视。对于符合条件的对象，可以给予150万到2500万日元的补助，并协助其进行市场开发、人才培养、改革创新等工作。

三是韩国政府加大资金政策扶持电影产业。韩国政府在疫情期间也公布了一系列措施以援助具有影响力但饱受新冠疫情影响的电影产业。一系列举措的核心是免除主要电影院线需要缴纳的电影发展基金费用。该项基金由韩国电影协会筹办，大型院线通常需要缴纳所有售票额的3%。该基金一年筹款大约4500万美元，资金最终将通过多种途径被用来支持韩国电影产业的发展。除此之外，韩国政府也公布了其他措施以为相关电影制作与发行公司提供扶持。韩国政府选取了20部因疫情而被迫延期的电影，并将为这20部电影提供一部分市场发行费用的补助，同时提供资金以扶持电影制作公司继续开展电影制作工作。同时，韩国政府也承诺使400名因疫情失去工作或被迫成为自由职业者的电影从业者能够接受免费的职业培训。

2020年4月21日，韩国文化体育观光部宣布减免全国电影院90%的电影发展基金征收金，同时投入170亿韩元用于支援因疫情推迟上映的电影和相关电影人。针对疫情期间暂时失业的电影人，韩国政府提供了失业电影人的相关职业培训。为了鼓励观众走进影院，韩国政府面向大众提供130万张观影优惠券，以及为韩国200多家电影院举行的多种类特别电影展提供30亿韩元的资金支持。

除了政府的政策及资金扶持，一些影院也开始尝试新的运营模式，韩国院线MEGA BOX于2020年4月22日就推出了小规模观众包场的电影放映形式，单个放映场馆内最多容纳15人，部分特别馆最多能容纳10人，观众需要提前3天完成预约。

此外，韩国文化、体育和旅游部从2020年12月开始，推出一项针对艺术家的职业保险计划，以确保面临经济困难的艺术家和文化工作者能够从事其艺术活动。如果自由艺术家满足某些标准，如遵守规定缴纳保险费用（24个月中的9个月）或满足最短就业期限，则可以索取失业救济（120~270天）和子女生育津贴。

四是英国启动紧急救助基金。面对疫情，英国影剧院系统相关的慈善机构已经联合在一起，将行业及资助相关信息汇集在一起并提供给影剧院工作人员（包括演员、音乐家、舞者、台前幕后的工作人员和制片人），以协助从业人员了解如何获得相关资助。新冠疫情期间，影视慈善会（Film and TV Charity）和英国电影协会（British Film Institute）设立了“影视紧急救助基金”，该基金得到了 Netflix、BBC、英国电影协会、华纳传媒等影视机构及个人的捐款，根据需要为从事影视行业的工作人员提供 500~2500 英镑不等的补贴。

英国电影协会还启动了电影延续基金（Film Continuation Fund），该基金专门用于帮助受疫情影响而中断拍摄的英国本土电影，另外还推出了新冠疫情抗灾基金（Fan COVID-19 Resilience Fund）来帮助陷入困境的英国电影放映商，这两种基金的申请将由当地的电影中心负责。电影延续基金共计 200 万英镑，帮助支付因突发情况产生的额外制片成本，以保证在未来隔离解除或条件允许的情况下，这些拍摄项目能尽快恢复。新冠疫情抗灾基金总计 160 万美元，为可能存在永久关闭风险的中小型放映商提供资金救助。

导演慈善基金会（The Director Charitable Foundation）则针对表演舞台和大银幕导演，计划将提供大约 500 英镑的资金给影视行业有迫切需要的申请者。创意工作者工会（Creative Workers Union）则追加了 100 万英镑作为慈善基金，并由演员马克·瑞伦斯（Mark Rylance）领头捐款，创意工作者工会的会员可以申请“紧急一次性费用（如账单）”补助金，补助范围从 100 美元到 435 美元不等，同时创意工作者工会也在考虑减少入会费用。

英国政府于 2020 年 3 月 20 日推出的“员工留任计划”，直接让迪士尼又重新聘请了该公司真人版《小美人鱼》剧组在英国的工作人员，此前这些工作人员都在制作停止后被解雇。目前可以利用英国“员工留任计划”的好莱坞剧组，还包括华纳兄弟公司的《神奇动物在哪里 3》、环球公司的《侏罗纪世界 3》、索尼影业的音乐片《灰姑娘》，以及迪士尼和漫威影业的《奇异博士 2》，这些剧组的员工将仍然可以获得原工资的 80%，每月最高可达 3100 美元。

五是法国“短期工作”维持就业。2020 年 3 月 24 日，法国商业频道 M6 就宣布将采取“短期工作”的措施，以保证雇员不会失业，同时也最大限度地保证员工的购买力。M6 频道的母公司 RTL 集团表示他们正研究欧洲各国的保障计划，以找到应对疫情危机最容易被接受的方案。到目前为止，这家公司在其核心的德国广播部门还没有解雇任何员工，甚至还没有利用德国的“短工制度”对员工进行补贴。

法国国家电影中心 CNC 于 2020 年 4 月 1 日发布针对视听领域的员工和公司的多项扶持措施，包括针对创作者的紧急基金，为受疫情影响而导致收入下降 50% 以上的创作者提供资金帮助，而无法证明收入降幅超过 50% 的创作者则获得一次性补助 1500 欧元。对于获得 CNC 补贴支持的公司，可以直接申请其年度批准资金的 30%，以应对新冠疫情期间可能出现的资金困难。此外，在电影放映方面，对于计划于 2020 年 3 月 14 日之后上映的电影，CNC 允许点播视频，不需要等待电影院重新开放，也不需要制片人和网络运营商偿还为放映而提供的资金。

（2）疫情之下博物馆行业发展措施

2020 年 5 月 18 日是世界博物馆日，然而因为新冠疫情的影响，全球博物馆行业全都陷入了低谷。联合国教科文组织于 2020 年 6 月发布了两项国际博物馆协会的研究报告。该报告指出全世界将近 90% 的博物馆受疫情影响或多或少都已经关门一段时间了，其中 13% 的博物馆有可能不会重新开放，严峻的形势意味着 1/8 的博物馆即将面临倒闭。

自 2012 年以来，全球博物馆的数量增加了近 60%，充分说明了过去 10 多年中博物馆行业在国家文化政策中所占据的重要地位。联合国教科文组织总干事奥德蕾·阿祖莱表示：“博物馆对社会恢复活力起着根本性的作用。我们必须帮助博物馆应对这场危机，并让他们与观众保持联系。”

在调查中，纽约大都会博物馆表示，预计闭馆期间将亏损 1 亿美元，对于一家规模庞大的百科全书式机构来说，这笔巨大的亏损还算可控。相比之下，美国阿克伦艺术博物馆蒙受的 93.3 万美元的损失，几乎是其年度预算 420 万美元的 1/4，这一损失对该博物馆的打击几乎是致命的。国际博物馆协会主席苏亚·阿克索伊对于博物馆行业的状况感到担忧，他说：“大部分博物馆都在积极谋求生存，将工作重点放在工作人员的社会保护、能力提升、清点馆藏、数字化馆藏以及在线内容的开发上。但是，没有公共和私人领域的支持，博物馆很难独自生存。筹集紧急救济金、制定政策刻不容缓，专业人士和员工的权益都急需被保障。”法国政府已于2020年4月宣布拿出200万欧元来弥补法国文化部门在疫情期间的亏空，相比之下，英国和德国的支持资金相对宽松很多，英格兰艺术理事设立了一项救济金，为艺术家、策展人、博物馆、图书馆、剧院和其他文化从业人员提供了1.92亿美元的支持，德国文化部部长莫妮卡·格吕特更是提出了1680亿美元的援助计划，将该计划称为“文化、创意、媒体部门的救援伞”。德国在2020年8月颁布了一项政策，政府将其艺术品购置预算从50万欧元增加到300万欧元。政府将从艺术博览会、小型画廊或直接从艺术家的工作室购买大约150幅作品用以支持美术馆或艺术人员的工作。

一些博物馆为了在疫情中生存，不得不拍卖藏品来支付账单，然而这种做法会导致很多珍贵的藏品无法在世人面前展出，因此这仅仅是下下策。在这种情形之下，博物馆行业由线下转为线上成了缓解博物馆危机的一项措施。伦敦国王学院的学者雷贝卡·卡恩向博物馆行业提出了更加积极且具体的建议：“首先，利用线上资源，比如在社交媒体上添加标签发表话题，引导潜在观众访问线上博物馆，通常一个火热话题的流量是十分瞩目的，因为即使人们待在家里，眼睛也还是盯着屏幕，这样博物馆就像是在互联网上照常营业。其次，开发数字产品，数字产品不应仅仅局限于藏品的数字副本，关键是利用互联网的功能，开发多层、多链接、多媒体的内容，开放在线资料，尤其是博物馆和策展人提供的解释性和历史性背景内容，用讲述故事的方式实现科学传播。同时，依据开发的内容链接建立数据库，长远来看，它将成为博物馆重要的知识传播和交流工具，在面对未来类似的危机时，也会发挥作用。”

很多开通了社交媒体页面和频道的博物馆都在努力地争取流量，比如伊斯兰艺术博物馆、卡塔尔国家博物馆和阿拉伯现代艺术博物馆每天以图片为主持续更新馆藏介绍。卡塔尔多哈消防站博物馆的线上活动更是不遗余力，组织了毕加索工作室作品的在线展览，通过对毕加索创作地点的梳理，对他的作品进行了一次仔细的考察。同时多哈消防站博物馆开设了《在家工作的艺术家》频道，分享年轻艺术家的才能，激发观众的创作灵感。《每周艺术家》频道则汇集了知名艺术家及其作品，作为线上的永久展览，该频道的内容可供观众反复查阅。卡塔尔儿童博物馆通过在线研讨会加深了与观众间的互动，孩子们会在博物馆工作人员的监督下进行游戏和学习。

意大利佛罗伦萨大教堂内的历史博物馆成为世界上第一个引入可穿戴社交隔离设备的博物馆。随着欧洲多个城市解禁令的颁布，博物馆开始谨慎运营，意大利佛罗伦萨大教堂尝试利用可穿戴设备解决该问题。自2020年5月22日重新开放以来，所有进入教堂参观的人都需要佩戴项链式的社交隔离工具，当两个人的相隔距离在2米之内时，它会轻柔地发出“哔哔”声，并且伴有震动和闪烁。据该博物馆官员称，这种匿名的设备不会跟踪个人数据，在参观者进入博物馆时免费交由其使用，并在使用之前对该设备进行消毒。

疫情之下，博物馆行业呈现新的秩序，这是危机也是机遇，更是促进博物馆行业发展的动力。如果博物馆仅仅采取“让我们坐下来，看看会发生什么事情”的方法，那么在以后，它很难继续灵活地担当知识的保存者和传播者，传播和交流不应仅仅发生于博物馆的物理空间中，而应通过更为广泛的渠道在世界范围内进行。

（3）疫情之下会展行业概况与数字化转型

一是全球展会行业现状。从市场板块来看，展览市场受到的疫情影响以延期或取消和缩减规模为主；会议三大主力市场全面受挫，国际会议受疫情影响逐渐凸显。

据不完全统计，截至2020年2月16日，展览市场宣布延期或取消的展会共195场，以国内为主；截至2020年2月28日，全球范围受影响的展览数量增加至329场，其中15场宣布取消，确定新档期的项目为104场；截至2020年3月9日，数量增至460场，其中95%的展会选择延期，宣布取消的展会仅占比5%。影响范围涉及29个国家和地区，除中国以外，德国受影响最大，其次为印度尼西亚、日本、新加坡、意大利等疫情较严重国家。延期或取消的展会主要集中在2020年3月和4月，比例高达78.8%，部分展会提出缩馆需求。针对国内的具体情况，UFI联合UFI China Club发布的《新型冠状病毒肺炎对UFI中国会员的影响调查报告》显示，主办会员在2~3月延迟及取消了55场展会，其中取消了2场国际展会，延迟举办的展会为53场，净面积总数达2909850平方米。

会议市场中政府会议、协会会议和商务会议三大主力市场全面受挫。

政府会议和协会会议相比商务会议还有更多延期的可能性。商务会议中，原本作为营销渠道重要一环的会展活动纷纷转为线上推广，这使得以物理空间收入作为主要收入来源的会展场馆受到极大影响，汽车、建筑、制造业等商务活动全面取消。根据国际大会及会议协会（ICCA）在2021年5月31日发布的《国际会议数据统计报告》统计，2020年共举办8409场国际会议，其中并未受到疫情影响的会议为763场，约占总数的9%；而延期举办的会议则高达3714场，约占44%；通过虚拟方式举行的会议总数为2505场，约占30%；被取消的会议为1211场，约占14%；通过线上线下混合方式举办的会议有143场，约占2%；重新策划举办的会议有73场，约占1%。

随着疫情影响进一步在全球范围扩大，很多国家开始限制集会活动，全球许多知名国际会议纷纷临时宣布取消或延期。根据截至2020年3月15日会展业研究中心（CEIR）报告的取消情况，经研究计算，这将导致美国23亿~36亿美元的展会组织者收入损失，加上参展商和与会者的直接支出，估计美国会展经济损失总额为140亿~220亿美元。

此外，对全球各个平台发布的相关延期或取消的展会信息进行动态监控，根据不完全统计，截至2020年4月8日，受到新冠疫情影响的国际文化节庆展会累计达到242场，包含表演艺术、视觉艺术、动漫游戏、电影电视、图书版权、文化创意设计、游戏和其他展会等八大类别（见图5-10）。其中：2020年3月11日于荷兰举行的欧洲艺术和古董博览会（TEFAF）因疫情提前四天结束；宣布取消的展会有67场，占比28%；延期并明确新调档日期（延期确定）的展会有63场，占比26%；延期但尚未明确新调档日期（延期未定）的展会有25场，占比10%；尚未明确态度（待定）的展会有86场，占36%（见图5-11）。

从展会的举办时间来看，研究得出，举行时间在2020年上半年的国际文化节庆展会受疫情影响最大，其迫于疫情迅速在全球蔓延的形势多选择取消或延期举行，而在取消和延期两者之间尚未呈现明显的偏好，各个国际展会考虑内外部要素后在收益和成本之间进行权衡。一些展会如法国戛纳电影节受疫情影响，从延期变为取消，且否定了电影节线上举办的做法，值得一提的是，不少展会在取消实体线下展会以后首次推出线上展览，这些应急做法无疑在一定程度上加快了会展业的升级换代，

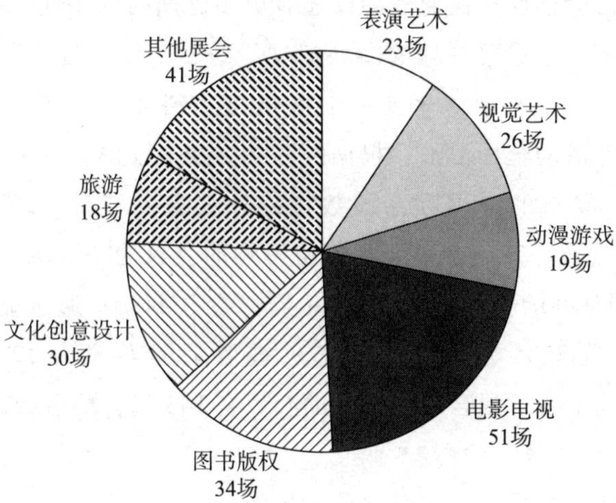

图 5-10 截至 2020 年 4 月 8 日国际文化节庆展会受到疫情影响的行业分类

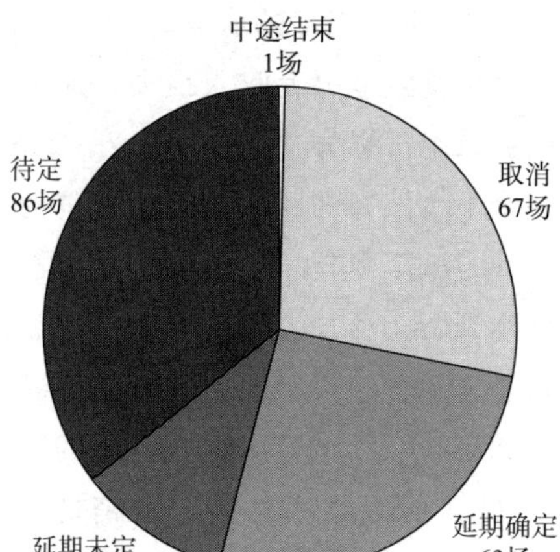

图 5-11 截至 2020 年 4 月 8 日国际文化节庆展会受到疫情影响的情况分类

并对日后国际文化节庆展会的举办形式的多元化带来更多的思考和探索。

如图 5-12 所示，从不同类别展会的具体情况来看，表演艺术类展会受到疫情影响选择直接取消的占比高达 50%，是所有类别中取消占比最高的，其次是图书版权类展会，取消占比为 44%，而旅游类展会受疫情影响而取消的占比最低，仅为 11%；文化创意设计类展会受到疫情影响延期且目前已确定新档期的在所有类别中占比最高，为 43%，紧随其后的是其他展会类，占比为 39%；电影电视类展会在疫情形势下尚未做出明确反应的展会数量最多，且在所有类别中占比最高，为51%，而其他会展类处于待定状态的占比最低，为15%。可以看出，不同类别的国际文化节庆展会应对此次新冠疫情的弹性不同。

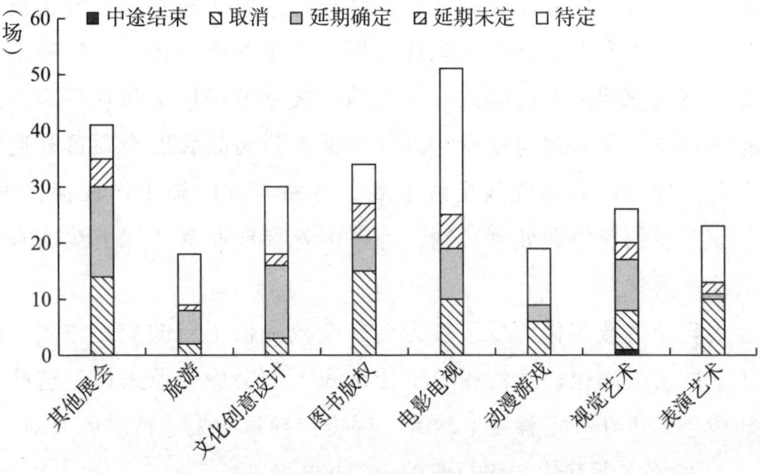

图5－12　国际文化节庆展会受疫情影响的具体情况

二是会展行业的数字化转型。突发的新冠疫情给会展举办方和参展商敲响警钟，线下传统文化节庆会展的限制催生了线上会展新平台。疫情突袭以来，北京、上海、广东、江苏、浙江、陕西、辽宁、山东等省市各大展会开始尝试利用大数据、人工智能、5G高速网络、VR/AR技术等创新信息技术，以互联网为载体举办数字形式的展会，利用线上展会系统与咨询客户及时沟通交流，借助VR全景和直播的方式展示产品，通过举办“云展览”，开展“云展示”“云对接”“云沟通”“云签约”“云交易”等“云上”业务，提升展示、宣传、洽谈、交易等活动的效果，实现从线下会展到线上会展、从实体展示到虚拟空间的转变。

疫情期间，中央首次提出“创新展会服务模式”新要求，包括招商和招展模式、运营管理模式、安全模式的创新。当前的创新首要的是充分发挥各项创新科技手段的作用，做好数字平台化虚拟展会，给予线下展会有力的补充，让虚拟展会成为国际文化节庆展会应对突发危机的新思路。可以预见，在线创新展会服务模式将成为未来展会服务的主流方式，而这种创新也显示出巨大的潜力。

和线下展会相比，线上展会缺少主办方、参展方和观众之间的面对面接触交流和相互观察，无论是推广销售方面、教育学习方面还是社交联谊方面，线上的体验感都远不如线下。线下展览并不会因为虚拟展会而消亡，但线上展会的发展在日后肯定会有质的变化。虽然，目前中国会展业尚未进入全面数字化时代，但从长远来看，随着虚拟现实技术的不断发展，虚拟展会必将成为现代会展业的重要组成部分。实现实体展会和虚拟展会双线闭合的模式将加快国际文化节庆展会迭代升级，运用大数据进行平台化管理与运营，进一步推动公司品牌展会项目开通线上展览业务，同时注意加强线上线下展会各参与方的知识产权保护意识，完善知识产权纠纷协调处理机制，为海内外参展商提供线上线下有机融合的展会新模式。

会展行业的数字化转型不仅为会展领域提供了新的交易方式，也创造出了新的工作岗位，虽然相较于传统线下的会展行业来说，这些工作岗位较少，但也在一定程度上缓解了因疫情导致的失业情况的加剧。

（4）疫情之下其他文化行业的应对措施

一是疫情期间美国其他文化行业救市措施。美国文化行业发达，社会体系成熟，在新冠疫情暴发后，虽然很多文化行业的运行受到了限制，但美国文化相关行业协会都及时对此做出反应，采取了各种各样的行动，通过社会力量的相互扶持使得文化企业与文化从业者渡过难关。在演艺行业，由于剧院活动的停滞，很多剧目表演无法展开，一些剧院便由线下转为线上演出。如美国百老汇由剧院的专业人员和演员为观众提供表演服务，大都会歌剧院也在首页增加了“Nightly Opera Streams”专题，每周推出免费的夜间剧目供观众收看，每晚七点半开始，高清放映一部歌剧精品。

在图书出版与文字创作行业，作家协会、作家基金会、图书馆慈善基金会等同样通过捐赠的方式支持文字创作者。新冠疫情在美国暴发后，美国新闻工作者和作家协会发布了《新型冠状病毒注意事项》（*Important COVID－19 Notice*）。针对此次新冠疫情给自由撰稿人带来的生活冲击，作家紧急援助基金为因当前生病或正在照顾生病的人而无法工作的撰稿人提供资金扶持，申请人不需要为协会成员，但应有著作或有公开发表的文章。卡内基作家基金会（Carnegie Fund for Authors）、美国笔会作家应急基金（America Writers Emergency Fund）发起捐赠以为作家提供紧急经济援助；独立作家资助计划（Independent Writer Grant Program）则专门针对网络创作者进行了支持，提供总计 10 万美元的创作资金以帮助他们出版著作；美国戏剧家协会基金会发起了戏剧家协会紧急补助金（The Dramatist Guild Foundations Emergency Grants），对剧作家、作曲家、作词家和作家等进行扶持。除了对创作家的扶持，书商协会也尽力支持实体书店的存在。美国书商协会发起的紧急援助基金，不仅扶持受疫情影响的独立书店，还希望通过进行资源共享或与相关机构进行协商谈判，对图书出版环节中的出版商、批发商和供应商起到一定的扶持作用。美国书商协会所进行的扶持计划，涉及图书出版中的几乎所有环节。图书行业慈善基金会（Book Industry Charitable Foundation）为书商提供医疗费用，并对书店倒闭或关张而导致生活困难的群体进行不同程度的经济扶持。

二是疫情期间英国其他文化行业救市措施。在针对艺术行业的保护措施中，英国艺术委员会（Arts Council England）在 2020 年 3 月 24 日宣布一项紧急资助计划，将拨款 1.6 亿英镑援助文化产业，以应对新冠疫情带来的冲击。在 2020 年 4 月 28 日第二轮紧急救治资金申请截止之前，有超过 400 位艺术家和创意产业从业者给政府写信表示如果再不抓紧发放紧急救助资金，英国将会成为文化荒漠。因此，英国政府接下来将会加快对救助资金的发放速度并为一些未涉及的小型企业制定补充措施。受疫情蔓延影响，英国自 2020 年 3 月 23 日开始实施为期 3 周的全面封锁，博物馆、美术馆和剧院等艺术机构均已闭馆。根据这项紧急资助计划，1.6 亿英镑专项基金将被分为三部分，其中 2000 万英镑用于资助艺术家、工作室和自由职业者，这样他们就能在未来几个月中更好地维持自己的生活和工作，英国艺术委员会从 2020 年 3 月 30 日起开放资金申请通道，通过申请的人最高可以获得约 2500 英镑的资助。9000 万英镑将被拨给英国艺术委员会指定的 828 个国家代表作机构（National Portfolio Organisation），以期各机构利用这笔资金来重新启动其创造性工作。另有 5000 万英镑被用于援助国家代表作机构之外的艺术机构。同时，英国艺术委员会通过数字文化网络对个人或组织进行数字化培训，以适应疫情下以数字为核心的工作方式。英国数字文化、媒体和体育部也通过免费的数字技术培训增强人们的技能。

在疫情影响下，英国剧院行业受到相当大的冲击，伦敦剧院协会(SOLT)在声明中发出倡议，希望所有有能力的人能够将已购买的演出票作为捐赠款，来帮助小型剧院渡过难关。此外，如果有人想对戏剧行业及其所有辛勤工作的人员表示支持，可以购买剧院礼品卡和代金券(Theatre Tokens)，一旦剧院恢复运营，这些礼品卡和代金券可以在英国260多个场馆使用，没有截止日期。同时，为保证艺术家和演员的就业，伦敦剧院协会为保障由于疫情停演的演员的权益推出了一项新规定，根据规定，剧院在疫情后的演出阵容将与现有的合同保持一致，根据该规定，演员阵容将继续与现有合同保持一致，一旦剧院重新开放，演员可以快速地重新开始排练与演出。这项规定涵盖了长期驻演的剧目、限时上演的剧目、尚未上映的剧目以及仍在伦敦西区排练的一些剧目。这项规定为伦敦西区的演员的工作提供了完整的保障。

三是疫情期间法国其他文化行业救市措施。法国为个体户和艺术行业提供了约22亿欧元的援助计划，以及针对艺术行业的紧急援助基金和地区级的艺术援助基金。法国剧院与博物馆运用互联网，在疫情期间通过举办线上活动的形式保证了民众的艺术欣赏。自2020年3月17日起，巴黎歌剧院将7部歌剧、芭蕾舞剧（包括《卡门》《唐璜》《天鹅湖》《曼侬》等）免费发布在剧院官网和Culture Box网上，每部剧可以在线点播6天。卢浮宫和凡尔赛宫也通过互联网和数字技术实现虚拟观光，法国付费电视频道“Canal +”在疫情期间免费开放电影、电视剧、青少儿及纪录片等频道，《世界报》《费加罗报》等媒体全面开放疫情专题报道并提供大量免费阅读资源。在法国文化部政策的推动下，一些针对法国艺术家与创作者的政策与措施相继颁布。

法国国家造型艺术中心是法国文化部和宣传部下属的公立艺术机构，根据2020年3月27日法国文化部颁布的应对新冠疫情的措施，该机构为艺术家与作家提供资金资助，对于因疫情而取消的作品的制作费用将提供2500欧元以内的补助；在表演艺术行业，对于非音乐现场表演部门，特别是私人剧院部门，将与专业组织一道，拨出最多500万欧元的紧急援助资金，以帮助其应对困难，并特别注意保留工作；在音乐领域，国家音乐中心为最弱势的专业人士设立了一项紧急基金，首期资金为1150万欧元，并于2020年3月暂停了售票税的征收。2020年5月6日法国总统马克龙发表声明：文化领域复工复产的同时将临时演员的工时累计期限延长至2021年8月31日。这一举措针对的是在法国登记的约10万名从事舞台表演活动的艺术类（音乐、舞蹈、戏剧演员等）和技术类（装台技工、灯光师、音响师等）临时合同工作人员，这些人享有国家制定的特殊失业保险制度，即工人在连续12个月内工作时长满足507个小时即可领取失业保险金。法国的政策延长了2020年的工时累计，相当于将给予临时演员更多的非工作时间。

在出版领域，法国也颁布了一系列支持就业的政策。法国文化领域针对出版业应对疫情的支持政策逐渐出台。2020年3月18日，法国文化部部长弗兰克·里斯特（Franck Riester）提出对图书行业进行500万欧元的拨款并由国家图书中心帮助出版行业的就业者走出困境。此外，法国图书中心将会放宽2019年10月被国家批准的法国支持出版业发展年度计划。法国也对作者、出版社、图书活动的主办方等提供了一系列的产业扶持政策。除政府的努力外，法国各个出版行业协会也充分发挥自身作用，法国书商协会和法国出版商协会支持出版企业申请延期缴纳社会保险金、减税等要求，并为从业人员、企业申领失业补助提供帮助。法国作家权益协会也宣布为被取消的活动组织者发放2020年协会补助款。

法国传统书店在疫情中通过转型来减缓疫情带来的影响。吉贝尔·约瑟夫（Gibert Joseph）书店、法国北部最大的连锁书店北方白鼬（Furet du Nord）、德希特（Decitre）书店和文化视野（Cultura）连锁店等均开通了线上服务，为读者提供或收费或免费的电子图书，图书范围涵盖也颇为广泛，包括侦探、浪漫、冒险等题材以及青年文学、经典文学和部分畅销新书。

2. 新冠疫情下数字创意产业对就业的贡献——提振信心

(1) 完美世界

2020年4月23日，完美世界发布2019年年报，公司游戏业务实现营业收入68.61亿元，同比增长26.56%，实现净利润18.98亿元，同比增长38.70%，经营性现金流同比大增1656.63%，至20.23亿元。2019年实现营业收入80.39亿元，归属上市公司股东净利润15.03亿元，剔除2018年公司转让院线业务的影响因素后，营业收入实际较上年同比增长6.8%。

同日，完美世界披露的2020年第一季度财报显示，虽然受到疫情冲击，但是完美世界第一季度经营性现金流仍出现大幅增长，特别是一季度游戏业务增长势头强劲，实现收入21.08亿元，同比增长47.69%，游戏业务净利润同比增长67.33%。2020年第一季度，上市公司整体实现营收25.74亿元，同比增长26.09%；实现净利润6.14亿元，同比增长26.41%，扣非净利润，同比增长29.17%，主要来自游戏业务增长。2020年其第一季度经营性现金流净额5.71亿元，同比增长426.42%。

完美世界能够在文化行业整体形势低迷的情况下实现逆势生长，主要的依靠有两点：一是公司稳固的游戏业务和在网络游戏中的布局；二是公司内大量的优质电视剧储备使得完美世界的影视业务并没有进入空窗期。

从完美世界的游戏业务来看，游戏增势强劲，促使第一季度盈利上涨26.41%，伽马数据监测显示，2020年第一季度，完美世界的《新笑傲江湖》手游流水超过10亿元，跻身TOP10。处于整个疫情防控期的2020年第一季度，中国移动游戏由于人们无法外出而有明显的整体上升趋势，增幅达49%。在多家公司投入巨大资源进行运营的背景下，侧重游戏研发的完美世界依然有产品进入前10，而在伽马数据的第一季度流水TOP50中，完美世界的《诛仙》手游和《完美世界》手游也位列其中，且排名靠前。其中，伽马数据对《完美世界》手游前三个月的流水测算分别是近10亿、7亿以上和6亿以上。

事实上，在2019年，完美世界就有多款游戏进入月度、季度流水TOP10。完美世界在2019年陆续推出《完美世界》《神雕侠侣2》《云梦四时歌》《新笑傲江湖》《我的起源》等。《完美世界》手游的运营方腾讯发布的2019年第一季度财报显示，这款手游首月流水达10亿元，完美世界自然也能从中收获不少的流水。《神雕侠侣2》和《新笑傲江湖》则都根据金庸小说改编制作而成，属于完美世界独有的IP，且安信数据显示，前者的月流水达2亿元，这也印证了公司在移动游戏方面的精品研发实力。这些在前期已有的高质量的游戏也帮助完美世界成功塑造了知名个人IP内容，在2020年时通过对这些现有IP的营销实现行业创收。除了这些已有的游戏IP，完美世界还保存有很多新游戏储备，比如《新神魔大陆》《梦幻新诛仙》《幻塔》《战神遗迹》《非常英雄》等。这些游戏中，《梦幻新诛仙》被认为是2020年的主力作品。而魔幻题材MMO《新神魔大陆》手游已获版号，由于国内魔幻MMO市场潜力较大，大作不多，其有可能成为2020年的奇兵。

除以上移动和PC端网络游戏的业务外，完美世界还在数字化时代中积极探索如AR、VR、人工智能、云计算等前沿科技在游戏中的运用。目前公司已经提前布局5G技术储备，且在华为首款折叠屏幕手机MateX发布前，就开始针对新屏幕对游戏软件进行技术开发；还将AR技术与人体骨骼、高互动性玩法相结合，创新游戏玩法与思路；率先合作布局"5G + VR + 云游戏"领域。

此外，影视业务也对完美世界在疫情中的脱颖而出起到了一定作用。起初，完美世界希望借助影视业务为游戏的开发带来更多想象，为了提高资金利用率和盈利能力，完美世界还在2018年初开始剥离影院业务，当年上半年公司影视业务创造的收入实现了高达94%的同比增长率，首次突破10亿元，完美世界在影视方面有了飞跃。在疫情背景下，剧组全部无法开工，这时已有的内容储备变成了各个公司竞争的关键条件。整个2020年，完美世界储备影视产品包括《光荣与梦想》《最美的乡村》《不婚女王》《限飞行：试飞英雄》《暴风眼》《星落凝成糖》《月上重火》《千与千寻》《温暖的味道》《我的新世界》《野火春风斗古城》《新一年又一年》《蓝盔特战队》《高大霞的火红年代》《燃烧》《大海港》《三叉戟》《我在天堂等你》《格斗少年》等，这些储备内容完全可以削弱剧组无法开工、新项目无法推进带来的负面影响。疫情期间，完美世界出品的《冰糖炖雪梨》上线一周就在灯塔、云合等多家数据平台的热度榜单中位列第一，《全世界最好的你》在疫情防控期刷屏，在猫眼、骨朵、灯塔三平台网剧榜、热度排行榜上登顶，并多次登上微博热搜榜。

通过完美世界的案例可以看出，文化企业的成功，最重要的便是手中的内容与IP，数字化给我们带来了巨大的变化，网络上的文化活动与文化内容层出不穷，注重文化内容的高质量发展才是文化企业提升自身竞争力的关键。

（2）华谊兄弟

2020年4月29日，华谊兄弟发布2019年度业绩报告。该报告显示，2019年归属于上市公司股东的净利润为-39.6亿元。2020年一季报显示，华谊兄弟2020年一季度实现营业总收入2.3亿元，同比下降61.4%，降幅较去年同期扩大；实现归母净利润-1.4亿元，上年同期为-9392.8万元，亏损幅度扩大。同一时间，华谊兄弟发表声明：公司计划以非公开发行A股股票的方式募集资金总额不超过22.9亿元，发行对象包括阿里影业、腾讯计算机、阳光人寿、象山大成天下、豫园股份、名赫集团、信泰人寿、三立经控、山东经达九家公司，并均以现金方式认购本次非公开发行的股份。

华谊兄弟在疫情之下通过股权融资的方式增强各个影视企业间的战略合作，以组建一个能够实现资源共享、业务互促的利益共同阵营。这些参与发行的公司以不同的方式促进了疫情之下影视行业的发展，例如：腾讯公司在社交媒体和数字技术领域具备强大的实力，结合华谊兄弟的优质内容与实景资源，可以在实现IP联动与延展、文旅业务的线上线下闭环、短视频等方面，探索创新文娱产品与娱乐生活方式。豫园股份则在文化产业和场景业务开发领域与华谊兄弟展开战略合作，以文化商业、文化餐饮、珠宝时尚、国潮腕表等零售服务业为切入点，与华谊兄弟实景娱乐板块展开合作，从时尚引领、文化旅游、IP开发等多方面开展合作；华谊兄弟在疫情期间开展的跨界合作，不仅为华谊自身的发展打下了良好的基础，同时也通过这次成功的融资活动为整个影视行业带来发展的信心和希望，也在一定程度上激活了以影视为代表的轻资产行业的产业活力。在华谊兄弟的核心业务影视领域中，华谊兄弟手中还握有众多优质电影资源，只等疫情过后，就可以通过公映为公司增加收入。

（3）新现场

新现场高清艺术影像品牌诞生于2015年，从引进的第一部英国国家剧院现场（NT Live）开始，向国内观众介绍了这种采用多机位取景摄制，再通过卫星向全球影剧院进行高清放映的艺术欣赏方式。迄今，新现场已经与英国国家剧院、皇家莎士比亚剧团、皇家歌剧院、莎士比亚环球剧院、莫斯科大剧院、法兰西喜剧院等多个世界顶级艺术机构合作，在中国放映它们最新的戏剧、歌剧、舞蹈、展览影像，总数达130部。新现场的线下放映已经覆盖北京、上海、广州、台北、香港等37地，放映超过4500场，观影人次超过50万人。

和影视行业相似，疫情给新现场带来的影响也是巨大的，很多已经排好的剧目在影院、剧院关门的情况下也不能播放。新现场在疫情期间进行了一些线上剧目的播放尝试，如在腾讯艺术频道上线莎士比亚环球剧院的 19 部莎剧、坂本龙一的音乐会《异步》、俄语音乐剧《安娜·卡列尼娜》以及《达利：不朽之旅》、《达·芬奇 500 年》等 6 部来自西班牙、意大利的艺术纪录片，观众可以付费观看。2020 年 4 月 23 日起，新现场与大麦网和优酷文化合作，首次上线来自埃文河畔斯特拉福德的莎剧现场 15 部剧目，这些作品是新现场自 2016 年首次将 RSC Live 引入中国后迄今放映过的全部作品。

相较于传统的剧院，新现场通过放映给观众带来各种剧目体验的形式有一定优势，比如能够较为便捷地将影像从线下剧场播放转化为线上播放，但它还存在一些其他问题。北京奥哲维文化传播有限公司总裁、新现场负责人李琮洲认为，对于线上观看舞台剧的渠道还需要更进一步的思考与研究。首先，目前很多大牌艺术机构并没有发行线上版权；其次，舞台艺术内容的现场感还是比较重要的，小屏观看减损很大，同时舞台内容的受众比较垂直，在综合类视频平台上很难引起较大的反响；最后，一般线上内容的单价是线下票价的 20% 左右，想要回收成本只能通过提高点播量，然而舞台剧的内容在目前还没有较大的消费群体。因此对于舞台剧线上消费的模式还需要更多的探索。

第六章　面向未来的数字创意产业就业

第一节　马斯洛需求理论与数字化时代

数字化时代的到来，改变的不仅仅是社会的生产方式，更有可能从本质上改变人们的生活模式、企业的商业模式、社会的形态与阶级模式。近30年来，世界GDP增长迅速，经济的增长使得人们的需求发生了变化，逐渐从最基础的生理需求过渡到了精神上的需求。人工智能、5G网络、大数据、云计算、VR、AR等新技术逐渐被用于企业生产和人们日常生活，为需求的实现提供了更加简便的渠道。

1943年，美国心理学家亚伯拉罕·马斯洛发表了《人类动机的理论》一书，书中提到了著名的人的层次需求理论，这一理论解释了人的从低到高的需求。最低层次的需求是生理上的需要，再往上依次是安全需求、归属与爱的需求、尊重需求与自我实现需求。数字经济带来的新技术、供需关系的改变以及产业链的升级为需求层次理论中的高层次需求提供了更为有效的满足方法，打破了人们在传统生活中的瓶颈。然而事物的发展均具有两面性，对于数字化带来的困境的探讨在前文已经被大量提及，数字化的滥用与不平衡发展更是当今时代发展中需要重点思考的问题。

一　数字化通过社交媒体实现了社交需求

马斯洛认为社交需求是指依附于一定的组织或某个群体的需求以及被群体接纳的需求。[①] Williams 和 Sommer 认为社交需求是个体对于与他人有着积极稳定的社会关系与交往的需要与渴望。鉴于此，满足社交需

---

① Maslow, A. H., *Toward a Psychology of Being* (New York: Van Nostrand, 1968).

求即以某种方式满足人们沟通的欲望。[①] 曾有学者对归属感与使用社交媒体频率的关系进行了研究，发现归属需求满足低的人使用社交媒体的频率更高，而归属需求满足高的人则恰恰相反。[②] 社交媒体的出现搭建起了人与人之间沟通的桥梁，人们传递信息的方式不再局限于时间漫长的书信，而是通过互联网的方式，加快了消息的流通速度，扩大了社交范围。通过一些社交媒体平台，如微博、微信等，人们能够找到志同道合的交流对象，视野也不再局限于某些固定的角落。此外，5G 的出现、人工智能的兴起以及 AR、VR 在日常生活中的运用更给人们提供了一种社交上的满足感。比如 AR 技术可以实现全息投影，将远方的亲人投影在需要关怀的老人的身边，而5G 加速的信号传输使得这一投影以更加流畅的动作体验营造一种真实的感受。人们的社交需求得以实现，对情感和归属的依赖也获得了解决方法。

二　数字化通过产业链变革实现了尊重需求

数字化打破了传统产业链的时空局限性，简易的线性生产模式逐渐演变为复杂的网络组织形式，劳动者不再局限于某一特定的领域，而是可以接触到更多的数字化的信息。信息、技术、知识通过网络进行传递与流通，简化了人们获取信息以及学习的步骤，知识的溢出效应在网络虚拟聚集中体现得更加明显，也因此造成了劳动者专业知识技能的提升。通过拥有更高级的技能，劳动者在工作中能够经验丰富地解决更多的问题，以此获得人们的敬佩与尊重。同时，传统“微笑曲线”的制造业产业链分布形式在数字化时代中也得到了改变，在资本密集型和劳动密集型的中间制造环节的生产效率提升与价值增值的环境下，微笑曲线的弧度变小，产业链各个环节的价值增值差距缩小，而在目前环境下处在中间环节的劳动者们所面临的工资低、社会地位低的困境也将会有所改善。地位较低的劳动者将会重新获得充分的社会尊重，其尊重需求将会被

① Williams, K. D., Sommer, K. L., “Social Ostracism by Coworkers: Does Rejection Lead to Loafing or Compensation?”, *Personality and Social Psychology Bulletin* 23 (7), 1997: 693 - 706.

② 陶灵芝：《归属需求满足对社交媒体使用的影响——基于自我决定理论视角》，硕士学位论文，宁波大学，2015。

满足。

此外，随着企业加快向数字化转型，企业自身的管理以及为客户带来的体验式服务形式得到了一定程度的升级。企业的管理更加人性化，通过智能机器控制的各种办公系统或公司设施令劳动者的办公环境更加舒适放松，人们感受到了一种轻松以及被尊重的企业文化。而信息传播速度的加快扩大了其影响范围，客户信息的透明度也越来越高，基于大数据分析所实现的精准营销也帮助企业更准确地捕获消费者的需求。目前的市场中，消费者可以通过先行“体验”创意、设计，参与产品的规划、设计、方案制定来实现对专属产品的定制，消费者不再是被动地接受服务，而是主动参与到服务的过程中，这不仅提升了消费者的消费体验，同时也令他们获得被尊重感。

三 数字化增加了实现自我实现需求的途径

对于自我实现的认识有很多种，马斯洛认为“自我实现不只是一种结局状态，而是在任何时刻在任何程度上实现个人潜能的过程”。马斯洛的自我实现需求是一种成长需求，是为了让自己变得更有创造力与生产力。对此，时刻保持学习就变得非常重要。数字化令人们通过互联网接触到了曾经难以企及的知识与信息，增加了人们学习的方法与途径，对于人才的培养以及自我价值的实现起到了较大的推动作用。而在互联网背景下人们广泛接触到的内容也可成为激发人们某些感悟的途径。

马斯洛将需求理论中的前四层需求称为“欠缺需求”，1969 年，马斯洛认为“自我实现者”分为两种类型：第一种类型为在欠缺需求领域内追求自我成长，这是低层次的自我实现者；第二种类型是重视“B 价值”（如跃动、富裕、美、善、特异性、轻松、娱乐等）的层次生活，此为高层次的自我实现者。当下我们已进入第四次消费升级时代，发展最快的行业是娱乐、文化、通信、医疗保健、旅游等。人们的消费结构和消费观念已经发生了变化，需求也从对物质的需求逐渐变为对美好精神生活的需求。高新技术和互联网将原本存在于现实中的文化服务数字化，并将其提供给消费者，实现了消费者对内在精神的追求。尤其是在新冠疫情期间，人们因为各种原因无法外出时，云观影、云看剧便成为热门，剧院、影院、音乐厅等一些文艺场所也通过线下转线上的方式令相关从业者摆脱在家待业的困境，实现了人们对高雅生活的追求，也实现了艺术家创作、表演的梦想。

四　数字技术的过度使用

在数字技术刚刚开始发展的阶段，存在一些数字技术滥用的现象。这些现象看似简化了人们的生活，满足了人们的社交需求或提供了自我实现需求的实现途径，但所带来的影响具有一定的负面性。例如目前有些博物馆在馆藏物品前添加了二维码简介，通过扫描二维码人们可以了解该藏品的具体信息。这本是为了提升游客在观赏过程中的体验感，但也有一些游客因此不再仔细地观看馆藏珍品，而是仅仅关注手机中的资料介绍，与博物馆的初衷背道而驰。对于云游览的开发固然必要，但对于已经亲临现场的观众来讲，这种扫码的方式就显得有些多余，手机中文字形式的表达过多地夺去了观众的视线，如果将这种表达方式换为音频播放则会好很多，就如同有讲解员专门讲解一般，人们既可以观看展品，又可以聆听展品的具体信息，也相对解决了博物馆在人流高峰时期讲解员不足的问题。此外，在一些演艺行业，数字技术也被投入使用，但只有适度的技术使用才能带来更好的体验效果，目前电影行业中有些企业过于注重影片中的技术特效和渲染，期望以更加宏大的视觉效果吸引观众，忽视了影片本身的内容质量，这种创作手段虽然能够带来收益，但是对于电影质量的提高并没有太多的好处。文化产业是注重内容的产业，通过内容来拓展市场也是最为稳妥的方法。同时，虽然数字技术一定程度上满足了人们的社交需求，但如果过多地使用手机、电脑、互联网等也会减少人们面对面的沟通，随之而来的后果即为亲情淡薄、社交技巧减少，更有甚者丧失了理解他人表情、语义的能力。因此如何在高科技的背景下使人们保持高情感的社会关系是目前仍需探讨的一个话题。

五　劳动力间贫富差距扩大

在《人工智能时代：人机共生下财富、工作与思维的大未来》一书中，杰瑞·卡普兰（Jerry Kaplan）指出："智能时代的到来，给人类社会带来了两大灾难性冲击：持续性失业与不断加剧的贫富差距。”数字化带来的传统产业链的变革与颠覆确实使得处于链条中间位置的劳动者实现了工资的增加和社会地位的提升，然而这一变动的基础是劳动者实现了自身技能的升级，能够从高新技术的运用中获利。对于一些难以掌握数字技术、依旧局限于重复性的生产作业流程中的工人来讲，数字化变革带来的并不是其自身工作价值的提升和获得尊重感，这些人更有可能面临的是自动化导致的失业、薪酬下降的问题。鉴于此，对于这些工作者以及未来即将进入职场的工作者进行数字技术的培养是相当必要的。日本已经将编程课程纳入小学六年级的教育课程中，以使学生能更早地熟悉数字技术来适应数字化时代的快速发展，培养专业的数字型人才。对在职者进行数字技能培训也应当被尽快纳入各大企业或政府教育的培训方案中。

此外，从中国社会发展来看，目前中国面临的一个较为严重的问题是高级技工的缺乏，这一困境在数字化的环境下可能会更加凸显。数字化实现了机器代替人的转变，更多的人将通过脑力劳动来获得薪酬与尊重。技工类职业在中国的存在感太低，也难以得到应有的尊重。然而事实上，技工的性质与马斯洛需求理论中的生理需求有一定的相似之处，都是最为基础的层次，没有基础的支撑，仅依靠脑力劳动实现社会的进步是不可靠的。因此，在跟上全球数字化发展步伐的同时，也要重视对基础人才的培养，转变人们对基础性人才的偏见，使这一类人才也能够获得应有的尊重。

第二节　数字经济对传统产业链的颠覆

一　对制造业产业链的影响

数字经济的飞速发展加速了社会生产方式的变革，以及社会经济的发展和形态演变。数字技术通过发挥数字要素易于复制、方便共享和无限增长等优势，不断渗透到生产制造活动中，给传统制造业中的生产制造、业务运营、销售管理等关键性环节带来巨大的变革。

云计算中心、5G 高速网络、智能工业制造平台等数字基础设施的日渐完善，加上以数字资源及其分享方式为先进生产力表征的数字经济，无疑会极大地改变传统产业链的资源配置、分工组织与价值分配机制，数字经济的蓬勃发展会进一步推动制造企业在生产组织管理、合作分工配置等领域的不断变革，进而重构制造业产业链。

在数字化的逻辑框架下，受外部市场环境与应用场景变化的双重影响，产业链的组织分工边界日趋模糊，管理组织形态趋于协同化、扁平化与柔性化，不同分工间存在的竞争合作关系将不断凸显出来。

此外，互联网平台的跨越式发展和大规模普及，改变了传统制造业产业链的供求关系。在率先发生改变的需求侧作用下，供给侧资源配置方式也随之改变，制造业产业链的组织形式正在转变为围绕核心企业或互联网平台进行的分布式网状结构，产业链整体呈现控制集中和结构分散的新型组织特征。

1. 分工边界拓展

传统产业链上游到下游的流动是以资金流、货物流、信息流等线性方式进行的。各环节间形成合理分配且相互间通过贸易联结。在传统线性产业链组织结构下，各分工主体往往更受制于邻近组织的信息反馈，并以此作为决策和组织生产的重要依据，而产业链的发布也在空间上受到地理因素的约束。

数字经济的信息计算和传递打破了生产要素流动的时空界限，极大地拓展了产业链的空间，推动产业链形态由简单线性模式向动态复杂网络、由实体存在向虚拟交互模式的演变。基于网络产生的复杂联结与协同交互使得产业链各环节间信息共享和协同工作水平得到大幅提升，同时产业链的组织分工对地理空间的邻近依赖度持续下降，使得以追求规模经济和规避交易成本为发展动机的地理空间集聚转化为趋向以数据分享、信息协作和数据反馈为目的的虚拟网络集聚。

2. 交易成本降低

数字经济背景下，产业链各分工主体间的交易成本会随着数字技术带来的高效率、高便捷性，以及低边际成本等特性而不断下降。根据马修斯（Matthews）的研究，制造业产业链上的交易成本由组织成本和执行成本两部分组成。其中组织成本是指为达成一项交易以及交易过程中的监督行为所花费的一系列成本，如时间成本、信息成本、签约成本、审计成本等，组织成本受网络通信技术和信息共享环境的影响更大。执行成本指的是分工主体间为实现产品贸易所产生的成本，包括劳动力成本、物流成本等。① 数字经济中交易成本下降的主要原因是数字技术带来的组织成本和执行成本的降低，其中对组织成本的影响更为显著，特别是互联网环境与数字交互模式带来的沟通成本、时间成本等的大幅降低。

图 6－1 表示传统制造业产业链交易成本的变化，执行成本与组织成本之和构成交易成本。执行成本增速呈递减趋势，由于初期（如图中 *a* 到 *b* 区间）执行成本在交易成本中占主导地位，因而交易成本增速呈现不断减缓的趋势。当分工水平达到临界点 *b* 时，组织成本增速成为交易成本增加的主要影响因素，此时交易成本增速开始更多依赖于组织成本。在分工水平达到临界点 *c* 后，组织成本开始超过执行成本并在交易成本中占主导地位。

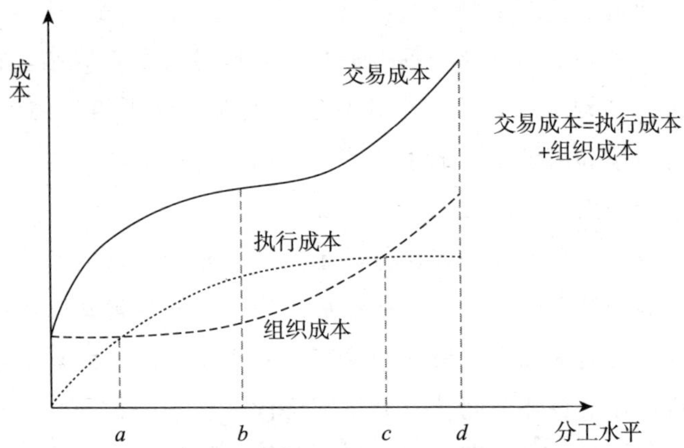

图 6－1 传统制造业产业链交易成本变化

图 6－2 表示数字经济下制造业产业链上的交易成本变化，可以明显地看出，数字经济下制造业产业链的交易成本与传统模式下的区别，数字技术在提高产业链上分工主体间的信息交互效率的同时，大幅降低了产业链的组织成本与执行成本。同时，由于数字环境具有低边际成本的

① Matthews, R. C. O., "The Economics of Institutions and the Sources of Growth," *Economic Journal* 384 (1986).

特性，组织成本在到达一定水平后将呈现稳定状态。从全过程来看，执行成本的增速要大于组织成本的增速，且在跨越临界点 e 后执行成本将成为交易成本的主导力量。

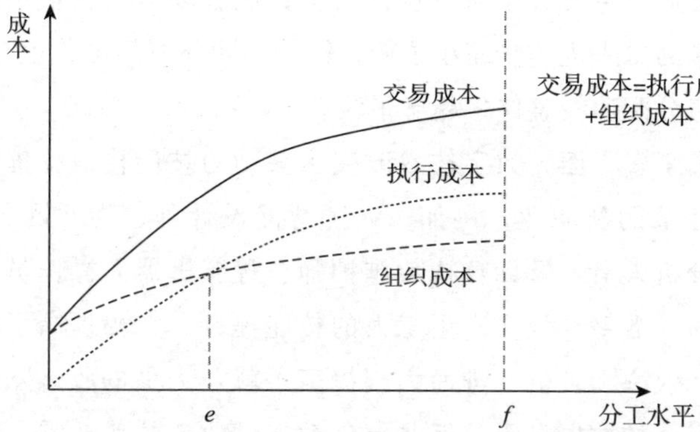

图 6-2 数字经济下制造业产业链交易成本变化

3. 价值分配转移

一般认为，制造业产业价值链呈现“微笑曲线”的分布形态，从图 6-3 看，产业链价值分配在上游研发设计和下游营销服务这两个环节最高，位于中游的装配制造环节则较低。数字经济下，数据驱动、智能环境、平台支撑、服务延伸等新型生产组织模式出现，将会重塑制造业产业链的价值分配。

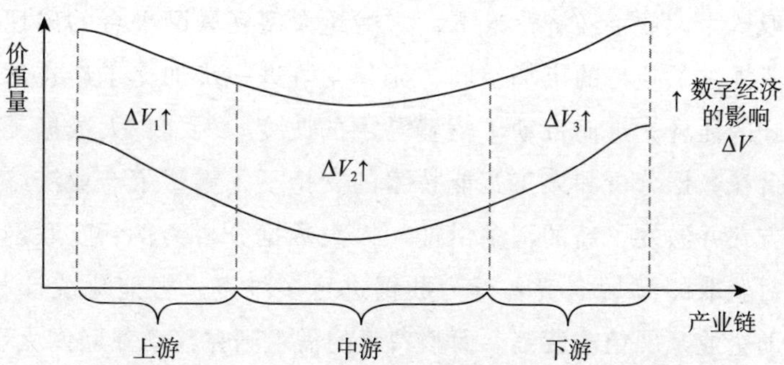

图 6-3 数字经济下制造业产业链价值分配转移

注：ΔV 表示整体价值增量，不同环节价值增量存在差异。其中 $\Delta V_2 > \Delta V_1$，$\Delta V_2 > \Delta V_3$。

从价值增值的差异来看，处于中游的装配制造环节往往具有较高的标准化生产作业水平，这一环节生产效率的改变受信息技术与生产工具进步的影响相比上游研发设计与下游营销服务环节要更为明显。大数据、人工智能、物联网、虚拟现实等数字新技术的融入，全面提升了制造业产业链的生产效率和增值空间，特别是在资本与劳动密集型的中间制造环节上，其价值增量要大于研发设计与营销服务环节的价值增量，这就使得数字技术的融入进一步缩小了产业链上不同环节间的价值分配差距，即产业链价值分配曲线整体将趋于平缓。

就业人员工资方面，数字技术改变了劳动力技能构成，催生了很多产业链中间环节的新职业，例如，人工智能设计师、物联网分析人员、大数据工程分析人员、云计算构架维护师、智能机器人操作员等高技能工人。一方面，数字经济促进了工人的技能提升，大幅提高了产业链中间环节的生产效率和价值，进而大幅提高了就业人员的收入水平。来自支付宝平台提供的数据显示，近些年移动支付业务的普及需要大量掌握相关技能的专业人员，例如：无人值守货柜、刷脸设备、移动支付感应设备等的安装调试员年薪达到 15 万 ~ 20 万元。另一方面，由于人才市场竞争激烈，产业链上游的研发设计就业人员和营销服务就业人员这两类人员的收入水平并没有明显的提升。由此可见，数字经济的发展推动了产业链上劳动力价值的变化与转移，缩小了中间环节的就业人员与两端环节的就业人员的收入差距。

4. 供需关系改变

一般认为，数字经济背景下，这些超大型互联网平台的出现为数字技术产业提供了独特的市场空间，充分竞争进一步加速了新技术与创新商业模式的涌现，进而带动了消费需求的改变。例如：大数据支持下的电商平台在数据分析和人工智能技术的支持下，重塑了产业链终端的供需匹配方式并激发了新的消费潜能。以大数据分析为例，互联网平台企业通过对获取的海量消费者行为数据进行多维度、智能化统计与挖掘，可以帮助企业开展精准营销。而消费者的需求则在移动互联网大平台上，不断地从产业链下游向上游反馈，形成了需求侧对供给侧的牵引效应。在这种趋势下，已经有大量产品开始出现消费者融入产品的研发设计、生产制造、营销服务等不同环节，共同推动产业链的形成。可以看出，能够充分利用数字平台下大数据分析技术带来的准确且及时的消费者需求信息，并能够灵活快速地安排组织生产和进行精准营销，正成为数字经济背景下制造业产业链的核心竞争优势。

二　数字经济推动产业链的融合

以互联网、大数据、人工智能等为典型特征的数字经济正在融入中国经济社会的各个领域，成为推动经济发展提质增效的重要驱动力。一、二、三产业之间的跨界融合实践不断推陈出新，应用领域不断扩大。农业方面，数字技术催生出农村电商；工业方面，国际厂商在智能制造等领域的数字化实践不断深入；服务业方面，数字技术与教育、咨询、医疗、旅游等生活服务业加速融合，促进新兴服务行业的蓬勃发展。

由于数字经济具有实时性、虚拟性、交互性、高附加值等特点，其能够在不同环节、不同经营实体之间建立沟通“管道”，加快信息要素在不同经营对象、不同行业之间的流动。而5G高速网络、区块链、可信计算等新一代信息技术的不断涌现也为产业间的跨界融合提供了更加便利的条件。

数字经济发展对产业链跨界融合具有强大推动力。最新研究显示，“数字经济+”“人工智能+”等模式将存在于每一个产品、每一项服务和每一个经济活动中并不断进行业态升级，可以说是无所不在。一方面，未来经济结构将不再由独立的行业相加组成，随着数字经济的融入，原本各不相同的产业间的边界越发模糊，甚至在诸多行业间彼此的边界正在消逝；另一方面，未来产业会呈现更加明显的立体化、多元化、开放化、数字化的趋势，数字经济助推下的产业链融合将成为新常态。在数字经济的加持下，传统产业正在由线下转为线上，科技因素正在与各行各业快速融合，跨界经营正在使传统产业转型为新兴产业成为可能。

三　平台经济重塑产业链

数字经济时代的典型特征是平台经济体的出现，且数字平台正在呈现垄断化的趋势。以谷歌、亚马逊、苹果、脸书、阿里巴巴、腾讯、百度等为代表的数字化平台，已经成为影响全球经济的重要部分。随着全球化趋势的不断演进，制造经济正在快速向服务经济转型，数字平台打造的互联网经济正在重构整个产业链。

如图 6－4 所示，平台经济的重要功能就是将网络中的各方联结到一起，数字平台本身就是各种信息相互沟通交流的核心结点。数字技术带来不同领域间的交叉融合，以终端市场为导向的供给侧发展模式推动了产业的“环节再分工、价值再分配”趋势。

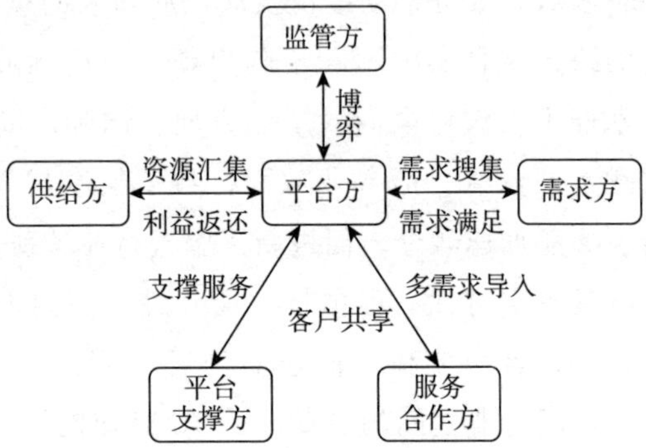

图 6－4　平台经济的功能

科技创新、数据挖掘、创意创新、平台整合等是平台经济核心竞争力的重要来源，创新型技术和先进的企业制度显得尤为重要。例如：苹果公司不仅仅是智能手机技术的开创者和引领者，其推出的苹果应用商店（Apple App Store）平台更是汇集了成千上万的软件开发企业、个人，以及海量的应用软件、音乐、影视、书籍等数字资源，其构建的苹果支付（Apple Pay）体系更是将平台中的所有组成以经济手段联结到一起，从而产生传统模式难以企及的巨大利润。

颠覆性的技术变革和理念创新，是平台经济飞速发展的重要原动力。互联网、大数据、云计算、虚拟化等技术促成了第一批数字平台的兴起。更多的创新技术正在不断涌现，物联网、区块链、人工智能、边缘计算、可穿戴设备等新技术的发展，还将带给平台经济更多的发展空间。

平台经济的影响遍布创意产业的整条产业链，在产业链的上游，产品的形态发生了根本性改变，从实体销售转变为虚拟销售。此外，为了更有竞争力，厂商将产品数字化时往往还需要进一步创新，以“物超所值”的感受改变人们运用创意产品的生活习惯。以数字出版行业为例，其主要产品包括电子书、电子杂志、数字报纸、网络游戏、数字影视、数字音乐等。传统的出版物实现的仅仅是阅读或欣赏的功能，而数字出版物以及包含数字出版物的平台将包含更多的功能，如在线传输、分享、线上视频等，因此各种新的职业岗位应运而生。在产业链的中游，平台经济大大节约了生产者与消费者之间在信息搜寻、交易与销售中的成本，同时将文化创意产品的消费转化为生产与消费能够同时进行的服务形式。这时，一些传统的中介从业者将面临工作机会的减少，而基于网络应用的在线客服、技术研发行业将拥有更多的就业机会。而在下游领域，各类信息终端进一步完善，供给逐渐增加形成行业间竞争，市场对基础型人才和专业的制造人才产生了更大需求。

平台已经渗透入各个部门，在劳动部门，出现了通过线上进行工作搜寻的数字劳动平台，这种平台是一种组织工作和业务的新方式，它将工人与企业和客户联系起来，对劳动世界具有重要意义。根据国际劳工组织的统计，自 2010 年起，通过线上直接雇用员工提供出租车和送货服务的数字劳工平台数量已经增长了 5 倍。尤其是 2020 年以来，在线平台的劳动力供应和需求都在增加。国际劳工组织对 99designs、Workana、Freelancer、Guru 四个国际性互联网求职网站进行调查发现，2017 ~ 2020 年，这些平台上劳动力增长速度远超需求的增长速度，一些平台上 90% 以上的工人无法从事工作或赚取收入，但传统行业中又亟须具有数字技能的工人进入，因此造成了劳动力过剩与短缺同时存在的情况。[①]

当前，数字劳工平台主要有两种类型：一种是基于在线网络的平台，其中任务由工人在线和远程执行；另一种是基于位置的平台，其中任务由个人在指定的物理位置执行。前一种平台通过生产者与消费者的在线沟通完成服务供给，主要运用这两个平台的行业有设计、创意、咨询等，它们缩短了传统的服务业产业链，一定程度上削减了从生产者生产到消费者消费的中间步骤。后一种平台主要包括出租车、送货、网上预约家政服务等，这些平台充当了劳工与消费者的中介。技术的发展让过去的劳动方式逐渐回归，因为工人从事临时工并按计件获得工资，这增加了发展中国家和发达国家日益增长的非正式或非标准劳动力。这种情况对传统的工作安排和标准的雇佣关系提出了新的挑战，并加剧了现有的挑战，特别是使用非标准形式的工作。

---

① 国际劳工组织：《世界就业和社会展望：2021 年趋势》，2021。

第三节 数字创意产业的就业趋势

数字创意产业是中国数字经济的重要组成部分，已成为中国文化创意产业发展的核心领域，其对就业的拉动显示了巨大的潜力。数字创意就业者从事的主要是与数字技术相关的以影视娱乐、动漫游戏、数字出版、新媒体等为核心的文创行业。目前数字创意产业的就业市场结构亟待完善，人才供不应求，随着对数字创意人才的大力培养，未来中国数字创意产业的就业趋势会呈现新的特点。

一 数字创意产业就业规模逐步扩大

数字经济快速发展以来，随着积极的就业政策推动，数字创意产业异军突起，其就业吸附力持续增强，就业规模不断扩大。依据国家统计局的调查数据，文化产业吸纳就业能力持续增强，截至 2018 年末，中国文化产业从业人员达 2789.3 万人，其中文化法人单位从业人员 2055.8 万人，占全国二、三产法人单位从业人员的 5.4%；文化个体经营户从业人员 733.5 万人，占全国个体经营户从业人员的 4.9%。与 2013 年相比，文化就业总量增长了 30.8%，其中文化法人单位从业人员数增长 16.8%，文化个体户从业人员数增长近 1 倍。在文化法人单位从业人员中，文化服务业从业人员超过 1213.7 万人，占比达 59.0%。[①]

二 数字创意产业就业结构持续优化

近年来，动漫游戏等与数字技术密切相关的新兴行业如雨后春笋般涌现，成为数字创意产业中最热门的行业，使数字创意产业就业结构持续优化。动漫游戏等新兴行业飞速发展，并与影视、VR/AR 等技术产业紧密结合，不断推动动漫游戏市场的优化升级。而现在国内动漫游戏人才缺口仍然很大，虽然线上线下随处可见针对动漫游戏人才的重金招聘信息，但少有合格者。未来随着数字创意产业人才市场结构的调整，将会有越来越多的高级动漫游戏人才，预计未来 3 ~ 5 年，中国动漫游戏就

---

① 《中国经济普查年鉴 2018》，国家统计局官网，http://www.stats.gov.cn/sj/pcsj/。

业人才将会更加多元化，游戏美术设计师、游戏造型设计师、动画设计师、4D多媒体设计师等岗位发展空间广阔，将成为令人羡慕的金领职位。现在的动漫游戏行业在国内产业占的比重越来越大，而且动漫行业对人才的需求数量也越来越多，这对动漫游戏人才来说不失为一个良机，未来其就业人数将会迅速增长。

三　数字创意产业就业模式更加灵活

平台经济、共享经济、“众筹”、“众包”、“众创”等数字经济新模式新业态快速涌现，极大地改变了传统文创产业人才的就业形势。一方面，全网络平台背景下劳动力供需双方能够更加方便、直接、高效地建立连接，大大提高了灵活用工的经济性，促使许多新型灵活就业模式以及数字化的灵活就业市场出现，大量劳动力开始接受自主创业、自由职业、兼职就业、项目用工等新的就业模式。另一方面，数字技术和网络平台的融合打破了传统组织边界，创意生产者可以更加方便地获取市场、研发、生产等资源，降低创作个体进入经济循环的壁垒，就业形式也就变得更加多样。今后数字创意产业人才的灵活就业将成为一种重要的常态化就业形式，互联网企业和平台经济模式将不断释放出更多灵活用工的需求。此外，在数字技术的支持下，未来的数字创意工作主要基于项目需要，采用在线协作的方式解决，也就需要更加灵活的线上线下相结合的工作模式。

四　数字创意产业就业质量不断提升

数字化时代下，数字创意产业的就业质量不断提升，主要体现在两方面。首先，数字创意产业从业者的收入不断提升。这是由于随着信息技术发展的更新迭代，对创意生产者的数字技术技能要求也会越来越高，传统经济下，创意产品的生产主要依赖手工创作。而随着数字技术的成熟，创意产品的生产越来越多地采用虚拟化或虚实结合的方式实现。目前计算机绘图几乎成为创意工作者进行艺术设计的主要手段；数字音乐创作者开发利用智能软件，即时听到创作效果，并随时校对修改，因此从业者需要配备社会急需的最新数字技术，成为紧缺型人才工资水平自然大幅提升。其次，数字创意产业从业者满意度不断提高，原因在于数字创意产业工作机会多且行业发展快，工作模式灵活，深受就业人员的青睐。创意工作者，包括数字创意工作者往往充满激情但又非常理性，他们从事的是自己喜爱的工作，所以能够全力以赴，即便每天大量工作也会乐此不疲。

五 数字创意产业就业需求进一步多元化

人们有追求个性化的天性，个性化需求突出了不同个体的体验感和参与感，更直接地展示了消费者的个性和价值。传统经济中，满足个性化需求的创意产品与服务只有少数人能够享用。在数字生态中，柔性生产、3D打印、智能服务等将越来越走进这个社会的每一个领域和角落，创意工作者利用这些数字技术可以使客户的更多个性化的需求被满足。客户更多的个性化需求催生了更多的岗位，导致了数字创意产业就业需求进一步多元化。同时，数字创意工作者未来可以以极低的成本搜集、分析不同客户的资料和需求，通过灵活、柔性的生产系统分别进行大规模量身定制。创意产品与服务的多样性与其所受限的到达范围不再相互矛盾，国外汽车和服务行业提供了许多成功的例子。

第四节 非标准就业对数字创意产业从业者、劳动力市场及社会的影响

一 对数字创意产业从业者的影响

非标准就业，特别是其传统形式，如非全日制就业和临时就业，对数字创意产业从业者来说利弊兼具。对于从业者来说，非标准就业可以提供其进入劳动力市场并获得工作经验的机会，同时为被迫离开劳动力市场的传统创意工作者提供了重新进入劳动力市场的机会。临时就业，包括通过临时工作介绍所介绍的就业机会，以及可以提供培养数字技能的机会，帮助传统创意从业者适应数字时代的劳动力市场，扩大社会和专业网络。然而也要看到这种工作形式的弊端。首先是工资，非标准就业的数字创意从业者的收入通常与标准就业的收入存在差异，非标准从业者与标准从业者相比更容易被扣工资或停发奖金。企业可能有意采用

非标准雇佣形式作为它们的辅助劳动力，故意降低工资。其次是工作时间，相比数字创意产业标准就业者来说，非标准就业往往不稳定且工资低，而且通常会导致与工作时间相关的三个问题：一是工作时间过长，加班更多，工作强度增加以及在当前岗位超时工作；二是不得不同时进行多项工作，这可能会导致总体上工作时间更长；三是工作时间不规律，不可预测，工作时间或工作日程无常。最后，非标准就业的数字创意产业从业者通常缺乏足够的社会保障，这一现象是由于法定条款将非标准就业的从业者排除在社会保障的权利之外，或者是因为工作任期短、收入过低或工作小时数不足，从业者没有权限获取社会保障。

二　对数字创意产业劳动力市场的影响

非标准就业的各种形式的趋势以及各国具体实例表明，在很大程度上，非标准就业的增长是由管理劳动力市场的法规和其他机构的变化驱动的。标准就业者和非标准就业者的共存可能导致数字创业产业劳动力市场分割或二元化，使得其中一方（“临时工”或“较少受保护的边缘从业者”）面临工作条件差和弱势就业的情况，而另一部分则通过正式雇佣合同获得更有利的工作条件和就业保障——即使两部分工人都有相同的工作类型。劳动力市场分割也意味着在失业和收入保障方面，标准就业者和非标准就业者之间存在不平等的风险。在经济调整方面，非标准就业者和雇主之间也存在不平等的风险分担，因为经济调整成本不成比例会牺牲二元化劳动力市场的其中一个部分。因此，分割的劳动力市场的就业和失业率波动很大。反过来，不稳定的劳动力市场也增加了公共预算的波动，因为处于就业状态的公共预算贡献者和申请失业援助的个人之间的波动较大。因此，决策者面临的主要挑战是尽量减少劳动力市场参与者分担风险不平等的不利后果。另一方面，非标准就业的广泛使用可以明确影响新技术使用、劳动力迁移效率、劳动生产率以及总体生产力和经济增长等方面。临时从业者对总体生产力增长的贡献尚有疑问，有三个方面可以确定生产力增长与临时从业者比例较大之间存在负相关，包括临时从业者比正式员工接受培训更少，导致其企业特定技能的逐渐削弱、严重的解雇威胁和较低的合同续约可能性，降低从业者积极性和工作认真程度；由于员工忠诚度下降，企业对技术专利泄漏的担忧，工人创新力减弱，针对提升生产力技术的投资减少。

三　更广泛的社会影响

非标准就业也可能导致各种社会后果，包括扭曲的消费模式，或者生活方式改变。非标准就业的两个关键方面，即就业不稳定和报酬较低，对从业者的消费和社交模式产生了严重影响。研究表明，对于临时就业者来说，获得信贷和住房更为困难，因为银行和房东通常更喜欢工作和收入稳定的人。有类似的证据表明，意大利和西班牙以及美国的临时从业者不太可能购置房屋或积累财富。一些研究表明，自置居所可以积极促进社区参与度，丰富社区社会资本。这意味着非标准就业的进一步扩张及其引起的自置居所率降低可能对社会总体造成不利影响。在韩国，困难的就业市场和毕业生难以过渡到稳定工作是婚姻模式改变的原因之一，包括延期结婚和延迟生育。在西班牙和意大利，工人工作不稳定，加上福利水平低，已经导致生育率下降。此外，在西班牙，受雇于临时合同的妇女在生孩子后更有可能过渡到自雇就业。因此，随着临时就业的蓬勃发展，欧洲生育率已经很低的国家可能会进一步恶化。受雇于提供工作地点住宿的临时介绍所的从业者在这方面极易受到影响。由于住房通常仅为从业者提供，而不是为从业者的家庭提供，那些有家庭的从业者就会与亲人分开，而没有家庭的人可能难以建立人际关系。临时介绍所从业者被迫在宿舍周围构建自己的生活，在这些地点形成自己的小型社会和文化。他们逐渐失去了与他们工作之外的社会联系。对于农民工来说，他们将会与家乡失去联系，同时难以融入主流社会。这些社会中的小型社会不断增加，其长期影响有待评估。

第七章　适应数字创意产业就业的人才培养与储备

第一节　未来发展的关键是人才

在数字经济与传统经济融合的过程中，驱动数字经济或是中国经济数字化转型的一个关键要素就是人才。数字化人才培养正从学科导向转变为产业需求导向，从专业分割转向跨界交叉融合，而人才培养的目标亦从服务数字经济转变为支撑引领数字经济发展。处在高速发展中的数字经济发展究竟需要什么样的人才？而发展数字型人才的同时如何对待其他类型的人才？这些问题都将在本节中得到回答。

一　数字化人才短缺现状

作为知识密集型的数字经济正在向生态化、智能化方向转型，但同时人才缺口的问题也愈发突出。中国软件行业协会发布的《中国 ICT 人才生态白皮书》显示，2017 年信息通信技术（Information and Communications Technology，ICT）产业人才总体需求缺口在 765 万，到 2020 年已经接近 1100 万。① 随着行业数字化转型不断加速，为推进企业数字化所需要的数字化人才缺口将持续放大。工信部统计数据显示，ICT 相关产业的产值保持着年均 20% 以上的增速，然而教育部的数据显示，每年 ICT 相关专业毕业生人数增长不超过 10%，而这部分新兴劳动力供给还需要 2 ~ 3 年的时间才能胜任岗位职责。② 区域方面，据统计，超过一半的 ICT 人才流向了北上广深一线城市，而像重庆、天津、武汉、西安等

---

① 《数字化人才培养》，百度百家号，2019 年 11 月 7 日，https://baijiahao.baidu.com/s? id = 1649509003857550368&wfr = spider&for = pc。

② 《数字化人才培养》，百度百家号，2019 年 11 月 7 日，https://baijiahao.baidu.com/s? id = 1649509003857550368&wfr = spider&for = pc。

ICT人才需求增速显著的新一线城市却出现了人才净流的现象。在未来数字中国的背景下，市场潜力主要体现在二、三线城市，ICT人才短缺将会成为欠发达地区发展数字经济的瓶颈。结构方面，传统行业缺乏具有数字技能基础的人才，导致传统行业在数字化转型过程中存在巨大困难。传统行业应用人才和专业型人才的缺失导致该行业发展缓慢。另外，现阶段教育市场所能提供的人才资源仍旧是经验欠缺且行业背景知识不足的基础性人才，从进入企业到可以胜任工作往往需要数年的适应期，这就导致人才缺口制约数字经济的进一步发展。未来，数字人才的需求缺口将主要集中于大数据、云计算、物联网、区块链、虚拟现实、人工智能等创新领域，人才需求将呈现类型多元化、需求多样化、技能复合化的新趋势。

二 数字经济发展需要什么样的人才

随着数字经济的快速发展，社会对人才提出了更高的要求，2018年9月，国家发展改革委等19部门联合出台了《关于发展数字经济稳定并扩大就业的指导意见》。该指导意见提出以大力发展数字经济促进就业为主线，以同步推进产业结构和劳动者技能数字化转型为重点，加快形成适应数字经济发展的就业政策体系，大力提升数字化、网络化、智能化就业创业服务能力，不断拓展创业就业新空间，实现更高质量和更充分就业。2019年国家市场监管总局、国家统计局和国家人社部联合发布13个新职业，其中有10个新职业与数字经济发展直接相关，涵盖人工智能、物联网、无人机等高新技术领域。只有深入了解数字经济发展过程中的人才需求，以及结合中国总体及各地数字经济发展的现实，才能对经济数字化转型有更清晰的了解和定位。

1. 高素质技能型人才

随着大数据、区块链、物联网等创新技术的出现，中国经济也开始从需求端向供给端转型，经济发展的重心开始从消费领域转向生产领域，人工智能技术以及相关人才的重要性愈发凸显，具备“技术+管理”能力的人才愈发抢手。

高素质技能型人才在劳动力市场的短缺，成为诸多中国企业发展的瓶颈。一方面，中国面临严重的结构性人才失衡，即中低端人才过剩；另一方面具备专业数字素养技能以及创新能力的高端人才则明显供给不足。传统职业与互联网联结是数字经济的根底。中国被誉为“世界工厂”，拥有完备的制造体系，进行制造业转型升级，将制造业作为发展数字经济的主战场，是夺取新一轮全球竞争主导权的关键。适应数字经济发展不但需要技术研究人才，还需要能把技术应用到实践中的高素质技能型人才。

2. 国际化复合型人才

在“一带一路”建设的大背景下，中国数字企业参与国际市场的步伐加快，越来越多的数字类企业面临激烈的全球市场竞争，对具有专业数字技能、精通语言、具有跨国工作能力的国际化复合型人才产生了巨大的需求。国际化复合型人才能够用外语进行日常沟通和交流，懂得当地政治文化、风土人情甚至政策法规，更重要的是具备国际化的思维模式以及全球性的战略眼光，亦要具备专业的数字技能。一方面，中国企业想要走向国际市场，相较于外资企业对国际化复合型人才的要求更高且更迫切。另一方面，目前受企业文化、品牌理念、工作环境等因素影响，大部分的国际化复合型人才选择在外资公司或者在海外工作的比较多，这造成中国本土数字企业更难招到国际化人才，严重制约本土数字企业开拓国际市场。

3. 创新型管理人才

数字革命改变着人们的日常生活，也改变了传统模式下的企业管理理念。企业管理者面临商业模式变革、关系日益模糊化、企业组织复杂化以及顾客追求个性化等挑战。鉴于此，数字化时代需要创新型管理人才。首先，企业管理者既要优化运营，又要革新商业模式。卓越的运营对于任何组织都是提升竞争力的重要因素，而在应用新技术、实现卓越运营方面，数字领导者起着关键作用。同时，在激烈的数字竞争中，管理者需要及时跟踪新技术的发展趋势，并善于敏锐地将新技术与本领域工作融合，对传统的商业模式进行重新设计。其次，数字世界中产品越来越智能，互联程度不断提升，企业与顾客之间的关系变得更为开放，更加以服务为基础。因此，数字领导者必须创新与顾客的交互模式，从过去的低频率随机接触转为高频率、有针对性的接触服务。

4. 基础型人才

近年来，社会各界目光聚焦数字化人才，数字化人才培养成为社会热点。同时人才争夺大战愈发激烈。很多地方都纷纷抛出优厚条件，旨在引进更多高层次人才。如此做法固然有助于满足数字经济时代对人才的需求，但也引发了作者进一步的思考。在未来的发展中，掌握数字化技术的员工就是人才吗？人才必须掌握数字化技术吗？掌握数字技术就能获得体面的工作吗？答案必然是否定的。事实上，如果政府在发展中只顾“金字塔”塔尖建设，而忽视了基础人才的培养，对于社会、经济的发展并不能起到促进的作用反而可能导致混乱。毕竟，任何城市的发展都需要各种层次的人才来推动。

当前，在火热的数字化人才引进和培养背后，已经有种种矛盾凸显出来。例如：盲目引进高层次人才导致浪费、引进人才不能与城市发展需要相契合、缺乏针对高层次人才的服务保障平台等，这一切都使得高端人才难以发挥最大的价值。高层次人才不能很好地释放能量，只会使得人才引进流于形式，这就需要重新审视人才培养和引进理念。

其实，随着中国的经济结构调整和产业结构升级，基础性人才正在发挥越来越重要的作用。数字经济的发展仅有高端人才的引领是不够的，缺乏基础性人才的有力支撑，高端人才所能发挥的作用将大打折扣，导致对地区的带动效果不明显，这一点在中国西部一些地区表现得较为明显。遗憾的是，某些地方对于人才的培养一味追求高层次、数字化。这是片面的、缺乏整体性和包容性的人才培养观念的体现。

因此，数字经济背景下，人才链的完整建设需要把整体性和包容性的特点体现出来。不论城市大小，都需要不同层次的人才集聚。重视基础性、服务型人才的培养，是弥补区域发展后劲不足、更好地发挥人才集聚效应的重要途径。与此同时，城市还需要不断提高管理和服务水平，推动人力资源之间的良性互补互动，促进高端人才与服务型人才的相互合作、相互影响，为其创造宽松、优质、成熟的就业环境。

第二节　数字化时代就业现状

一　数字化时代人才就业的发展特点

数字化时代人才就业呈现流动性大的特点。首先，与其他行业相比，数字化领域的人才流动更为频繁，例如：在中国和美国，互联网类企业员工平均每25个月或27个月就会更换一次工作，越是热点领域，人才的流动性越大。在互联网公司中，员工很少签订一次性超过3年的合同，每年近1/3的企业员工离职都属正常。这可能与目前数字化人才供不应求的现状有关，但更重要的是，这也与数字化人才追求挑战和自我提升的特质有关：当这些数字化人才认为工作环境正在制约其进一步提升且缺乏激发自我创新的动力时，其往往就会选择新的职业机会。尤其对于一些高阶数字化人才，由于他们绝大多数本身已经实现财务自由，物质激励将不再是他们职业发展的首要考虑因素，他们更渴望在新平台上实现个人价值，探索新领域的突破，以及为家人带来稳定、幸福的生活。

其次，传统组织和雇佣模式对数字化时代人才的吸引力正在降低，平台就业、创业、零工等多元化的新兴工作方式正在分流一部分年轻就业人员。根据《灵活就业群体生活状态调查报告（2022）》，灵活就业群体的年龄集中分布在21岁至40岁之间，呈现青年化趋势，未婚、无生计压力的年轻人和已婚、有养家责任的中年人构成灵活就业用工人员的主力。分职业看，新型灵活就业群体更年轻化，年龄均值为32.9岁，低于传统从业者（35.7岁）。具体来看，直播、自媒体等在线服务人员整体上更为年轻化，年龄均值不超过30岁；线下生活服务业人员、财务文员和生产制造工人平均年龄也较低，不超过35岁。① 对“90后”毕业生的调查也发现，只要符合自身兴趣及理想方向，任何就业模式对“90后”而言均可：无论是就业还是创业，内在动机都在于能否成就自我、实现理想。同时，数字化时代人才热衷于追求“开放自由、相对宽松”的组织文化，相较呆板、稳定的工作场所和时间设定，更愿意在弹性工作制下，及能激发创意的舒适、时尚的办公空间内工作，甚至是远程办公，因此对能提供平等、坦诚、创新、自由特质及文化的互联网企业情有独钟。

二　数字化转型加剧人才争夺战

数字技术的发展影响甚至改变了众多传统行业的商业逻辑，同时大

① 《灵活就业群体生活状态调查报告（2022）》，人民论坛网，2022年10月24日，http://www.rmlt.com.cn/2022/1024/658739.shtml。

量新兴领域的出现也产生了新的就业需求，尤其是对在垂直行业内能够深度融合数字化技术、具备“互联网+”思维的跨界人才的需求。这类人才不仅需要数字化相关技能和思维能力，还要熟悉本行业的业务流程及模式。例如，传统金融服务业在数字化转型过程中会产生大量数据分析、创新用户体验、社交媒体管理、移动支付等领域的跨界人才需求；又比如在智能制造领域，传统制造业企业的转型升级离不开工业数据科学家这一关键岗位，这类人员既需要具备编程技能，又能够熟悉制造流程，同时还要对企业信息系统和创新制造体系有深入的了解。

首席数字官是各大企业迫切争夺的一类跨界人才，不同于一般技术人才，这一岗位对人才的复合型能力要求极高：不仅需要具备数字技能，还需要洞悉行业和企业需求，明确技术解决方案的整体方向；不仅需要有组建数字化团队、带兵打仗的领导力，还需要在组织内外拥有极高的影响力；作为数字化变革的代言人，要引领全员，尤其是对数字化业务生态有深刻的理解。

同时，数字化基础服务领域本身也成为重要的人才需求来源。目前在中国就业市场求职需求增长速度最快的十大行业中，互联网/电子商务、计算机软件、数字经济与信息技术服务行业就占了三席。其中软件/互联网开发/系统集成、互联网产品/运营管理等热门需求职业的出现，一部分来自传统互联网领域的发展，另一部分则是由传统行业数字化转型所产生的。放眼全球，对数字化顶尖人才的争夺也早已从传统科技公司之间的竞争蔓延至传统行业的跨界竞争中，甚至是企业与高校间：Uber 2015 年从卡耐基梅隆大学机器人实验室聘用了 40% 的科学家；通用电气 2015 年底组建 GE Digital，从思科、SAP、IBM 等公司以极具诱惑的待遇招人；CNN 政治则聘请了新闻聚合网站 BuzzFeed 的顶尖技术人员。①

三　数字化提升人才培养及搜寻成本

数字创意产业是目前全球最具有创新能力的产业，设计创新的更新速度远超传统行业。当今世界公认，尽管根据“创造性毁灭”理论，数

① 《2035 人才发展战略（一）：数字经济下的人才趋势》，2017 年 2 月 16 日，搜狐网，https://www.sohu.com/a/126442331_560210。

字创意产业技术的快速更新会摧毁一大批工作岗位，但它带来的新的工作需求将会迅速弥补不足，在人力资源市场整体上形成促进就业的形势。然而，从目前的全球市场形势来看，尤其是发展中国家的人力资源市场，虽然数字创意产业革新创造的工作岗位数量比摧毁的更多，但这些新生岗位很容易出现供需不匹配的现象。以农产品通过线上渠道直接销售为例，原本属于农产品销售中间环节的大量营销商失去了工作机会，线上推销文案、线上客服、线上设备维护员等岗位被创造出来，单单从数量角度看，如果失业的营销商从事文案、客服、维护等工作，那么创造就业的正面效应确实能体现出来，但事实是很多发展中国家的营销商并不具备足够的工作素养，他们可能不具备文字处理能力、不了解机器设备的运转原理，短期内通过学习适应新岗位的成本又非常高，于是只能从事其他工作或者被迫失业；无法招到合适员工的新生岗位，不得不投入更多的搜寻成本，扩大人才搜索范围，严重影响工作效率。

发展中国家相比发达国家，更可能面临人才供需不匹配的困境，因为这些国家的劳动力素质可能偏低，本身就无法胜任数字创意产业内的很多工作；教育资源可能较为紧缺，人才转型速度跟不上科技创新速度，即使从国家角度进行改革，也难以适应形势变化。亚非众多发展中国家一般人口较多，国家整体进行就业安置和教育资源整合的难度较大。

发达国家，尤其是欧洲国家，人口基数小，第三产业占比较大，数字创意产业发展已经较为成熟，教育投入力度也大于一般发展中国家，因此不太可能面临人力资源供需不平衡的问题，但这些国家的人才供给量可能无法跟上数字创意产业巨大的需求，从而发生人才短缺的现象，本国的企业不得不在海外寻找更多的人才资源，这同样会增加人才搜寻成本。

四 “人机竞争”的发展

随着科技的发展，数字革命对就业市场产生了很大的冲击：很多行业已经开始能够制造机器人来代替人工完成工作，并且完成的效率和质量都比较保险。同时，数字化的普及引发了担忧，人工智能机器是否会对人类的工作构成威胁？人类与机器人的竞争是否会以人类的失败而告终？确实，制造机器人正在变得愈加精密，计算机也开始学习模仿人类，甚至在某些领域已经超越人类。看起来机器人将会替代人类的体力劳动，智能计算机可以代替人类的认知类工作。但站在历史和当下的角度更全面地分析可以发现，以上的观点是错误的。一方面，数字化确实会使某些现有的岗位消失，因为很多工作未来可以由机器人和智能机器完成，就业市场也会因此发生剧烈动荡；另一方面，数字化同样给就业市场带来了机遇。例如数字化在新兴行业中创造出了更多新岗位，就业市场最终的情况甚至可能比之前更好。

从历史上看，过去的技术革命告诉我们，每次技术变革确实会导致部分人力被机器取代，如蒸汽机、电气工程、传送带生产和机器人。回想工业革命后的头几十年，技术浪潮确实带来了巨大的社会动荡。比如，19 世纪农村人口相比城市居民越来越贫穷，因此不得不大规模向城市转移。但与此同时，许多新的工作岗位也在其他领域出现，而且新工作往往比旧的更有优势。总的来说，过去的技术革命，新增的工作岗位数量并不比消失的少。尽管当时有很多人像现在一样担忧，但事实证明他们的担忧是多余的。西方世界曾有过高失业的时期，但其实都与技术变革没有太大的关系，因为技术变革的周期长，而就业市场的波动周期短。其他的冲击，如战争、地缘政治动荡和金融危机等，对就业市场的影响都远大于技术革命。

从当下来看，数字技术的进步提高了劳动生产力，即每个工人的产出、生产成本会因此降低，节约的资金可以投入新产业和新产品，刺激市场对新产品的需求，而新产品的生产需要新的劳动力，从而创造出新岗位。此外，智能机器总要被人类制造和操作，没有人类的维护，机器也无法正常运转，而当智能机器越精密，对它进行修理和开发的团队就越复杂和庞大，可以看到当下数字化给 IT 行业带来了令人瞩目的就业盛况。因此，“人机竞争”不会威胁人类的生存，我们应保持乐观的态度。

第三节　培养适应数字时代的人才

在上述的研究中，提及最多的是数字化给未来就业市场带来的影响，大量的预测表明：数字化将会对人类的工作构成威胁。自动化与智能机器人将会代替人类进行工作，现有岗位的劳动力将会大面积失业，这一观点被大量学者与媒体认同。

然而本书始终对数字化对就业的影响持有较为乐观的态度，机器代替的大多是一些常规的、烦琐但重复性高的工作，那些富有创造性、需要用人类情感填充的、需要社交的工作以及一些基础性的工作都是难以被机器替代的，路德维希·艾哈德在其著作中提出一个观点，即工作任务在技术上能被取代并不意味着该工作岗位在世界上的消失，企业家还需考虑技术投入商业所带来的成本。所以，即使技术水平达到了某种高度，也不会有太多的工作岗位就此消失。此外，技术还能创造新的工作岗位，这些新的工作岗位将在时代的发展中成为未来人们选择的主流。新的工作岗位相较于曾经的工作来讲必然在技术的运用上有所要求，机会已经摆在人们的眼前，是否具有与之匹配的能力将会决定人们是否能够拥有体面的工作。因此，相较于对失业的担忧，如何提高在数字化时代中的竞争力，激励人才的发展，培养符合未来发展的技术型人才是需要重点考虑与关注的。

一　构建需求导向的培养与培训体系

数字经济领域的发展日新月异，人才培养和供给的压力日渐严峻，培养具备前瞻性思维的数字化人才更是刻不容缓。从人才需求侧来看，大数据、物联网、区块链、虚拟化、人工智能等创新型技术还处于技术的高速发展阶段，相关产业迭代速度快、专业化程度高，数字化人才需求旺盛，这也给处于人才供给侧的机构和组织带来了巨大的挑战。数字产业和传统产业转型带来了强劲的人才需求，而数字化人才的特殊性，改变了现有的人才培养模式。传统的人才培养模式无论是在教学内容方面，还是在教学方式方面都相对固化，且往往与企业实际用工需求脱节，无法跟上数字时代快速发展的脚步。社会各界对数字人才的吸引和培养应更具有针对性，因此要以需求为导向建立有效的数字化人才培养机制。

1. 政府层面

数字经济发展是大势所趋，与传统经济发展相比既有相同之处，也有独特之处，在数字化人才就业服务方面，政府要与时俱进，在平台服务、教育改革、法律法规等方面进行数字化转型。首先，加强全国公共就业信息服务平台建设，强化移动端应用，打造集政策解读、业务办理咨询于一体的智能服务体系。其次，要深化教育改革，进一步扩大和落实高校专业设置自主权，鼓励教育机构根据社会经济发展需要，提前应对未来数字时代的人才需求，加大数字技术领域相关专业的人才培养力度。再次，政府要对数字化人才就业在法律、政策层面给予合理保障。通过打造产业优势、创新生态系统、提供多方位的保障性条件来吸引数字化人才。最后，政府可就已有教育体制进行进一步的改革，为未来迎接数字化的到来做好准备。政策制定者应当意识到数字化的重要性，在中小学中开展专门的编程课程；在更多的大学中设立相关专业，不局限于计算机这一类专业，由于互联网的高渗透性，其与其他产业的结合变得相当容易，因此也可增设一些交叉学科的专业，培养全球性的数字化人才。

2. 企业层面

大数据、移动互联网、物联网、区块链、人工智能等数字技术的成熟与发展，不仅直接创造出大量新兴就业岗位，还通过扩大和升级信息消费、智能服务等，促进产业融合发展，形成巨大的就业吸纳能力。信息社会对各类人力资源的技能和素养有更高的要求，曼海姆欧洲经济研究院（Zentrum für Europäische Wirtschaftsforschung，ZEW）的一项对德国企业的调查显示，有2/3的企业认为继续接受数字化培训相当重要。因而企业在引进数字化人才的同时，也要着眼自身员工的数字化转型，持续提升数字在技能培训、加大人才培养力度，不断丰富培训内容，比如大数据分析、软件编程、工业软件、数据安全等方面。健全培训模式和创新培训方式，从而提升人才的综合技能，从供需双侧推动数字经济促进就业。另外，企业可与院校或政府部门建立订单式的培养模式，用人单位提出用工需求，学校或劳动保障部门根据相应的需求对人才进行系统的培训，这样不仅能减少培训机构的成本，也能提高用人单位的工作效率，更能为即将步入社会的人才提供就业保障。订单式培养的做法为这种新型岗位提供了坚实的人才基础。

3. 院校层面

院校在培养数字化人才的过程中，一定要根据社会人才需要进行课程创新。首先要对数字化人才的现状和需求进行充分的认识和了解，从行业、职能、技能多个角度对人才储备的现状、优势和劣势进行分析，依据行业、职能和技能的不同差异进行筛选，以需求为导向建立有效的人才培养机制，通过设立前瞻性、定制化、实践性课程全力培养数字化人才。其次，在培训方式方面，高校可以充分利用移动互联网、慕课（MOOC）等平台制定基于网络的数字化培训学习方案，实现从课程设计研发、课程讲解、网络监控到大数据教学评估等全流程网络学习模式。大力发展“互联网+”教学和技能培训，积极采用移动互联网、虚拟/增强现实、大数据监控等数字化教学培训技术，强化学生的数字技能，为中国在全球数字经济发展中构建比较竞争优势奠定基础。此外，学校也应当对培训机制进行适当创新，在社会对综合性人才需求逐渐增加的情况下，学生仅有一位导师固然能够进行专业领域的深入研究，但对其他方面的认知较少。因此可以组建导师组，形成一位学生多个导师的培养方案，学生对知识与技能多学多用，以应对未来竞争更加激烈的就业市场。与此同时，课程的形式也可以转变为模块化授课，增强学生的实践能力、扩大学生的知识储备。

4. 社会组织层面

除政府、企业以及学校的力量外，社会组织在人才培养及保障中也发挥着重要的作用。比如美国、法国、英国等社会组织以及行业协会，在面对新冠疫情时，通过倡议、组织捐款以及提出意见等多种方式为受到疫情影响的工作者提供援助，同时目前大量的社会组织也紧跟数字化的步伐，伦敦剧院协会、美国演员基金会等社会组织都自发组织了数字技能的培训项目。相较于政府、企业和学校等，社会组织有其特有的优势，行业专业的社会组织由于具有专业人才和行业领域专家，能够更为有效地针对当前市场环境进行指导、制定行业标准，同时这些社会组织大多不以营利为目的，因此在制定对策时更能以行业发展为核心。此外，相较于学校，社会组织更加贴近生活，与社会的联系更加密切，在人才培养上也就更能把握关键。因此，在数字化时代的人才培养中，社会组织与行业协会要充分发挥其在行业中的带头与引领作用，从实践的角度出发，建立行业人才培养体系，提出适合当下社会环境的关键性建议，为人才培养做出指导。

二 保留数字化浪潮中的基础型人才

时代在不断变化，产业链变革令数字型人才变得格外抢手。对数字人才的培养确实很紧迫，然而这一人才的培养是基于传统产业已经发展到一定程度，同时对数字人才的高需求并不代表着对传统人才或基础型人才的忽视。中国目前存在一些对职业工人的固有偏见，学生在九年义务教育后的选择多是考大学或出国留学，选择继续进行职业教育培训的人少之又少。这一方面与中国人的文化思想有关，另一方面也与职业工人的社会地位偏低有关。人们过度重视对资本密集型人才的培养，忽视了基础的工作岗位。此外，数字技术固然重要，但社会中还存在无数的传统手工匠人，这些人所拥有的技能不是一蹴而就的，而是在一天天的学习与实践中变得完备。因此，守住根基，在传承中创新才是最为恰当的选择。一是加强对传统手工匠人的社会保障，提升其福利和工资待遇；二是加强对小众的优秀传统文化的宣传与营销；三是注重对优秀传统文化人才的挖掘和培养，注意技艺保护与传承。

三　关注综合型与国际化人才的培养

在进行人才培训时，不能仅关注对人才技能的培训，还应帮助其具备能够适应全球化浪潮的专业技能。过去，人们可以专注于某一环节的工作并长期以此为生，然而目前快速变化的国际形势和数字化带来的失业、新型岗位层出不穷的现象使得各企业和社会对于复合型人才更加关注。为了解决这些问题，企业、高等院校和专业技术学院都应承担起相应的责任。首先，提升师资队伍的国际化水平。充分吸纳政产学研、国内外的资源，组建“政产学研相结合、国内国外相结合”的优秀师资队伍。以“双语化、现代化、跨学科”为目标促进人才培训师资队伍的自我完善；通过丰富的国际合作资源提升师资团队教学及技能水平；以知识创新为目标，紧密结合社会需要，积极扶持师资团队参与教学研究改革和学术调研、科研活动；以服务社会、满足社会需要为目标，推动教学实践创新与发展。其次，通过理论与实践相结合的方式进行人才培养，鼓励学生在完成基础学习任务的同时进行学术研究和探索，锻炼学术水平与科研能力，在高频度的锻炼中巩固和提升能力；与专业的企业进行合作，通过有针对性的科研实践，学生能够融会贯通所学知识，提高培养质量。最后，可依托国际化学术平台，以海外合作研究为切入点，通过良性合作开展人才联合培养新模式。

第四节　推动数字创意产业就业

一　优化高质量发展数字创意产业就业政策环境

国内应进一步出台数字创意产业就业发展规划和利好政策，制定相应地促进指导目录，并将数字创意产业就业纳入支持重点，例如定期发布数字创意产业就业岗位手册等，对企业的研发投入、IP开发和运营、人才培训、海外市场开拓、海外维权等项目给予资金支持，探索建立财政资金与金融政策相结合的多元化支持体系。加快完善争议解决机制，支持实力较强的仲裁机构探索设立数字仲裁院，做好法治保障。同时，各经济主体应全面落实《中华人民共和国网络安全法》，加强对跨境数据流动的安全性评估，鼓励企业建立数据安全和风险内控管理体系，保障数据依法有序自由流动。中国应综合运用居住证积分、居转户和直接落户等梯度化人才引进政策，积极引进数字创意产业发展所需的各类优秀人才，对国际型高端人才的住房、子女就学等配套服务给予保障。建立数字创意产业多元化人才培育和孵化机制，通过政府购买等形式集聚社会资源，举办数字创意产业各方面的专业培训班，搭建数字贸易人才培养中心，探索设立数字创意产业相关专业性院校，加快形成一平台多专业化机构的培训体系。

二　营造良好的社会市场环境

国家政策在人才培育中发挥了重大作用，中国目前的数字创意产业内部仍然存在一些问题，如在企业中一些数字许可证只有国企或者国资控股企业才能申请、民众对数字创意产业的认知较少、新兴数字产业劳动力工作时间较长等。对此，建议国家进一步放宽政策，营造良好的社会环境，在设置市场准入门槛时更多地给予民营企业便利性；对于内容生产者的成果要加强保障，如强化著作权和名誉权保护、提高数字劳工薪酬待遇、完善数字劳动就业法律法规、建立非标准就业社会福利保障系统、提升数字创意资源附加值等；为数字创意产业的劳动力就业提供更为全面的支持服务；同时，提升民众对数字创意产业的认知水平和对专业技术的重视程度，创造和谐的就业环境。

三 推动产业转型升级，推进数字就业平台建设

随着数字创意产业逐渐转型升级，在未来应努力促进形成“数字创意+”新型业态。在“互联网+”的基础上，把数字创意产业融合理念落实到位。将数字创意与电商、社交媒体、教育、旅游、农业、科技等领域融合，培育更多新产品、新服务和新业态。普及并深化数字创意在电子商务、社交网络、虚拟现实购物、社交电商、粉丝经济、在线教育等领域的应用，催生出更多的数字创意产业就业岗位。同时，加强基础设施定位的落实，将通信基础设施规划纳入规划体系，城市规划、建设、交通、绿化等管理部门与通信部门共同推进完善通信基础设施规划建设。加快推进城市新一代信息基础设施建设，着力开展5G网络规模部署和试商用，推进5G、物联网、IPv6等应用部署，支持基础电信企业实施网络架构升级，促进网络智能化改造，全面提升基础支撑能力和服务质量。探索建设国际通信出入口局的国际互联网数据专用通道，优化网络构架，减少跳转层级，积极推动建设快速响应的国际通信服务设施。在此基础之上，建成全方位一体化的数字创意产业就业服务平台，增强服务保障力度。汇聚政产学研各方资源，为企业、从业人员等提供就业法律咨询、分析与建议等技术支持和专业化服务。同时也要在平台中形成数字就业社会监管体系，加大对各大网络平台的监管力度，定期对平台进行资格审核，不合格者应进行惩罚并严肃整顿。另外，政府应加强对大型数字创意企业的监管、对中小型企业的引导和规范，提高企业的运营素质，尽量避免出现损害就业者与企业利益的社会乱象。

四 加大数字创意企业扶持力度，规范数字创意企业管理

对于数字创意产业来说，最小的功能性单位是企业，首先要对“数字创意企业”进行概念界定，形成相应的分类统计标准。将数字创意企业的生存和扩张摆在最基本的位置，特别是中小型企业的生存和运营情况，重视对这些企业的扶持工作。对数字创意企业的扶持可以包括以下几个方面。数字创意企业的财务方面，通过减小企业资金流动压力来扩大它们的生存空间，例如加大政府补贴力度、降低企业税收、给予出口补贴、降低企业上市门槛、提高企业贷款额度等；数字创意企业的市场

竞争方面，通过改善市场竞争环境来创造更多盈利可能，例如提高对大型企业的运营要求以适当降低它们的垄断地位、降低对内和对外投资门槛以扩大市场内需、对初创企业提供政策优惠等；数字创意产业的业务方面，通过创造更多业务方式为企业提供更多可盈利点，例如利用公开招标将部分国家项目分给数字创意企业完成、举办对外合作项目对接市场以促成项目合作等。

我们处在一个最好的时代，我们处在一个最糟的时代。马克思、恩格斯在《共产党宣言》中指出："资产阶级在它的不到一百年的阶级统治中所创造的生产力，比过去一切世代创造的全部生产力还要多、还要大。"① 新技术不断涌现，相信在几百年前很难想象未来最高水平的围棋选手会被机器打败，全世界的信息能够以秒为单位进行迅速传播。如今人们的生活质量不断获得提升，这是从人类诞生以来最好的、最令人满足的时代。然而，当科技出现，当越来越多的便捷化、智能化的设备被创造出来，世界变得更小。科技的发展大大加速了对地球资源的消耗，战争、生态失衡、环境污染、人口爆炸、资源短缺、经济危机、恐怖主义……似乎所有的危机都在这一时刻扑面而来。

目前我们处在数字化的时代，数字经济的到来对传统产业链造成了颠覆性的影响，好处是生产效率更高，人们更加专注于创造性的工作，新型岗位不断出现，数字化基础需求之外的高层次需求变得更加容易实现，但这给人造成一种错觉，即高水平的人才和技能才是社会继续进步的核心。事实上，基础型人才是一个国家的根本，很难想象这些当下被忽视的基础型人才在人类历史的进步中为社会做出了多大贡献，又留下了多少文化资源与遗产。因此，在未来的发展中，正确评估人才的价值并培训满足社会需求的人才是社会发展的关键。为此，各国政府、企业、社会组织以及专业院校都要充分发挥其引领和指导作用，在人才培养上做出贡献，以推动经济的繁荣发展。和过去的几次技术革命一样，虽然数字化变革对劳动力市场也有冲击，但其有潜力创造出更好的工作，帮助人们更好地掌握技能、实现自我价值，推动社会发展并建立更加美好的未来世界。

---

① 中共中央文献研究室编《改革开放三十年重要文献选编》（下），中央文献出版社，2008，第973页。

参考文献

1. Atkinson, R. D., "Emerging Technologies and Preparing for the Future Labor Market," *Information Technology and Innovation Foundation* (2018).

2. Benjamin Balsmeier, Martin Woerter, "Is This Time Different? How Digitalization Influences Job Creation and Destruction," *Research Policy* 48 (2019).

3. Brynjolfsson E., Mcafee A., "The Second Machine Age," *NZ Business* 14 (2014).

4. Coyle, D., *Inequality and the Future of Work* (London: The Economist, 2016).

5. David Autor & Anna Salomons, "Is Automation Labor Share-Displacing? Productivity Growth, Employment, and the Labor Share," *Brookings Papers on Economic Activity* 1 (2018).

6. Hallward-Driemeier, M., Nayyar, G., *Trouble in the Making? The Future of Manufacturing-Led Development* (Washington, D. C. World Bank).

7. Hyejin Yoon, "Do Higher Skills Result in Better Jobs? The Case of the Korean Animation Industry," *Geoforum* 99 (2019).

8. Innovate UK, *The Immersive Economy in the UK—The Growth of Virtual, Augmented and Mixed Realty Technologies*, May 2018.

9. International Labour Organization, *Non-standard employment around the world*, 2016.

10. John Keynes, "Economic Possibilities for Our Grandchildren," in John Keynes, ed., *Essays in Persuasion* (London: Palgrave Macmillan, 2010).

11. Lent, J., "The Global Cartooning Labour Force, Its Problems and Coping Mechanisms: The Travails of the Marginalised Cartoonist," *Work Organisation, Labour and Globalisation* 4 (2010).

12. Luksha, P., et al., *Atlas of Emerging Jobs* (Moscow: Skolkovo, 2015).

13. Manzerolle, V., "Mobilizing the Audience Commodity: Digital Labour in a Wireless World," *Ephemera* 10 (2010).

14. Matthias Oschinski, Rosalie Wyonch, *Future Shock? The Impact of Automation on Canadas Labour Market* (Ontario: C. D. Howe In-stitute, 2017).

15. Mckinsey & Company, *A Labour Market That Works: Connecting Talent with Opportunity in the Digital Age* (New York: McKinsey & Company, 2015).

16. Metra Martech, *Positive Impact of Industrial Robots on Employment* (London: Metra Martech Limited, 2011).

17. M. K., Thomas, "The Rise of Technology and its Influence on Labor Market Outcomes," The *Gettysburg Economic Review* 10 (2017).

18. Muro M., Maxim R, Whiton J, "Automation and Artificial Intelligence: How Machines Are Affecting People and Places," *Washington DC Brookings Institution* (2019).

19. Nedelkoska Ljubica, Glenda Quintini, "Automation, Skills Use and Training," *OECD Social, Employment and Migration Working Papers* (2018).

20. Neil Lee, Stephen Clarke, "Do Low-Skilled Workers Gain from High-Tech Employment Growth? High-Technology Multipliers, Employment and Wages in Britain," *Research Policy* 48 (2019).

21. Nicholas Bloom, Luis Garicano, Raffaella Sadun, John Van Reenen, "The Distinct Effects of Information Technology and Communica-tion Technology on Firm Organization," *Management Science* 60 (2014).

22. OECD, *OECD Digital Economy Outlook 2015*, 2015.

23. OECD, *OECD Employment Outlook 2019: The Future of Work*, 2019.

24. OECD, *OECD's Skill Outlook 2019: Thriving in a Digital World*, 2019.

25. Rodino-Colocino, M., "Laboring under the Digital Divide," *New Media and Society* (3) 2006.

26. Schwab, K., *The Fourth Industrial Revolution* (Cologny, World Economic Forum, 2016).

27. Shim, M., Yang, H.-S, Lee, S., "Technological Progress and Youth Employment," *Working Paper* (2018).

28. UNCTAD, *Creative Economy Outlook and Country Profiles*, 2016.

29. UNCTAD, *Creative Economy Outlook Trends in International Trade in Creative Industries*, 2019.

30. UNCTAD, *Digital Economy Report 2019*, 2019.

31. UNCTAD , *Information Economy Report 2017*, 2017.

32. UNCTAD, *Technology and Innovation Report 2018*, 2018.

33. UNCTAD, *World Investment Report 2017*, 2017.

34. Williams, K. D. , Sommer, K. L. , "Social Ostracism by Coworkers: Does Rejection Lead to Loafing or Compensation?" *Personality and Social Psychology Bulletin* 23 (1997).

35. WIPO, *How to Make a Living from Music*, 2014.

36. WIPO, *How to Make a Living in the Creative Market*, 2017.

37. WIPO, *Managing Intellectual Property in the Advertising Industry*, 2011.

38. WIPO, *The Global Publishing Industry in 2018*, 2019.

39. W. Leontief, "Machines and Man," *Scientific American* 3 (1952).

40. WTO, *World Trade Report 2018*, 2018.

41. WTO, *World Trade Report 2017—Trade, Technology and Jobs*, 2017.

42. Yongwei Chen, Duo Xu, "The Impact of Artificial Intelligence on Employment," *Comparative Studies* 2 (2018).

43. 艾玛、青木、潘亮、陈洋:《全球文化产业在疫情中"受伤"?》,《环球时报》2020年3月27日,第13版。

44. 白玉杰:《北京市再推支持中小微企业"新九条",突出常态化防控》,《中关村》2020年第5期。

45.《北京市人民政府办公厅关于印发〈进一步支持中小微企业应对疫情影响保持平稳发展若干措施〉的通知》,《北京市人民政府公报》2020年第14期。

46. 本刊评论员:《以数字化推进传统产业高质量发展》,《江南论坛》2021年第7期。

47. 毕媛媛:《华谊兄弟亏损39.6亿后"获救":拟定增22.9亿,阿里影业腾讯计算机伸出援手》,《每日经济新闻》2020年4月30日,第8版。

48. 蔡宏波：《疫情对当前我国就业形势的影响估测》，《人民论坛》2020年第9期。
49. 陈波、陈立豪：《虚拟文化空间下数字文化产业模式创新研究》，《中国海洋大学学报》（社会科学版）2020年第1期。
50. 陈琛：《浅析智能化背景下地产企业财务人员能力培养》，《上海房地》2019年第5期。
51. 陈殿兵、杨新晓：《为未来而教，为未来而学——世界银行发展报告〈工作性质的变革〉对学校教育的述评》，《现代教育科学》2019年第10期。
52. 陈端、聂玥煜、张涵：《英美日数字创意产业发展差异》，《经济》2019年第6期。
53. 陈浩天、楚明锟：《西方就业理论演进的历史轨迹及启示》，《现代经济探讨》2008年第2期。
54. 陈红斌：《马克思人口理论及其当代价值研究》，硕士学位论文，上海师范大学，2020。
55. 陈建军、甘天琦：《西方失业理论与我国就业增长》，《现代经济信息》2014年第13期。
56. 陈柳钦：《西方劳动经济学的演进》，《郑州航空工业管理学院学报》2012年第2期。
57. 陈微波：《共享经济背景下劳动关系模式的发展演变——基于人力资本特征变化的视角》，《现代经济探讨》2016年第9期。
58. 陈薇：《促进电影业平稳健康发展》，《湖南日报》2020年3月8日，第2版。
59. 陈向东、张凤、Paul M. A. Baker：《零工经济与分享经济对劳动的再造与提升》，《中国软科学》2020年第1期。
60. 陈晓曼：《失业理论与就业》，《内蒙古科技与经济》2007年第11期。
61. 陈晓卫《中国就业问题初探——关于就业的数量分析》，硕士学位论文，西南财经大学，2003。
62. 陈艳林、佘子兵、陈宗艳：《从经济学角度看我国的失业问题》，《当代经济》2005年第12期。
63. 陈银娥：《西方失业理论的最新发展》，《经济学动态》1999年第

4 期。

64. 陈煜波、马晔风：《数字人才——中国经济数字化转型的核心驱动力》，《清华管理评论》2018 年第 Z1 期。
65. 《从一票难求到降价抛售，美国百老汇经历了什么？》，今日头条，2023 年 5 月 21 日，https://www.toutiao.com/article/7235623454190666274/。
66. 《促进就业需要先降低劳动力流动成本》，《智库时代》2017 年第 4 期。
67. 戴娟：《新形势下的大学生就业服务工作路径研究》，《青年与社会》2020 年第 27 期。
68. 党爱民、张阳武、毕亚林：《过剩经济学：一本深刻影响政治家决策的书》，广东经济出版社，2004。
69. 《德权威机构发布〈数字化对 2035 年劳动力市场影响〉报告》，《世界教育信息》2018 年第 11 期。
70. 邓峰、岳昌君：《大学生就业市场景气指数的建构与分析》，《教育研究》2021 年第 2 期。
71. 丁戊：《国际法视野下的劳工保护与反就业歧视》，硕士学位论文，华东政法大学，2015。
72. 董卫民：《黄石市韧性城市建设实践与战略思考》，《城市与减灾》2017 年第 4 期。
73. 董占军、田金良：《数字创意产业发展现状、机遇与教育策略》，《艺术设计研究》2020 年第 1 期。
74. 董志强、黄旭：《人工智能技术发展背景下的失业及政策：理论分析》，《社会科学战线》2019 年第 12 期。
75. 范恒山：《加快发展数字创意产业 培育壮大新动能》，《宏观经济管理》2017 年第 10 期。
76. 范周、高飞：《公共数字文化迎创新，如何促进知识产权保护与开发?》，《人文天下》2017 年第 14 期。
77. 冯晓敏、许艳华、李晓璇：《数字绘画原画插画教学在高职教育中产教结合模式研究》，《现代职业教育》2020 年第 50 期。
78. 冯煜：《中国经济发展中的就业问题及其对策研究》，经济科学出版社，2002。

79. 付一夫：《平台经济缘何站上风口?》，《中国城乡金融报》2019年8月30日，第B01版。

80. 付一夫：《平台经济站上风口》，《中国服饰》2019年第10期。

81. 傅诺：《数字贸易时代产业变革的就业效应》，硕士学位论文，浙江大学，2019。

82. 高华：《浅谈当代西方经济学失业理论的研究》，《商场现代化》2011年第8期。

83. 高嘉阳、罗燕：《技术创新还是非技术创新：兼顾体面劳动的小型代工企业转型选择》，《现代经济探讨》2019年第11期。

84. 高雷业：《马克思相对过剩人口理论新解及其与西方经济学失业理论的比较》，《理论月刊》2008年第10期。

85. 高凌云、樊玉：《全球数字贸易规则新进展与中国的政策选择》，《国际经济评论》2020年第2期。

86. 高奇琦：《就业失重和社会撕裂：西方人工智能发展的超人文化及其批判》，《社会科学研究》2019年第2期。

87. 高琴：《市场调节与政府干预相结合的就业观——对西方失业理论的分析》，《经济视角（下)》2010年第5期。

88. 高煦照：《失业理论及其对我国解决失业问题的应用分析》，《新乡学院学报》(社会科学版) 2009年第3期。

89. 古雯业：《守正与创新：关于当下戏剧发展的新样态思考》，《大舞台》2021年第3期。

90. 顾相君：《马克思失业理论及其对解决中国失业问题的启示》，硕士学位论文，渤海大学，2015。

91. 顾雪勤：《大学生失业的影响及社会救助措施探讨》，硕士学位论文，东北财经大学，2010。

92. 《关于支持新型冠状病毒感染的肺炎疫情防控有关税收政策的公告(财政部 税务总局公告2020年第8号)》，《会计师》2020年第3期。

93. 郭晨：《西方失业理论与我国当前就业实践》，《对外经贸实务》2009年第7期。

94. 郭发明、张智录：《当代太极拳全球化发展的文化动力研究》，《体育科技文献通报》2011 年第 2 期。

95. 郭继强:《马克思工资和失业理论的现代经济学理解》,《教学与研究》2007 年第 5 期。

96. 郭佳源:《中美对比下的中国动漫产业政策研究》,《经贸实践》2018 年第 5 期。

97. 郭峻:《芷江县农村青年创业研究》,硕士学位论文,湖南农业大学,2013。

98. 郭实:《农村籍大学生就业中存在的问题及对策研究——以广东珠海 JZ 学院为例》,硕士学位论文,吉林大学,2017。

99. 国际劳工组织:《2020 年全球青年就业趋势》,2019。

100. 国际劳工组织:《世界就业展望 2020》,2020。

101. 国际劳工组织:《未来劳动力技能政策与制度》,2018。

102. 国家发展改革委等 19 部门《关于发展数字经济稳定并扩大就业的指导意见》(节选),《中国食品》2018 年第 20 期。

103. 国家统计局社会科技和文化产业统计司:《文化产业实现规模效益双提升》,《中国信息报》2019 年 12 月 11 日,第 1 版。

104. 国家信息中心战略性新兴产业研究组:《数字创意产业成为发展新风口 五大特征显现》,《中国战略新兴产业》2016 年第 21 期。

105. 《国务院关于进一步扩大和升级信息消费持续释放内需潜力的指导意见》,《中华人民共和国国务院公报》2017 年第 25 期。

106. 韩春清、夏丹、曹燕宁:《促进网络安全发展路径初探——深化产业集聚、企业协同和资源共享》,《产业经济评论》2020 年第 6 期。

107. 《韩国多举措促进经济稳定》,百度百家号,2020 年 4 月 28 日,https://baijiahao.baidu.com/s?id=1665175480860269366。

108. 韩军徽、杨晶、康琪、李哲:《OECD“走向数字化”项目对我国科技创新领域应对数字转型的启示》,《全球科技经济瞭望》2020 年第 9 期。

109. 韩鹏栓:《平台经济助力消费升级 促进实体经济发展》,《中国产经新闻》2019 年 7 月 23 日,第 2 版。

110. 韩若冰:《数字技术推动下的文化创意产业生态化发展及其向度研究》,《山东大学学报》(哲学社会科学版)2020 年第 2 期。

111. 韩虞梅、王渝珠、韩锦平、刘辛茹：《包装设计的权利保护——纪念2011年“世界版权日”和“世界知识产权日”》，《包装世界》2011年第3期。
112. 韩豫川、邓航、李靖、廖一繁、李星瑶：《数字经济创业创新路，未来如何走?》，《经济》2019年第5期。
113. 韩卓言：《西方失业理论对解决我国大学生就业难问题的启示》，《企业改革与管理》2017年第18期。
114. 何卫华、熊正德：《数字创意产业的跨界融合：内外动因与作用机制》，《湖南社会科学》2019年第6期。
115. 贺世宇、和震：《面向未来工作的职业教育创新发展策略探究——基于国际劳工组织系列报告解析》，《比较教育研究》2020年第3期。
116. 〔美〕赫伯特·马尔库塞：《单向度的人：发达工业社会意识形态研究》，刘继译，上海译文出版社，2014。
117. 洪霞芳、王耀鹏：《西方失业理论及其对解决我国劳动力就业的启示》，《江西社会科学》2009年第9期。
118. 《后疫情时代 如何保市场主体》，《人民政协报》2020年6月12日，第5版。
119. 胡鞍钢主编《国情报告》(第十七卷·2014年)，党建读物出版社，2016。
120. 胡澜、李成军、凌保东：《实施积极的大学生就业政策是构建和谐校园之本》，《西华师范大学学报》(哲学社会科学版) 2009年第5期。
121. 胡献红：《世界信息社会峰会和全球互联网治理论坛十年回顾与未来展望》，《汕头大学学报》(人文社会科学版) 2016年第6期。
122. 胡远航：《基于生态位理论的南宁文化创意产业发展对策》，《广西民族大学学报》(哲学社会科学版) 2007年第S2期。.
123. 胡云超：《当代失业理论的发展及对中国的启示》，《中国浦东干部学院学报》2008年第5期。
124. 花建、陈清荷：《沉浸式体验：文化与科技融合的新业态》，《上海财经大学学报》(哲学社会科学版) 2019年第5期。
125. 黄芳芳：《数字创意产业攻关期》，《经济》2019年第3期。

126. 黄江杰、汤永川、孙守迁：《我国数字创意产业发展现状及创新方向》，《中国工程科学》2020 年 5 月 7 日。

127. 黄婧：《凯恩斯的失业理论对破解当前我国失业难题的启示》，《经济研究导刊》2012 年第 2 期。

128. 黄婧：《马克思的失业理论对破解当前我国技术性失业难题的启示》，《学理论》2012 年第 1 期。

129. 黄敏：《凯恩斯就业理论的分析与我国当前的失业问题》，《市场周刊：理论研究》2003 年第 10 期。

130. 霍阳：《我国残疾人口的就业问题研究》，硕士学位论文，吉林大学，2009。

131. 姬政鹏：《磨难压不垮 奋起正当时》，《中国电影报》2020 年 2 月 26 日，第 3 版。

132. 姬政鹏：《齐心协力助推电影行业回归正常节奏》，《中国电影报》2020 年 5 月 20 日，第 9 版。

133. 纪雯雯：《可持续社会的就业与未来雇佣关系的研究动态》，《中国人力资源开发》2019 年第 6 期。

134. 纪雯雯：《中国新就业形态的主要特征与发展趋势》，《新经济导刊》2020 年第 3 期。

135. 江苏省八部门联合发布《关于支持全省电影业应对新冠肺炎疫情影响促进平稳健康发展的政策措施》，《中国电影报》2020 年 2 月 26 日，第 6 版。

136. 姜凯文：《促进充分就业与构建社会主义和谐社会研究》，硕士学位论文，青岛大学，2014。

137. 姜雪：《UNESCO 计划制定校内数字技术使用与评估框架》，《世界教育信息》2019 年第 19 期。

138. 蒋南平、蒋玲：《必须重新审视第三产业的就业问题——基于马克思失业理论的视角》，《政治经济学评论》2017 年第 2 期。

139. 〔美〕杰瑞·卡普兰：《人工智能时代：人机共生下财富、工作与思维的大未来》，李盼译，浙江人民出版社，2016。

140. 金雪涛、李坤繁：《数字经济战略格局下英国创意产业的融合发展与转型》，《深圳大学学报》（人文社会科学版）2020 年第 2 期。

141. 金叶子:《13 省份数字经济超万亿:广东江苏山东居前三》,《第一财经日报》2021 年 4 月 30 日,第 A10 版。

142. 金玉秋:《西方就业理论及其实践对我国的启示》,《学术论坛》2008 年第 8 期。

143. 〔德〕京特·安德斯:《过时的人:论第三次工业革命时期生活的毁灭》(第二卷),范捷平译,上海译文出版社,2010。

144. 经济合作与发展组织:《2017 年技能展望:技能和全球价值链》,2017。

145. 经济合作与发展组织:《2017 年就业展望》,2017。

146. 鞠永红:《凯恩斯的就业理论对我国的借鉴意义》,《北方论丛》2000 年第 3 期。

147. 〔美〕卡尔曼·托斯:《人工智能时代》,赵俐译,人民邮电出版社,2017。

148. 《劳动关系与工会研究概览》,《工会理论研究(上海工会管理职业学院学报)》2020 年第 4 期。

149. 李博:《各方多措并举 助力影院复业》,《中国艺术报》2020 年 3 月 25 日,第 1 版。

150. 李超、彭选荣、翟鸿雁:《高职扩招背景下计算机应用专业人才需求调研与分析》,《电子元器件与信息技术》2021 年第 4 期。

151. 李春发、李冬冬、周驰:《数字经济驱动制造业转型升级的作用机理——基于产业链视角的分析》,《商业研究》2020 年第 2 期。

152. 李多、彭兰:《2019 年中国新媒体研究的八大议题》,《全球传媒学刊》2020 年第 1 期。

153. 李凤亮、赵雪彤:《数字创意产业与国家文化软实力提升路径研究》,《广西民族大学学报》(哲学社会科学版)2017 年第 6 期。

154. 李凤祥、彭琳、张雨:《危中觅机:254 项产品上线“粤商通”》,《南方日报》2020 年 4 月 8 日,第 A07 版。

155. 李佳霖、郭静原:《北京部分减免政策延至四月底》,《经济日报》2020 年 4 月 18 日,第 3 版。

156. 李婕、刘美辰:《数字经济领域将成为吸纳就业的重要渠道》,《劳动保障世界》2019 年第 4 期。

157. 李军：《人工智能时代高校课堂的挑战与应对》，《山东教育》（高教）2021 年第 Z1 版。
158. 李莉雅：《耕云种数 新科技助力建设“智”社会》，《石家庄日报》2020 年 4 月 30 日，第 7 版。
159. 李璐玮：《优化跨国银行监管国际合作路径法律问题研究》，硕士学位论文，郑州大学，2019。
160. 李敏：《人工智能：技术、资本与人的发展》，博士学位论文，中南财经政法大学，2018。
161. 李佩：《人工智能时代的技术发展与就业挑战：基于失业风险恐惧的探索》，《智库理论与实践》2019 年第 6 期。
162. 李萍、卢云峰：《马克思就业理论进路与我国就业促进机制构建》，《理论与改革》2012 年第 2 期。
163. 《李锁强：服务业延续恢复发展态势》，国家统计局官网，2023 年 1 月 18 日，http://www.stats.gov.cn/xxgk/jd/sjjd2020/202301/t20230118_1892282.html。
164. 李霆钧：《战“疫”大考炼真金 风雨无阻更向前》，《中国电影报》2020 年 10 月 14 日，第 7 版。
165. 李小芳：《马克思主义就业理论视角下我国就业问题研究》，硕士学位论文，兰州商学院，2014。
166. 李欣燕：《智能机器人与未来劳动力就业——基于政治经济学角度》，《现代管理科学》2020 年第 1 期。
167. 李艺铭：《2020 年中国数字经济发展形势展望——数字化转型力求实效》，《互联网经济》2020 年第 Z1 版。
168. 李英福、冯珺：《数字经济与劳动力市场研究综述》，《企业改革与管理》2019 年第 19 期。
169. 李迎果：《国家促进高等学校毕业生就业政策的理论与实践研究》，博士学位论文，云南大学，2012。
170. 李用俊：《马克思主义失业理论的现代视角》，《淮南师范学院学报》2007 年第 2 期。
171. 李苑：《减负纾困 两份重磅文件驰援电影行业》，《上海证券报》2020 年 5 月 15 日，第 2 版。

172. 李云：《马克思主义就业理论及其现实意义》，《广东社会科学》2014年第6期。

173. 〔英〕理查德·萨斯坎德、〔英〕丹尼尔·萨斯坎德：《人工智能会抢哪些工作》，李莉译，浙江大学出版社，2018。

174. 梁剑箫：《影视业：如何开启复苏之路》，《经济日报》2020年5月8日，第9版。

175. 梁敏：《打出政策组合拳 稳住就业基本盘》，《上海证券报》2020年4月29日，第1版。

176. 林波：《数字经济时代的企业运营创新变革》，《价值工程》2019年第3期。

177. 林琳：《中国电影的信心来自政策、投资、人才和观众》，《中国电影报》2020年7月1日，第2版。

178. 刘春燕：《西方失业理论对解决我国大学生就业难问题的启示》，《黑龙江对外经贸》2010年第8期。

179. 刘汉文：《影视基地发展现状与转型升级的思考》，《当代电影》2020年第5期。

180. 刘蕾：《加快构筑北京数字创意产业专利防护网络》，《中国发展观察》2018年第21期。

181. 刘丽靓：《十九部门：增强资本市场支持数字经济创新创业能力》，《中国证券报》2018年9月27日，第A03版。

182. 刘玲玲：《联合国教科文组织支持推广远程学习》，《人民日报》2020年3月30日，第16版。

183. 刘强：《失业理论与大学生就业难问题》，《人力资源管理》2015年第6版。

184. 刘庆振等：《智能红利：即将到来的后工作时代》，电子工业出版社，2017。

185. 刘韬、汪戎：《西方就业理论演变及发展趋势的综述》，《知识经济》2013年第3期。

186. 刘宇：《数字创意产业融资效率研究》，硕士学位论文，西华大学，2019。

187. 刘育锋、郑坚、郭晨：《若干国家和国际组织职业教育与培训研究机构简介》，《中国职业技术教育》2011 第 S1 期。
188. 刘源、金彦平：《西方失业理论对我国就业的启示》，《农村工作通讯》2008 年第 9 期。
189. 刘志国、栾瑞华：《数字经济条件下就业模式的变化及社会保障体系的调整》，《商学研究》2020 年第 6 期。
190. 刘智：《就业理论的演变及其发展》，《云南社会科学》1998 年第 6 期。
191. 《卢海：新冠疫情对劳动力市场、中国及全球产业链的影响——基于招聘大数据的分析和预测》，光华管理学院官网，2020 年 04 月 15 日，https://www.gsm.pku.edu.cn/dba/info/1204/1651.htm。
192. 陆佳佳、刘汉文：《2020 年中国电影产业发展分析报告》，《当代电影》2021 年第 3 期。
193. 陆佳怡、芦洁：《失业理论及其对解决我国残疾人就业的参考意义》，《现代经济信息》2010 年第 6 期。
194. 陆正军：《“促就业 15 条”惠民生稳预期》，《广东教育》（高中版）2019 年第 3 期。
195. 吕军书：《西方失业理论及对我国解决失业问题的启示》，《职业时空》2006 年第 20 期。
196. 罗昌智：《文化创意产业迎来黄金发展期 数字经济成为稳定增长新动力》，载厦门理工学院、台湾师范大学《两岸创意经济研究报告(2017)》，厦门理工学院文化产业与旅游学院，2017。
197. 罗恩立、孙定东：《西方就业理论的演变进程剖析与借鉴》，《华东理工大学学报》（社会科学版）2003 年第 2 期。
198. 罗晖、付震宇、王寅秋：《发展融合、创新、联动的国际技术贸易》，《今日科苑》2019 年第 9 期。
199. 罗建锋：《基于广州地区高校毕业生公共服务对策研究》，硕士学位论文，华南理工大学，2011。
200. 罗良文、刘辉：《新凯恩斯主义的就业理论及其启示》，《华中农业大学学报》（社会科学版）2002 年第 3 期。
201. 马静文、谷增军：《新旧动能转换下山东文化产业发展模式选择》，《山东工商学院学报》2021 年第 2 期。

202. 马秀岚、秦枭：《探访横店：影视业的艰难时刻》，《中国经营报》2020年4月6日，第C03版。

203. 玛丽莎·亨德森、卡洛琳娜·昆塔娜、艾米·谢尔弗、保罗·库库、周建钢：《创意经济展望——创意产业国际贸易趋势》（节选），《北京文化创意》2021年第1期。

204. 孟宇：《数字创意产业发展探析》，《西部广播电视》2017年第21期。

205. 莫荣、李付俊：《新冠肺炎疫情和劳动世界：最新评估和分析（摘要）》，《中国就业》2020年第5期。

206. 慕阳子：《法国新冠疫情的防控及影响》，《国际研究参考》2020年第5期。

207. 牛梦笛：《疫情中的网络视听节目：用好内容打动人心》，《光明日报》2020年4月17日，第10版。

208. 牛爽：《马克思主义就业理论视域下朝鲜族大学生就业问题研究——以吉林省J大学为例》，硕士学位论文，延边大学，2018。

209. 《纽约大都会博物馆将关闭至7月，预计损失1亿美元》，新浪网，2020年3月20日，http://news.sina.com.cn/o/2020-03-20/doc-iimxxsth0476300.shtml。

210. 潘道远、李凤亮：《区块链与文化产业——数字经济的新实践趋势》，《文化产业研究》2018年第3期。

211. 潘志远：《我国劳动就业影响因素及其效应研究》，硕士学位论文，山东财经大学，2014。

212. 彭云：《WTO是个什么组织》，《预算管理与会计》2000年第1期。

213. 乔榛：《马克思就业理论与西方就业理论比较研究》，《经济学家》2006年第5期。

214. 秦安：《妥善应对中美贸易摩擦，必须制胜网络》，《网络空间安全》2018年第10期。

215. 邱红：《中国劳动力市场供求变化分析》，博士学位论文，吉林大学，2011。

216. 曲海慧、冯珺：《创新经济，人力资本结构与分工——一个解释性的理论框架》，《管理现代化》2019年第2期。

217. 任玉霜：《为新就业形态撑起"数字空间"》，《吉林日报》2020年

11月2日，第4版。

218.《日本厚劳省：因新冠肺炎疫情，约有一万人被解雇》，中国新闻网，2020年5月21日，https://www.chinanews.com.cn/gj/2020/05-21/9190730.shtml。

219. 如今：《欧洲新冠疫情期间电影产业支持计划：国家指南》，《中国电影报》2020年4月29日，第13版。

220.《入世十年 中国巨变》，《中小企业管理与科技》(中旬刊) 2011年第12期。

221. 阮芳、蔡菁容、张奕蕙、郑微：《迈向2035：4亿数字经济就业的未来》，《科技中国》2017年第4期。

222. 尚玥佟：《发展中国家贫困化理论与反贫困战略》，博士学位论文，中国社会科学院研究生院，2001。

223. 沈晓娟：《减税降费政策对酒店业的影响研究》，《当代会计》2021年第1期。

224. 沈啸：《北京帮扶中小微企业若干措施再升级》，《中国旅游报》2020年4月20日，第2版。

225. 沈则瑾：《〈2018年世界贸易报告〉中文版发布》，《经济日报》2018年11月6日，第9版。

226. 盛斌、张子萌：《全球数据价值链：新分工、新创造与新风险》，《国际商务研究》2020年第6期。

227. 世界银行：《2019年年度报告》，2019。

228. 世界银行：《2019年世界发展报告：工作性质的变革》，2018。

229. 世界银行：《全球金融包容性指数》，2018。

230. 市文创办：《大力发展数字内容产业，打造数字经济新增长极》，《杭州》(周刊) 2018年第43期。

231. 宋春艳：《"凯恩斯革命"之前的西方失业理论及政策》，博士学位论文，吉林大学，2010。

232. 宋辉、王笑阳、李元杰：《数字经济发展对河北经济拉动和贡献研究》，《统计与管理》2021年第2期。

233. 宋瑞：《休闲乃幸福之源——何以可能?》，《财经智库》2018年第2期。

234. 苏庆华：《新兴商业模式与雇佣关系规制——互联网众筹模式下的雇佣关系问题分析》，《中国人力资源开发》2015 年第 14 期。

235. 孙佳山：《5G 时代到来，数字文化产业加速转型升级》，《中国文化报》2019 年 11 月 30 日，第 3 版。

236. 孙克：《机器人成规模上岗，“就业”怎么稳?》，《网络传播》2020 年第 8 期。

237. 孙守纪、方黎明：《新就业形态下构建多层次失业保障制度研究》，《中国特色社会主义研究》2020 年第 Z1 期。

238. 孙守迁、闵歆、汤永川：《数字创意产业发展现状与前景》，《包装工程》2019 年第 12 期。

239. 孙文凯、郭杰、赵忠、汤璨：《我国就业结构变动与技术升级研究》，《经济理论与经济管理》2018 年第 6 期。

240. 邰举：《韩国：千亿美元新政聚焦“数字”和“绿色”转型》，《科技日报》2020 年 7 月 17 日，第 2 版。

241. 谭绍鹏：《聚三种力，追回“速度”》，《经理人》2020 年第 4 期。

242. 谭运进：《我国失业问题的多视角研究》，《湖北第二师范学院学报》2010 年第 4 期。

243. 唐杰、李珏、戴欣：《打造深圳高质量发展新引擎》，《深圳社会科学》2019 年第 6 期。

244. 唐瑞峰：《2020 年第一季度政策报告　政策集锦》，《电视指南》2020 年第 7 期。

245. 唐伟：《何妨吟啸且徐行——2019 年网络文学评论研究综述》，《百家评论》2020 年第 5 期。

246. 田红宇：《论凯恩斯就业理论——基于政府投资角度的分析》，《现代商贸工业》2012 年第 11 期。

247. 田思路：《从封闭到开放：企业组织市场化的劳动法诉求》，《中国政法大学学报》2014 年第 6 期。

248. 田思路、刘兆光：《人工智能时代劳动形态的演变与法律选择》，《社会科学战线》2019 年第 2 期。

249. 《万达子公司 AMC 院线面临倒闭风险，无法开张的万达电影如何度过难关?》，中国经济网，2020 年 4 月 9 日，http://finance.ce.cn/

stock/gsgdbd/202004/09/t20200409_34648975.shtml 。

250. 万新颖：《数字经济下的高素质技能人才培养探索》，《新西部》2019 年第 8 期。

251. 汪全胜：《加拿大立法的成本效益分析制度探讨》，《法治研究》2014 年第 8 期。

252. 汪晓风：《数字丝绸之路与公共产品的合作供给》，《复旦国际关系评论》2015 年第 1 期。

253. 王博、张刚：《中国数字创意产业发展研究——基于产业链视角》，《中国物价》2018 年第 3 期。

254. 王朝明、姚毅：《全球金融危机下的就业冲击——基于经济学理论的解读与比较》，载全国高等财经院校《资本论》研究会《全国高等财经院校〈资本论〉研究会 2009 年度（第 26 届）学术年会论文集》，2009。

255. 王国华：《高县高质量发展县域经济的思考》，《经济》2019 年第 1 期。

256. 王贺：《马克思就业理论与当代大学生就业问题研究》，硕士学位论文，河南科技大学，2013。

257. 王红梅、李代民、孙莹：《我国数字创意产业发展的制约因素分析——基于钻石模型视角》，《福建论坛》（人文社会科学版）2010 年第 4 期。

258. 王辉：《马克思的失业理论及其对我国失业问题的启示》，《边疆经济与文化》2006 年第 11 期。

259. 王惠：《未就业高校毕业生失业救助政策研究》，硕士学位论文，东北大学，2014。

260. 王晶晶：《人工智能创作物的版权保护》，硕士学位论文，厦门大学，2017。

261. 王静宇：《政策“红包”密集发力稳就业》，《中国经济时报》2018 年 10 月 23 日，第 2 版。

262. 王珺、丁丙玲：《法国出版业抗疫启示》，《中国出版传媒商报》2020 年 4 月 10 日，第 7 版。

263. 王敏：《合肥数字经济发展研究》，《中共合肥市委党校学报》2020

年第 3 期。
264. 王敏：《马克思主义经济学与凯恩斯主义经济学失业理论比较研究》，《学术界》2013 年第 S1 版。
265. 王婷、刘璐、王娅丽、邵卓、康宇立、王友华：《基于论文和专利的基因编辑技术发展态势分析与展望》，《农业展望》2020 年第 10 期。
266. 王雅欣、雷霆：《“地摊经济”相关政策中政府管制与放松管制研究》，《边疆经济与文化》2021 年第 5 期。
267. 王奕俊、杨悠然：《人工智能背景下专业人才培养的发展路径与方向——基于会计职业相关数据的实证研究》，《中国远程教育》2020 年第 1 期。
268. 王永洁：《非标准就业视角下的平台就业研究——基于网约车驾驶员从业状况调查数据的分析》，《北京工业大学学报》（社会科学版）2021 年第 6 期。
269. 王育英：《非标准劳动关系对我国现行社会保障制度的挑战及其解决对策》，《劳动保障世界》2017 年第 26 期。
270. 吴晨映：《西方发达国家治理失业的理论实践及启示》，《商业时代》2009 年第 26 期。
271. 吴明红：《追求超越的学校文化建设策略》，《广东教育》（综合版）2021 年第 1 期。
272. 吴文俊：《上海失业问题及其治理研究（1949—1957）》，博士学位论文，苏州大学，2017。
273. 吴雪菲：《凯恩斯主义就业理论及其启示》，硕士学位论文，云南财经大学，2017。
274. 吴应宁：《数字经济引起结构性失业机理探析》，《现代商业》2021 年第 6 期。
275. 吴云超、金彦平：《基于西方失业理论的中国就业问题的理性思考》，《三峡论坛》（三峡文学·理论版）2011 年第 2 期。
276. 夏元辉：《论西方就业理论对我国的启示及借鉴》，《中外企业家》2012 年第 19 期。
277. 〔日〕小池淳义：《人工智能超越人类：技术奇点的冲击》，崔海明译，机械工业出版社，2018。

278. 肖静：《西方失业理论与中国的就业问题》，《法制与社会》2006 年第 21 期。

279. 肖咏诗：《奖励式众筹的产品风险防范策略研究——以“京东众筹”为例》，《现代商业》2021 年第 2 期。

280. 谢建功：《人工智能等新技术对劳动力就业影响及政府对策研究》，硕士学位论文，上海交通大学，2019。

281. 谢珺：《更高质量就业的内涵与其面临问题的成因分析》，硕士学位论文，上海社会科学院，2014。

282. 解学芳、李琳：《全球数字创意产业集聚的城市图谱与中国创新路径研究》，《同济大学学报》（社会科学版）2020 年第 5 期。

283. 解学芳、张佳琪：《“一带一路”国家与地区数字文化产业集聚与中国全球价值链地位攀升研究》，《文化产业研究》2020 年第 3 期。

284. 邢虹：《在希望中坚守 南京电影行业谋求新布局》，《南京日报》2020 年 3 月 12 日，第 A09 版。

285. 行怀勇、马博：《新凯恩斯主义失业理论及启示》，《青岛农业大学学报》（社会科学版）2007 年第 2 期。

286. 熊澄宇：《共建全球数字创意产业生态圈》，《新闻春秋》2019 年第 4 期。

287. 熊丽：《数字经济成就业“稳定器”“倍增器”》，《经济日报》2018 年 9 月 27 日，第 3 版。

288. 许缘、高攀：《美联储“褐皮书”显示美国经济现“混乱局面”》，《新华每日电讯》2020 年 5 月 29 日，第 16 版。

289. 严金强、夏碧英：《当代资本主义市场经济的制度困境与中国破解方案》，《上海经济研究》2021 年第 1 期。

290. 严钦：《湘潭市失业保险制度运行中存在的问题及对策》，硕士学位论文，湘潭大学，2018。

291. 杨成钢：《国际失业属性理论回溯》，《财经科学》2009 年第 1 期。

292. 杨红艳：《马克思的就业理论和我国国有企业劳动就业体制的变迁》，《贵州大学学报》（社会科学版）2005 年第 1 期。

293. 杨慧梅、江璐：《数字经济、空间效应与全要素生产率》，《统计研究》2021年第4期。

294. 杨清茹：《以数字经济助推经济高质量发展的问题及对策》，《现代营销》（经营版）2021年第8期。

295. 杨伟国：《共创人力资本管理新时代》，《首席人才官商业与管理评论》2018年第1期。

296. 杨伟国、邱子童、吴清军：《人工智能应用的就业效应研究综述》，《中国人口科学》2018年第5期。

297. 杨文斐：《云南省经济增长与就业关系研究》，硕士学位论文，云南财经大学，2011。

298. 杨贤才、张世晴：《凯恩斯学派就业理论及其政策主张对中国的启示》，《现代管理科学》2014年第11期。

299. 杨毅：《引导PE/VC参投数字经济》，《金融时报》2018年10月11日，第6版。

300. 杨祯容：《从业流动人口失业风险研究》，硕士学位论文，华东师范大学，2018。

301. 姚建华、徐偲骕：《全球数字劳工研究与中国语境：批判性的述评》，《湖南师范大学社会科学学报》2019年第5期。

302. 姚建华、徐婧：《数字时代传播政治经济的新现象与新理论》，《全球传媒学刊》2017年第3期。

303. 叶婷：《全球抗击疫情 国际合作负重望》，《中国金融家》2020年第3期。

304. 易爱军：《论失业理论对我国农村劳动力就业的启示》，《淮海工学院学报》（社会科学版·学术论坛）2010年第1期。

305. 《疫情下全球就业报告：二季度全球预计减少3.05亿岗位，欧盟25岁以下年轻人失业率达15.2%》，新浪科技，2020年5月29日，https://tech.sina.com.cn/roll/2020-05-29/doc-iirczymk4192074.shtml。

306. 《疫情重创印度：失业率超25%，经济增长率或为0》，界面新闻，2020年5月13日，https://www.jiemian.com/article/4383381_foxit.html。

307. 尹润云：《各地政策助力电影行业恢复》，《财富时代》2020年第3期。

308. 尤少忠：《联合国教科文组织未来八年发展战略规划（2014－2021年）》，《世界教育信息》2014年第8期。

309. 于威威：《当代大学生失业问题研究——马克思相对过剩人口理论视角》，硕士学位论文，大连理工大学，2013。

310. 于洋：《失地农民就业保障问题的研究——基于长春市绿园区跃进村的调查》，硕士学位论文，长春工业大学，2013。

311. 袁琳：《数字经济领域将成吸纳就业重要渠道》，《中国改革报》2018年9月28日，第1版。

312. 岳昌君：《如何稳住高校毕业生就业“基本盘”》，《中国大学生就业》2021年第14期。

313. 岳云嵩、李兵、李柔：《互联网会提高企业进口技术复杂度吗——基于倍差匹配的经验研究》，《国际贸易问题》2016年第12期。

314. 臧志彭：《数字创意产业全球价值链：世界格局审视与中国重构策略》，《中国科技论坛》2018年第7期。

315. 臧志彭：《数字创意产业全球价值链重构——战略地位与中国路径》，《科学学研究》2018年第5期。

316. 臧志彭：《数字创意产业全球价值链重构战略研究——基于内容、技术与制度三维协同创新》，《社会科学研究》2018年第2期。

317. 曾令秋、王德忠：《马克思失业理论与西方经济学失业理论：一个新的综合》，《经济学家》2008年第4期。

318. 张炳剑：《城市发展 需要更多元的人才》，《贵州政协报》2019年8月15日，第B03版。

319. 张成刚：《就业发展的未来趋势，新就业形态的概念及影响分析》，《中国人力资源开发》2016年第19期。

320. 张存刚、汤勤勤：《马克思相对过剩人口理论与我国失业问题的比较分析》，《重庆工商大学学报》（社会科学版）2015年第6期。

321. 张钢：《多方合力助电影业复苏》，《天津日报》2020年4月9日，第8版。

322. 张高科：《A股化肥、农药上市公司2010年主营业务利润率、主营业务收入增长率同比均出现增长》，《中国农资》2011年第1期。

323. 张江：《十本图书带你认识人工智能》，《科学大观园》2018年第

2 期。

324. 张景阳：《疫情催生市场需求 AI 应用落地却仍有这些难题》，《科技日报》2020 年 4 月 1 日，第 6 版。

325. 张立、张凤杰：《数字版权保护技术创新应用的六大趋势——基于 1994～2017 年“九国两组织”专利申请数据的分析》，《现代出版》2019 年第 3 期。

326. 张丽娜：《WTO 调整技术贸易和知识产权的功能错位与纠正》，《当代法学》2012 年第 3 期。

327. 张林：《金融科技有助于全球经济持续发展——访世界银行副行长兼首席风险官拉克茜米·希亚姆·桑德》，《中国金融》2018 年第 17 期。

328. 张宁：《槐荫区流动人口公共就业服务均等化问题研究》，硕士学位论文，山东大学，2014。

329. 张守营：《第二季度招聘需求或将加快恢复》，《中国经济导报》2020 年 5 月 8 日，第 6 版。

330. 张艺伟：《马克思与凯恩斯的失业理论比较研究》，硕士学位论文，西安建筑科技大学，2018。

331. 张铮、吴福仲：《数字文化生产者的劳动境遇考察——以网络文学签约写手为例》，《同济大学学报》（社会科学版）2019 年第 3 期。

332. 张郑波：《技术哲学视野中人与物居间关系的现代性危机诊断》，《文艺理论研究》2019 年第 4 期。

333. 赵建：《马克思资本积累理论研究》，博士学位论文，厦门大学，2004。

334. 赵姗：《推动数字经济跨界融合》，《中国经济时报》2018 年 7 月 31 日，第 1 版。

335. 赵晓昕：《市场经济条件下的就业问题》，《企业导报》2009 年第 11 期。

336. 赵玉宏：《数字时代下我国“互联网 +”文化产业发展趋势与挑战》，《企业科技与发展》2019 年第 10 期。

337. 郑蕊：《电影院自救难 行业性整合预期加重》，《北京商报》2020 年 4 月 9 日，第 4 版。

338. 郑少霖：《航空联盟反垄断豁免法律问题研究》，博士学位论文，武汉大学，2010。

339. 郑婉君：《文化产业发展现状、问题及建议》，《中国国情国力》2020 年第 3 期。

340. 中国工程科技发展战略研究院：《中国数字创意产业发展现状、机遇与挑战》，《科技中国》2017 年第 4 期。

341. 《中国经济普查年鉴（2018）》，国家统计局官网，http://www.stats.gov.cn/sj/pcsj/jjpc/4jp/indexch.htm。

342. 中国信息通信研究院：《中国数字经济发展与就业白皮书（2019 年）》，2019 年 4 月 18 日，https://www.doc88.com/p-71773155701961.html。

343. 钟菡：《多举措扶持文化企业渡难关》，《解放日报》2020 年 2 月 27 日，第 1 版。

344. 周佳筠：《浙江省数字文化产业政策工具研究》，硕士学位论文，浙江工商大学，2020。

345. 周建新、胡鹏林：《中国文化产业研究 2019 年度学术报告》，《深圳大学学报》（人文社会科学版）2020 年第 1 期。

346. 周莉：《建立企业人力资源预警机制》，《中国牧业通讯》2011 年第 3 期。

347. 朱宽红：《社会工作介入大学生失业问题的研究——基于对 Y 市失业大学生的个案分析》，硕士学位论文，兰州大学，2013。

348. 朱文刚、闫联飞：《马克思主义失业理论视阈下的我国失业问题分析与思考》，《辽宁行政学院学报》2013 年第 11 期。

349. 朱一青、谢华斌：《我国数字文化产业之发展障碍与路径选择》，《绍兴文理学院学报》2019 年第 3 期。

350. 邹丹琦：《当代英国文化创意产业的发展（1990－2013）》，硕士学位论文，湖南科技大学，2015。

351. 邹月辉、田思：《我国电子竞技产业发展风险与规避研究》，《体育成人教育学刊》2019 年第 3 期。

后　记

当代数字技术是一场划时代的技术革命，深刻地改变着人们的生产生活方式。近些年，数字经济的扩张带来了更多新的经济机会，对于改善经济结构和增加社会成果具有积极的意义，数字技术业已成为社会创新和生产力飞速提高的原动力，其中数字创意产业的就业与失业问题具有重要的研究意义。

就业问题作为重要的民生问题，长期以来都受到各方关注，尤其是在数字技术迅猛发展的今天，更是受到有关国际组织、区域联盟以及各国政府的高度重视，在中国更是把就业问题视作“最大的民生”。疫情在全球蔓延以来，世界各国的就业形势均受到极大影响，特别是以线下生产经营为主的传统行业遭遇了巨大挑战，众多行业举步维艰，一些岗位处于随时消失的危机之中，而数字创意产业则迎来重要的发展机遇。线上教育、动漫游戏、网络文学等多种数字创意产业的兴起，表现出其内在的潜力与无限的可能性，而这种潜能在带动就业方面也展现出其产业号召力。数字经济正为全球经济复苏和社会进步注入新的活力，基于网络平台出现的新就业形态愈发成为吸纳就业的重要渠道以及扩大就业规模的主要驱动，创造了更加灵活的就业模式。这一切也必然给各国就业政策与国际规则的制定带来更多的不确定性，因此，对其进行研究具有重要的理论价值和现实意义。

本书成果是基于我个人从 2003 年以来对国际文化贸易的思考和研究，我格外关注中国文化创意产业的国际竞争力提升问题。近年来，由于数字科学的普及与网络技术的应用，特别是经历了新冠疫情后，数字创意产业对于我们所处时代的影响更加凸显，促使我聚焦数字创意产业、关切就业机会与失业风险问题。2020 年初，基于我的提议，针对全国具有国际竞争力的文化企业，我们团队分别进行了两次问卷调查，最终形成《新冠肺炎疫情对我国文化贸易企业跨国经营的影响及应对措施调研报告》和《疫情防控常态化下文化贸易企业复工复产综合情况调研报告》。在此基础上，在研究生张筱聆、卢晨妍、吕俊松的共同参与下，大家查阅收集了大量有关数字化时代就业与失业的理论文献和数据，精选分析案例，研讨数字创意产业的就业与失业问题，经数次修改完善，最终形成本书。因水平有限，一些思考还显稚嫩，存在许多不完善的地方，敬请各界专家读者交流讨论。随着数字创意产业的蓬勃发展，其带来的就业与失业方面的新变化、新问题都有必要进行更加深入的研究。

图书在版编目(CIP)数据

数字创意产业的就业问题研究 / 李嘉珊等著. -- 北京：社会科学文献出版社，2023.12
国家社科基金后期资助项目
ISBN 978-7-5228-2403-1

Ⅰ.①数… Ⅱ.①李… Ⅲ.①数字技术-应用-文化产业-产业发展-影响-就业-研究-中国 Ⅳ.①G124-39②D669.2

中国国家版本馆 CIP 数据核字(2023)第 165166 号

国家社科基金后期资助项目
数字创意产业的就业问题研究

著　　者 / 李嘉珊 等

出 版 人 / 冀祥德
组稿编辑 / 恽　薇
责任编辑 / 贾立平
责任印制 / 王京美

出　　版 / 社会科学文献出版社 · 经济与管理分社（010）59367226
地址：北京市北三环中路甲 29 号院华龙大厦　邮编：100029
网址：www.ssap.com.cn
发　　行 / 社会科学文献出版社（010）59367028
印　　装 / 三河市龙林印务有限公司

规　　格 / 开 本：787mm × 1092mm　1/16
印 张：13.25　字 数：208 千字
版　　次 / 2023 年 12 月第 1 版　2023 年 12 月第 1 次印刷
书　　号 / ISBN 978-7-5228-2403-1
定　　价 / 98.00 元

读者服务电话：4008918866